北京青年政治学院科研经费出版资助

STUDY OF VOLUNTEERING IN NEW ERA:
THEORETICAL AND PRACTICAL APPROACHES

新时代中国志愿服务理论与实践的新探索

许莲丽 / 著

人民出版社

目　录

前　言

　　志愿服务逐渐进入公众视野，提供或者接受服务慢慢普遍起来。志愿服务始终与国家战略紧密相连，甚至直接相关。新时代、新征程、新要求，志愿服务肩负着重要的历史使命。围绕新时代对志愿服务的新要求，志愿服务的基本理论、基本制度及基本实践都在不断的发展与完善中。新时代志愿服务是哲学、法学、社会学等领域的新问题，推进新时代志愿服务的理论与实践研究，不仅具有重大理论价值，而且具有重要的实践意义。

　　本书介绍了新时代我国志愿服务的基本理论、基本制度及基本实践，包括基础理论、法律框架、发展模式、专业志愿服务、支持型志愿服务组织、社会治理志愿服务项目、国际志愿服务七个部分。各部分围绕实践探索和基础理论两个层次展开。实践探索是研究的出发点和落脚点，以我国实践为核心，兼顾域外实践。基础理论着眼于全面系统地梳理和阐释新时代志愿服务的理论体系，以我国理论的发展和特色为核心，以域外理论为补充和参考。

　　第一章用横向国别比较和纵向历史分析的方法，以志愿服务、志愿者为基点，介绍了志愿服务相关的核心概念和理论。第二章考察了我国志愿服务的法律框架体系，重点关注了《慈善法》和《志愿服务条例》为我国第三部门的发展注入了强大法治力量。第三章分析了志愿服务发展模式，以自下而上模式为重点，提炼总结志愿服务发展模式的要素与特性。第四章聚焦专业志愿服务，以科技专业志愿服务为例，对我国专业志愿服务发展的理论、现状以及趋势进行了探索。组织与项目是志愿服务最为重要的两大载体，支持型组织是重中之重，社会治理项目充分展示了志愿服务在社会综合治理方面的强大力量。因此，第五章关注支持型志愿服务组织发展模式，介绍了政府主导型、民间（公益）创业型和其他社会力量推进型三种不同的"生态模式"，分析各自呈现的特点、面临的困境、解决的路径以及复制发展的未来趋势。第六章重点关注了社会治理志愿服务项目，选取了精神病人康复、禁毒、文化执法、治安、信访及青少年犯罪预防等领域的实例，完整地介绍、分析和总结了项目发起、运作、成效、经验及教训等问题，从而揭示出志愿服务社会治理的强大功能。第七章着眼于国际志愿服务行业的发展历史，从国内外实践出发，总结了国际志愿服务的概念、理论以及未来发展等。

本书尝试在理论、制度与实践等方面，进行以下新探索：

首先，在理论层面，汲取党的十九大精神的养料，以传统理论为基础，在强化奉献意识的同时，强化社会责任意识、规则意识，进一步丰富我国特色志愿服务理论体系。党的十九大提出的"社会责任、规则、奉献"意识，为解读志愿服务精神、研究志愿服务理论提出了新观念、新视角。传统理论往往将志愿服务界定为崇高的事业，过分强调了"奉献意识"，而对"社会责任意识""规则意识"，倡导志愿服务成为社会公众的生活方式、遵循基本的规律规则略显不足，对此，本书旨在有所突破。

其次，在制度层面，首次提出我国志愿服务法律框架制度体系，以《慈善法》、《志愿服务条例》等为核心和主线，阐释了我国特色志愿服务法制体系。党的十九大后，《志愿服务条例》实施，这是我国首部全国性志愿服务法律规定，是推进志愿服务制度化的重大成果，是将社会主义核心价值观融入我国法制建设的重大成果，为新时代志愿服务的发展保驾护航。

最后，特别关注和回应了新时代中国特色志愿服务的新发展，首次对专业志愿服务、支持型志愿服务组织、社会治理志愿服务项目、国际志愿服务等进行了理论分析和实践总结，积极梳理率先实践的经验与教训，钻研和探索理论研究的创新。在志愿服务沿着纵深方向继续发展中、在党和国家大力支持和发展志愿服务组织、重视志愿服务参与社会治理的背景下和"一带一路"倡议的实施过程中，专业志愿服务、支持型志愿服务组织、社会治理志愿服务项目、国际志愿服务等代表了新时代志愿服务未来发展趋势和重要方向，所有这些方面不仅实践刚刚起步，理论研究也甚为薄弱，研究成果鲜有涉猎。本书尝试着迈出第一步，抛砖引玉，推动新兴理论研究的纵深发展。

Preface

Volunteering has gradually entered the public view, and both providing and accepting volunteering are getting more and more common. Volunteering is always closely, even directly connected with national strategies. As China has entered a new era, the Chinese people embarked on a new journey, heading for a new future. Volunteering is committed to the significant historical mission. Theories, systems and practice of volunteering are evolving to meet new requirements of the new era. Volunteering in new era is a new topic among the academic disciplines of philosophy, law and sociology. It is very meaningful both in theory and practice to promote the research of volunteering.

The book is to introduce the basic theory, system and practice of volunteering of China in new era. It includes seven chapters, namely, basic theory, legal framework, developing model, pro bono, supporting volunteering organizations, volunteer project of social governance and international volunteering. Every chapter is centered with both theoretical and practical parts. Practical exploration is the starting point and the finishing point of the research which mainly covers domestic practice, as well as overseas supplementarily. Basic theory aims to outline and interpret the theoretical system of volunteering in new era which mainly focuses on domestic development and characteristics, as well as overseas supplementarily.

Chapter 1 applies with methods of comparative study and historical study. It is regarding the basic concepts of the subject, such as volunteering and volunteers. Chapter 2 analyzes the legal framework of volunteering in China and especially puts emphasis on Charity Law and Volunteer Service Regulation of China which empowers the development of volunteering. Chapter 3 outlines the developing model of volunteering, emphasizes on the down-to-up model, and tries to disclose the element and regular pattern of the model. Chapter 4 is about pro bono. Taking the science and technology pro bono as an example, it explores the development of pro bono in China in terms of theory, current situation and its future as well. Volunteering organizations and projects are the main embodiments. Supporting volunteering organization is one of the top priorities, while social governance project fully demonstrates remarkable influence of volunteering on comprehensive social governance. Chapter 5 introduces the developing model of supporting volunteering organizations and analyzes the respective characteristics, problems and tasks, solutions, future development of government-led paradigm, civil society-led paradigm and other power-led paradigms. Chapter 6 concentrates on social governance projects. It applies with the method of case study and chooses typical cases of rehabilitation of mental patient, drug prohibition, cultural law enforcement, public security, letters and visits, and prevention of juvenile crime. With the introduction of the establishment, operation, effectiveness and experiences and lessons, it unfolds powerful function of volunteering in social governance. Chapter 7 researches on the international volunteering, mainly about its history of development, the national and international practice.

The book tries to explore some new discovery in the following aspects:

Firstly, in theoretical level, it absorbs nutrients of the spirit of 19th CPC National Congress based on the traditional theory, and highlights the consciousness of contribution, social responsibility and rule, so as to enrich the Chinese characteristic theory systems of volunteering. Xi's report to the 19th CPC National Congress stressed on the consciousness of social responsibility, rule and contribution, which provided a new point of view to interpret volunteering spirit and research volunteering theory. Traditional theory usually viewed volunteering as noble undertaking, excessively emphasized the consciousness of contribution, while it neglected the consciousness of social responsibility and rule, especially the advocating "taking volunteering as a life style and following basic rules". So it endeavors to make a breakthrough.

Secondly, in system level, it unprecedentedly introduces and interprets the legal framework of volunteering in China which includes Charity Law, Volunteer Service Regulation and other systems. The implementation of Volunteer Service Regulation has been shortly after the 19th CPC National Congress and it will promote the development of volunteering. And the regulation is the first national legislation which was great achievements of integrating core socialist values into legal system development, and of normalization and standardization of volunteering.

Finally, it responds to the new development of volunteering in China in new era, focuses on pro bono, supporting volunteering organizations, social governance volunteering projects and international volunteering. With the background of deep development of volunteering, the strong support of governments for volunteering organizations, the increasing emphasis on volunteering as a useful means of social governance and the Belt and Road Initiative, those represent the new important trend of volunteering, although both the practice and theory research just start. So, it endeavors to make the first step to promote the future of volunteering in new era in China.

| 第一章 | **新时代中国志愿服务的基本理论**

第一节　志愿服务的概念

一、志愿服务的基本概念

"我为人人，人人为我，彼此信任，相互依赖"、"赠人玫瑰，手有余香"，志愿服务是当代人性向善、公众参与、社会自治、官民合作的重要实现形式，已经形成一种世界性的社会潮流。1985 年，第四十届联合国大会通过决议，宣布从 1986 年起将每年的 12 月 5 日确定为"国际志愿者日"（International Volunteer Day）。现如今已有 100 多个国家在这一天集中开展志愿服务活动，国际志愿者日作为国际志愿服务活动的重要标志已经深入人心。1997 年 11 月 20 日，第五十二届联大通过了包括中国在内的 123 个国家提交的 52/17 号提案，决定把 2001 年确定为国际志愿者年（International Year of Volunteers）。当今世界，志愿服务活动进入社会生活的方方面面，是一项平凡而伟大的事业。

（一）志愿服务

1. 什么是志愿服务

关于什么是志愿服务，很多人都给出过回答。

比如说，《联合国志愿者宣言》指出：志愿服务是个体为了增进邻人、社区和社会的福祉而进行的非营利、不支付报酬、非职业化的行为。志愿服务的表现方式很多，从传统的邻里互助到今天的为解除痛苦、解决冲突和消灭贫穷而进行的努力等都属于志愿服务。① 根据联合国的定义，志愿服务有不追求经济回报、服务出于个人自愿和造福于他人或社会三个特点。

比如说，美国社会工作协会对志愿服务的定义是：追求公共利益、本着自我意愿和选择而结合的一群人，称为志愿服务团体。参与这种团体工作的人称为志愿者，而这种团体工作则称为志愿服务。这一定义从志愿服务团体切入，通俗易懂地阐释了志愿服务追求公益、自愿和团体性的特质。

再比如说，《中国志愿服务大辞典》从广义和狭义上对志愿服务进行了界定。广义上是指以造福近亲属以外的他人（个人或团体）或环境的所有活动。狭义上是指无偿为非营利机构工作。与狭义的定义相比，广义的定义中没有对提供服务的主体进行限制，对于服务对象的界定也更为宽泛。

还比如说，我国台湾地区的《志愿服务法》对志愿服务作出如下解释："民众出于自由意志，非基于个人义务或法律责任，秉诚心以知识、体能、劳力、经验、技术、时间等贡献社会，不以获取报酬为目的，以提高公共事务效能及增进社会公益所为之各项辅助性服务。"②

以上种种关于志愿服务的界定，其内涵与外延基本相同，只是选择切入

---

① 魏娜：《北京奥运会志愿者读本》，中国人民大学出版社 2006 年版，第 23 页。
② 参见台湾地区《志愿服务法》第三条第一项。

的角度不同，或是表述的文字各异。2017 年 6 月 7 日国务院第 175 次常务会议通过《志愿服务条例》，并于当年 12 月 1 日实施。该条例是保障志愿者、志愿服务组织、志愿服务对象的合法权益，鼓励和规范志愿服务，发展志愿服务事业，培育和践行社会主义核心价值观，促进社会文明进步的首部全国性行政法规。《志愿服务条例》第二条第二款明确规定："本条例所称志愿服务，是指志愿者、志愿服务组织和其他组织自愿、无偿向社会或者他人提供的公益服务。"因此，我国国家层面以行政法规的形式明确了志愿服务是指自愿、无偿地服务他人和社会的公益性活动。

2. 志愿服务的类型

关于志愿服务的分类，按照不同的标准会有不同的划分。目前，我国学术界较认可的分类有以下几种。

（1）英国学者史密斯的"四分法"

英国学者史密斯（Justin Davis Smith）将志愿服务分为四种基本类型，即：互助或自助、慈善服务或为他人服务、参与和倡导运动。

"互助或自助"（Mutual Aid or Self-help）——人们为了共同的利益或共同的生活环境而贡献他们的时间和精力来相互帮助和帮助自己。这种志愿服务形式最早出现在新石器时代的原始社会。在当今世界的许多地区（包括工业化国家），互助和自助为相当人口提供了基本的社会和经济服务，互助和自助的志愿服务提供了基本的社会福利。

"慈善服务或为他人服务"（Philanthropy or Service to Others）——人们自愿地付出时间和精力去帮助他人，并不期待他人回馈同样的好处和帮助。与互助及自助式的志愿服务不同，慈善或为他人服务的受益对象是第三方。早期的研究者将这种志愿服务理解为一种"赠与式关系"，但近期的研究者更将它理解为一种"交换式关系",因为志愿者在无偿服务的同时也有所收获,如:自我价值的实现、有机会体验到不同的生活、学到新的技能等。

"参与"(Participation)——又称公民参与(Civic Participation)或公民行动(Civic Engagement),是公民参与社会公共事务治理的重要形式,指公民个人或集体为了确认和解决广泛关注的公益问题而自愿付出时间和精力,如担当政府咨询部门的群众代表。但批评家认为,迄今为止的参与只不过是外来决策的合法化工具而已。

"倡导与运动"(Advocacy and Campaigning)——人们为了自己或他人的利益付出时间和精力在地区、国家或国际范围内开展游说、宣传和辩论活动,目的是推动政府修改、完善和实现有利于弱势群体和环境保护的立法和政策。

在这一划分中,从一个侧面较好地回答了人们关于"志愿服务"、"慈善"乃至"公益"之间的关系。这里"互助或自助"是不具备"公益"(直接为他人和社会)的特征,而是相互之间或自我帮助、扶助,显然比慈善、公益的范围更为广泛。换句话说,从最为广义的角度来看,"志愿服务"要比"公益"更为广泛。另外,"慈善"仅为"公益"的一种形式,"参与"(Participation)、"倡导与运动"(Advocacy and Campaigning)是"公益"的其他形式,可见,"慈善"又比"公益"范围更窄。总而言之,这种分类方法体现了从范围上来讲,志愿服务最具包容性、其次是公益、最后是慈善。

(2)正式志愿服务与非正式志愿服务

正式志愿服务,亦称"有组织的志愿服务"(Organized Volunteering),与"非正式志愿服务"相对应。正式志愿服务是指志愿者通过各式各样的组织参与志愿服务，包括为这些组织提供志愿服务和通过这些组织向第三方提供志愿服务。正式志愿服务组织包括公共服务部门（政府及医院、儿童福利院、养老院、社区服务中心等公共机构）、非政府机构（非营利机构和志愿服务机构）以及各类企业。一般来讲，由组织发起进行的正式志愿服务会有较为明确的服务目标、计划和规范，对志愿者也有较正式的管理措施。正式志愿服务是志愿服务组织化的结果，在现代志愿服务中占主流；随着志愿服务事业的开展，各种专门从事志愿服务或志愿者管理的组织日渐增多；与此同时，注册在各组织之下的志愿者也越来越多。在正式志愿服务方面，中国和西方发达国家的差距还很明显。

非正式志愿服务，又称"个人无偿服务"，与"正式志愿服务"相对应，是个人直接的志愿行为。非正式志愿服务是指人们付出自己的时间直接为自己的邻居、朋友、陌生人提供无偿服务。如果说正式志愿服务代表了现代社会的志愿服务主流的话，个人直接提供志愿服务则更多地代表了传统的互助文化与习俗在现代社会的延伸和继承。非正式志愿服务是整个社会志愿服务的重要组成部分，对于微观层面上的社会互助、社会关系修复和社会信任的重建有着不可替代的作用，对于整个社会志愿者精神的培养也是极为重要的。尽管随着社会福利制度的完善、有组织的志愿服务的发展和慈善资源向民间公益组织的倾斜，个人无偿服务在整个社会的团结机制中的地位会相对下降，但作为其中更为基础的利他主义行为方式，它在重构生活世界和营造基本的、和谐的人际关系中有着制度性的福利和有组织的志愿服务所不能替代的功能，因此将在人类社会中一直存在下去。[1] 也正是考虑到这一点，

---

[1] 北京志愿服务发展研究会：《中国志愿服务大辞典》，中国大百科全书出版社 2014 年版，第 26 页。

我国《志愿服务条例》第十一条规定，"志愿者可以参与志愿服务组织开展的志愿服务活动，也可以自行依法开展志愿服务活动"，从而开创性地将个人自愿行为（非正式志愿服务）纳入法律视野，积极推动志愿服务事业的发展。

（3）直接志愿服务与间接志愿服务

直接志愿服务，是指人们直接提供给受益对象（个人、环境、社区等）的志愿服务。在直接志愿服务中，志愿者与服务对象有直接接触，志愿者所付出的时间和服务等直接作用于服务对象，并对其产生直接效果，如为老年人提供生活照料等。在志愿服务产生初期，志愿活动绝大部分是直接提供给服务对象的，随着志愿者队伍的增加和志愿活动规模的扩大，开始逐渐产生分化，出现不直接服务于受益对象、但最终是为了受益对象更好地得到帮助的志愿服务，也就出现了直接与间接志愿服务之分。

间接志愿服务，是指通过为志愿服务组织方工作而间接服务于受益对象的志愿服务。在间接志愿服务中，志愿者与最终的受益对象没有直接接触，志愿者所付出的财物、服务等不是直接作用于服务对象，而是通过为志愿者组织提供服务而间接服务于受益对象，如在以助老为宗旨的志愿者组织中，帮助组织管理者收录志愿者档案等。随着志愿服务的发展，越来越多的志愿者组织应时代潮流而生，作为"第三部门"产生巨大社会影响。同时这些组织本身也需要越来越多的力量进行内部的管理和运作，以保证志愿服务的顺畅提供。所以直接服务于志愿者组织、间接服务于最终受益对象的间接志愿服务越来越多，发挥的力量也越来越大。随着志愿者组织的增加，间接志愿服务将日益重要，发挥不可替代的作用。

需要特别指出的是，这两类志愿服务对志愿服务事业的发展都具有重要意义。但是从我国目前的发展阶段来看，已经逐渐从侧重直接志愿服务走向直接、间接志愿服务齐头并进、协同发展，间接志愿服务将来会进一步得以扩展，这也会对我国志愿服务的发展产生深远的影响。

（4）日常志愿服务与非常态志愿服务

根据目前志愿服务的实践，可将志愿服务分为常态下的日常志愿服务与非常态下的大型活动和紧急救援志愿服务。日常志愿服务内容广泛，是对突发事件、大型活动之外的所有常态下进行的志愿服务的总称。非常态下的志愿服务不具备日常志愿服务的常规性，通常是针对某一大型赛会活动，或是突发的紧急情况而进行，是非常重要的志愿服务活动。

3. 志愿服务的动机

志愿服务是以奉献、牺牲为主的工作，其中充满了困难与艰辛，但为什么还有很多人愿意成为志愿者参与到志愿服务工作中来呢？对此，许多人进行了研究。有人认为人天生是群居动物，互帮互助是人的本能；有人认为行善助人，乐人乐己，参加志愿服务活动会善有善果；还有人认为志愿者是出于满足好奇心、结交朋友、锻炼自我等原因参与志愿服务活动的。但从志愿服务的本质来看，这些都不足以完全激励人们踊跃参与志愿服务工作。那么，人们从事志愿服务的动机是什么呢？

（1）精神追求

爱因斯坦说："一个人的价值，应该看他贡献什么，而不应当看他取得什么。"志愿者在付出的过程中，收获的是被他人需要、被社会认可，这一回报不是金钱，也不是物质奖励，而是一种内在的精神价值。它使生命充满了意义，使社会充满了温馨，激励志愿者投入到志愿活动中。

（2）社会使命

志愿服务活动源于心系社会、服务社会的慈善捐助，今天的志愿者们秉承这一使命，并积极回应这一使命的召唤，以越发多样的志愿服务投入到增进人类福祉的活动中。志愿者们投身于公益事业，不仅贡献个人力量，而且与社会形成互动，从而催生社会责任感和使命感；他们发扬人道主义精神和志愿服务精神，为政府分忧、为社会解困，改变着社会的面貌。正如爱因斯坦所说："只有献身于社会，才能找出那短暂而有风险的生命的意义。"

（3）知识学习

志愿者在从事志愿服务工作时，不仅是帮助他人，还可以在这一过程中学习新的知识和技能，积极促进个人的成长和人格的完善。志愿服务是团队工作，志愿者在这一团队中学会建立良好的人际关系，增强团队精神，加强团队合作。尤其是青年志愿者，他们在提供志愿服务的同时，也提高了自己的专业技能。同时，志愿服务也帮助他们了解社会，深化对理论知识的理解，并获得启迪与教育。今天的志愿服务越来越向专业化、正规化发展，志愿者在正式参加志愿活动之前都要进行专门培训，这对全面提高志愿者的素质有重要作用。

（4）价值实现

美国著名心理学家马斯洛认为，人生的最高境界是自我实现，其中就包括关心他人，超越自我。尽管人们在日常生活中追求物质利益，但从未放弃对美好生活的向往。心灵的充实、精神的升华、潜能的发挥以及自我价值的实现一直都是志愿者的不懈追求。志愿者的善举不仅充实了他们的生活，也升华了他们的灵魂，实现了他们的人生价值。

（5）人生体验

我们在生活中体验，也在体验中生活，为的是使我们的人生更加丰富多彩。志愿服务在人生众多的体验当中，也许只是短暂的瞬间，却是辉煌灿烂的。在志愿服务活动中，有些体验是日常生活的酸甜苦辣，有些体验却是刻骨铭心的。参加首都支援农村教育工作的老师们说："我们被农村感动，我们感动着农村。"作为志愿者，他们体验到了这种心灵共鸣。为了丰富生活体验，塑造完美人生，越来越多的人加入志愿服务队伍中来。

（6）心理完善

志愿服务可以帮助志愿者培养快乐的心境和积极向上的价值观。志愿者在关心和帮助他人的志愿活动中，缓解了个人的心理压力，完善了个人品格。在一篇介绍美国的志愿服务的文章中，讲述了志愿者凯瑟琳·佩纳（Katherine Pener）的故事：志愿者凯瑟琳·佩纳为术后乳腺癌患者做了22年的咨询指导工作。她说："我保证所有志愿者都会在情感上、生理上、心理上感觉更好，不管你是谁，不管你做什么（志愿工作）。我所认识的志愿者都笑容满面。"通过志愿服务，志愿者们能够树立自尊、自强、自立、自爱的人格气质，以及健康乐观的心理素质。

（二）志愿者

1963年3月5日，毛泽东等中央领导人题词，发出"向雷锋同志学习"的伟大号召后，每年的3月5日成为"学雷锋纪念日"。从2000年开始，团中央、中国青年志愿者协会把每年3月5日作为"中国青年志愿者服务日"，组织青年集中开展内容丰富、形式多样的志愿服务活动。1986年12月5日是中国的第一个国家志愿者日。

1. 志愿者的概念

"志愿者"是志愿服务的具体承担者。"志愿者"一词的英文翻译是"Volunteer"，其词源为拉丁文 valo 或 velle，意为"希望、决心或渴望"，与中文的"志愿"含义相同。在不同的地方，志愿者有不同的称谓。在中国香港地区和部分南方省市，"志愿者"通常又称为"义工"，在我国台湾地区则称为"志工"。

《中国志愿服务大辞典》将"志愿者"从广义和狭义上进行定义。广义的志愿者包括自然人及之外的人群和组织等志愿服务主体；狭义的志愿者是指在志愿服务组织登记、不以获得报酬为目的、自愿帮助他人和服务社会的个人。

《志愿服务条例》第六条第一款规定："本条例所称志愿者，是指以自己的时间、知识、技能、体力等从事志愿服务的自然人。"这一概念界定从过去志愿者往往提及"时间和精力"延伸到"知识和技能"，表明志愿服务逐渐从单一、机械、浅层次、作用小的服务功能，转变为丰富、灵活、多层次、作用大的服务功能。① 立法定义也明确了志愿者取学理上狭义的概念，仅指自然人。这一做法符合国际国内的志愿服务实践，也从学理上将志愿者、志愿服务组织等概念加以区别。当然，介于二者之间的从事志愿服务的主体，则用"其他组织"来概括。

2. 志愿者的分类

按照志愿者是否拥有专业的知识和技能为标准，志愿者可以分为专业志愿者和非专业志愿者。《中国志愿服务大辞典》从广义和狭义两个方面对专业志愿者给出了定义。认为广义上的专业志愿者是指"在志愿服务过程中运用自身的专业知识和技能的志愿者，如支教志愿者"；狭义上的专业志愿者则是指"那些拥有专业知识和技能且获得专业资格认可的志愿者，如红

---

① 谭建光：《〈条例〉促进志愿服务功能多样化》，2017 年 9 月 11 日，见 http：//www. ahbagy. org/display. asp？ id＝767。

十字应急救护员"。与非专业志愿者相比，专业志愿者能够更加熟练、更加恰当地解决问题。随着社会进步和志愿服务事业的发展，对专业志愿者的需求将会越来越大，更多复杂的社会问题需要专业志愿者的介入和参与。如青少年问题、环保问题等。非专业志愿者由于缺乏相关专业知识和技能而不能解决这些复杂且专业的问题。由此可见，志愿者队伍专业化水平的提高显得尤为重要，提升了志愿者的专业水平才可以提高志愿服务的水平。《志愿服务条例》第二十三条第一款规定，"国家鼓励和支持国家机关、企业事业单位、人民团体、社会组织等成立志愿服务队伍开展专业志愿服务活动，鼓励和支持具备专业知识、技能的志愿者提供专业志愿服务。"可见，未来专业志愿者大有可为。

按照志愿者参与的活动领域、行业为标准，可以将志愿者分为消防志愿者、医疗志愿者、献血志愿者、环保志愿者、动物保护志愿者、支教志愿者、旅游志愿者、科技志愿者等。[1]

3. 注册志愿者

注册志愿者是开展规范的、组织程度高、专业性强的志愿服务的基石。通过全国统一的志愿服务信息系统进行注册，对于志愿者而言，将会获得更好、更多的权益保障（比如，可以记录服务时长，获取志愿服务记录证明等）；对于志愿服务管理部门而言，将会对志愿服务事业提供更为高效便捷的服务以及监管。更为重要的是，注册志愿者是志愿服务管理信息系统的重要组成部分，通过这一信息系统，将"互联网+"与志愿服务高度融合，运用科技手段促进志愿服务事业更好地发展。比如说，这一系统能为志愿者

---

[1]　北京志愿服务发展研究会：《中国志愿服务大辞典》，中国大百科全书出版社 2014 年版，第 5 页。

（志愿服务提供方）和服务对象（志愿服务需求方）打造一个对接平台，方便志愿者就近就便地提供服务等。《志愿服务条例》第七条规定，"志愿者可以将其身份信息、服务技能、服务时间、联系方式等个人基本信息，通过国务院民政部门指定的志愿服务信息系统自行注册，也可以通过志愿服务组织进行注册。志愿者提供的个人基本信息应当真实、准确、完整。"尽管此处法律规定是"可以"注册，但是法律的提倡注册、鼓励注册的用意是不言而喻的。下面将以北京为例，简单介绍注册志愿者的基本情况。

在北京，国务院民政部门指定的志愿服务信息系统，暨为"志愿北京"。成为一名志愿北京的注册志愿者，是一项光荣的使命。注册后，志愿者将拥有北京市内统一编号的个人志愿者卡，该志愿者卡号一人一号，终生使用。志愿者卡集身份标识、注册登录、激励表彰等功能于一体，是志愿者的身份卡、信息卡、计时卡、荣誉卡。身份卡。志愿者卡是志愿者身份的标识，志愿者可凭志愿者卡参加志愿服务、培训、公益实践等活动。信息卡。志愿者凭志愿者卡号及密码可登录"志愿北京"网站，进入个人管理模块，查询、修改个人信息。计时卡。志愿者参加志愿服务，服务时间等相关服务信息经相关组织认定后记录进志愿者卡。服务时长等服务信息是认定星级志愿者、开展时间储蓄、互助服务等激励表彰嘉许志愿者的前提和基础。荣誉卡。志愿者卡号具有唯一性，可由志愿者永久保留，具有特殊的纪念意义，也是对持卡志愿者的一种激励。此外，成为注册志愿者，还会获得其他的权益保障。比如说，若服务对象在接受服务过程中对志愿者造成损害，经注册后的志愿者要求有关服务对象赔偿损失时，志愿者组织应全力支持并提供必要的帮助。再比如说，重大活动志愿服务和应急志愿服务中，志愿者组织或接受服务的组织为注册志愿者购买人身意外伤害保险，等等。

那么，成为一名志愿北京的注册志愿者需要具备哪些条件？申请成为注册志愿者需具备的基本条件：第一，热心社会公益事业，具有"奉献、友爱、互助、进步"的志愿服务精神，这是对志愿者主观方面的要求。志愿者主观上要有做公益的意愿。第二，年满十四周岁（未满十八周岁的须经其法定监护人同意），这是对志愿者年龄上的要求。根据我国《民法总则》的规定，8周岁以上的未成年人是限制民事行为能力人，可以从事与其年龄、智力相适应的民事活动，但其他民事活动需要由他的法定代理人代理或征得其同意。这里对成为志愿者参加志愿服务活动的年龄要求是建立在《民法总则》实施之前的法律规定的基础之上的。第三，具备参加志愿服务所需要的基本能力和身体素质，这是对志愿者技能和身体素质的要求。不同的志愿服务活动，对志愿者的服务能力有不同的要求，志愿服务组织会视情况而定。第四，品行端正，遵守国家法律法规和志愿者组织的相关规定。这是对志愿者品行的要求，具体包括要遵纪守法和遵守志愿者组织的相关管理规定等。

那么，如何具体注册呢？具体而言，包括个人自行注册和志愿服务组织注册两种方式。个人自行注册可以通过网络和电话进行。直接到各级各类志愿者组织进行书面注册。申请人向所在街道、学校、企业团组织或志愿者组织提出注册申请，填写统一格式的注册登记表和服务项目登记表等记录。①团组织、志愿者组织对申请人情况进行审核。审核合格，团组织、志愿者组织注册管理员将志愿者注册登记表和服务项目登记表等内容录入志愿者服务网，并对申请人进行统一编号。

---

①　这里主要是北京的情况，全国其他地方也有其他情形的，比如说，福建省主要是文明办组织注册。

4. 志愿者的权利与义务

（1）志愿者的权利

志愿者的权利一般包括：以志愿者的身份参与志愿服务活动；获得志愿服务的真实、准确、完整的信息；获得志愿服务所需的条件和必要的保障；获得志愿服务活动所需的教育和培训；请求开展志愿服务活动的组织帮助解决在志愿服务活动中遇到的问题；有困难时优先获得志愿者组织和其他志愿者提供的服务；对志愿者组织进行监督，提出批评和建议；要求志愿者组织出具参加志愿服务的证明；申请注销注册志愿者身份等。在性质上，这些权利可分为：

第一，自由权。包括参与志愿服务活动的自由和退出志愿服务组织、注销注册志愿者身份的自由。第二，知情权。包括获得志愿服务的真实、准确、完整的信息。第三，保障权。包括获得从事志愿服务所需的条件和必要的保障，比如人身保险、交通补助、误餐补助和安全保障等；获得从事志愿服务活动所需的教育和培训等知识技能的保障；请求开展志愿服务活动的组织帮助解决在志愿服务活动中遇到的实际困难等。第四，一定的荣誉权。包括要求志愿者组织出具参加志愿服务的证明；困难时优先获得帮助权，即志愿者有困难时可优先获得志愿者组织和其他志愿者提供的服务等。第五，监督权。包括对志愿者组织进行监督，提出批评和建议的权利。

（2）志愿者的义务

志愿者的义务一般包括：遵守国家法律法规及志愿者组织的相关规定；提供真实、准确、完整的注册相关信息，如有信息变更及时联系修改；履行志愿服务承诺或者协议约定的义务，完成志愿服务；自觉维护志愿者组织和志愿者的形象和声誉；自觉维护服务对象的合法权益；退出志愿服务活动时，履行合理告知的义务；保守在参与志愿服务活动过程中获悉的个人隐私、商业秘密或者其他依法受保护的信息；不得向接受志愿服务的组织或者个人索取、变相索取报酬；不得以志愿者身份从事任何以营利为目的或违背社会公德的活动等。在性质上，这些义务可分为：

第一，守法守约义务。包括遵守国家的法律规定，维护服务对象的合法权益、志愿者组织的管理规定、志愿服务协议中的约定及参与志愿服务的承诺等。第二，告知义务。包括提供真实、准确、完整的注册相关信息，信息变更时及时联系修改，退出时及时告知等。第三，保密义务。包括保守在参与志愿服务活动过程中获悉的个人隐私、商业秘密或者其他依法受保护的信息等。第四，无偿提供服务的义务。包括不得向接受志愿服务的组织或者个人索取、变相索取报酬；不得以志愿者身份从事任何以营利为目的的活动，否则，提供的便不是志愿服务，也不能自称为志愿者。第五，较高的道德义务。包括自觉维护志愿者组织和志愿者的形象和声誉，不得以志愿者身份从事任何违背社会公德的活动等。

（三）志愿服务组织/志愿者组织

志愿服务组织，也称志愿者组织，是志愿服务的组织者和承担者，独立于政府与市场之外，主要通过向社会提供众多的服务，在社会和政府、市场和政府、微观和宏观之间起着中间协调和承上启下的作用。

在学理上，对志愿服务组织（亦称志愿者组织）有广义和狭义的定义之分。广义上的志愿服务组织，是指拥有正式组织形式、不以营利为目的、以志愿参与为特征、以公益产权为基础、主要开展公益性或互益性活动的非政府组织。狭义上的志愿服务组织，是指依法在民政部门登记注册、专门从事志愿服务的公益性社会团体。①

《志愿服务条例》第六条第二款规定："本条例所称志愿服务组织，是指依法成立，以开展志愿服务为宗旨的非营利性组织。"志愿服务组织的登记管理按照有关法律、行政法规的规定执行。可见，立法文件中的志愿服务组织须满足依法成立、非营利以及以开展志愿服务为宗旨等条件。志愿服务组织可以采取社会团体、社会服务机构、基金会等组织形式，并应根据中国共产党章程的规定，设立中国共产党的组织，开展党的活动。

从严格执行依法登记的角度来看，《社会团体登记管理条例》等对志愿服务组织的设立实质上形成了一些限制。具体表现在：第一，志愿服务组织如果作为社会团体的形式存在的话，只能是法人。依据《民法总则》的规定，法人在人员规模、财产经费、办共场所、责任承担等方面有明确的要求。第二，志愿服务组织申请登记需得到业务主管单位的批准。第三，在同一行政区域内已有业务范围相同或者相似的社会团体则不得成立；社会团体的分支机构不得再设立分支机构，社会团体不得设立地域性的分支机构。第四，不按照《社会团体登记管理条例》进行登记而以组织名义从事活动的组织则可能被认定为非法。

从目前的志愿服务实践来看，志愿服务组织有依法在民政部注册登记的正式的志愿服务组织，有在官方枢纽型志愿服务组织进行备案的志愿服务组织，也有依托本单位（比如，国家机关、人民团体、企业、事业单位、基层群众性自治组织和其他社会组织）组织开展志愿服务的组织，还有一些是由具有共同爱好或者是从事同一社会生活领域现状改善工作的一些个体集

---

① 北京志愿服务发展研究会：《中国志愿服务大辞典》，中国大百科全书出版社 2014 年版，第 70 页。

结在一起，没有进行注册、备案及挂靠等的志愿者群落。

（四）志愿服务对象

志愿服务对象是指接受志愿者提供的志愿服务的个人或组织。一般而言，老年人、未成年人、残疾人员、失业人员等其他有困难、需要帮助的社会群体和个人是志愿服务的重点对象，扶贫、济困、扶老、救孤、恤病、助残、救灾、助医、助学等是志愿服务的重要领域。此外，志愿服务在社区活动、大型赛会活动、治安环保等社会事业中开展。可见，志愿服务对象十分广泛。

二、志愿服务的历史发展

志愿服务历史悠久，源远流长。志愿服务发源于人类的互助情感和宗教慈善。经过百年的岁月、随着人类文明的发展，志愿服务不断地融入和发展新的内涵，比如说乡镇自治精神、公民参与、社会责任意识等。时至今日，志愿服务的含义已不单单是原来的互助、济贫、扶弱等宗教慈善，而是促进公民参与、增强社会认同、推动公民社会发展的重要方式。

（一）志愿服务在西方的历史发展

现代志愿服务发端于西方，是人类进入现代工业社会后才逐步形成和发展起来的，具有相当长的历史。一般认为，它的形成和发展在欧美等国大致经历了萌芽、扩展、规范、全球化等阶段。[①]

---

① 张敏杰：《欧美志愿服务工作考察》，《青年研究》1997 年第 5 期。

1. 萌芽阶段

19 世纪初起源于宗教慈善的志愿服务在西方国家出现。西方早期慈善服务的推动者是教会，教会宣扬的宗教教义中大都有教徒应该保护孤儿、帮助老弱病残、救助贫民、照顾寡妇等义务要求。因此，信仰宗教的教徒们遵守教义，行善积德。比如说，早在 1818 年纽约救贫协会把城市划分为一个一个的小社区，在小社会划分的基础之上，指派一名至两名志愿者为小社区提供社会服务。该组织还这样描述当时志愿者的行为，"所有的服务人员都是仁慈而充满奉献精神的。他们的工作是奉主之召而行，使不幸者从困境中获得帮助和解脱。"可见，早期的志愿服务是发源于宗教和慈善的。

在这一阶段，除了由教会推动的宗教性的慈善服务之外，另一个著名的致力于人道主义工作的组织不得不提，那就是国际红十字会。红十字会的创始人是亨利·杜南。年轻的杜南先生曾经目睹了战争的可怕，战争双方死伤惨重，战场上到处都是无人照顾的伤兵。三年后，杜南先生将自己的所见所闻、所感所想在《索尔弗利诺回忆录》一书中讲述出来。不仅如此，杜南先生在该书中还提出了两项重要倡议。他倡议各国成立全国性的志愿伤兵救护组织，平时开展救护技能训练，战时支援军队医疗。他还倡议各国通过签订国际条约，约定给予军事医务人员和医疗机构及各国的志愿伤兵救护组织以中立的地位，以便战时能及时救助战场上受伤的伤兵。该书一经出版在欧洲就引起了强烈的反响。杜南的提议也得到了包括日内瓦公共福利协会主席莫瓦尼埃在内的四位公民的赞赏和大力支持，并在 1863 年共同创立了"伤兵救护国际委员会"，1875 年正式改名为"红十字国际委员会"，日后成为各国志愿服务工作的场所。

总之，无论是宗教力量推动下的慈善，还是基于人道主义而进行的救死扶伤，萌芽阶段的志愿服务主要致力于慈善、宗教、救济等事业。

2. 扩展阶段

工业革命后，西方国家的经济结构发生了很大的变化。社会两极分化严重，贫富差距拉大，不仅如此，家庭原有的保障功能也大大弱化。大批的失业人士和赤贫人群不断涌现，越来越多的社会成员发现他们难以应对诸如年老、疾病、失业、工伤、灾害、贫困等方面的生存风险。德国、美国、英国等国家政府也采取了一定的政策和措施，但仍然无力改变社会中存在的以上问题。

作为对社会问题的回应，一些社会团体和民间人士借助各种民间力量和志愿服务来消除贫穷，保护弱者。这些活动加强了公众的参与感和社会责任感，既在一定程度上维护和改善了下层民众的利益，也为志愿服务的大力发展提供了很好的机会。正是在这样的基础之上，志愿服务也逐渐受到了政府的重视和鼓励。比如说，美国总统罗斯福推行的新政中，社会保障法案的实施就需要动员和招募大量的志愿者参与各项服务之中。

19 世纪末 20 世纪初的志愿服务处于扩展阶段，这一时期的志愿服务逐渐由宗教性向公民参与、由民间推动向政府鼓励等方向扩展。

3. 规范阶段

第二次世界大战后，随着科技的进步和经济的快速发展，西方各国普遍建立了福利国家制度，国家逐渐承担公共服务的供给，各国都加大了购买志愿服务的力度，志愿服务受到前所未有的重视。在这样的社会背景下，这一时期的志愿服务工作得到了全新的发展，日益完善，逐渐规范。具体表现在以下两个方面：

首先，志愿服务工作逐渐制度化，西方各国相继制定了志愿服务的法律制度，来规范和促进对志愿服务的发展。比如说，1964 年德国制定了世界上最早的志愿服务法律《奖励志愿社会年法》。该法以"媒介社会经验与提高工艺责任与意识"为目标。1973 年美国制定了《志愿者保护法》，该法旨在给予志愿者、非营利组织和政府机构等在因志愿者有关活动而引起的民事诉讼中以相应的保护。法国、英国等国家也都相应制定了志愿服务法律。

其次，志愿服务工作逐渐专业化。与前两个发展阶段相比，无论是志愿服务组织的发展，还是志愿者服务水平的发展，都呈现出了很强的专业化特点。比如说，美国志愿服务组织数量巨大，定位明确，分工细致，类型全面，在组织管理上有了比较专门的方法和专业的队伍。志愿者的数量和工作时长大大增加，志愿者们接受专业的培训，积累了丰富的工作经验，也学会了如何组织、推动和管理志愿服务工作，提高了志愿服务的专业水平。

4. 全球化阶段

自 20 世纪 90 年代以来，随着经济全球化的不断加深，信息技术的快速发展，志愿服务在全球蓬勃发展。从发达国家到发展中国家，从国内到国际，从慈善救济到文明倡导、环境保护、社区建设、科学研究等公益事业，志愿服务遍布世界各国的各个领域，发挥着越来越重要的作用。

随着志愿精神进一步在全球范围内传播，联合国也积极推进志愿服务工作。1985 年，第四十届联合国大会通过决议，宣布从 1986 年起将每年的 12 月 5 日确定为"国际志愿者日"（International Volunteer Day）。1997 年 11 月 20 日，第五十二届联大通过了包括中国在内的 123 个国家提交的 52/17 号提案，决定把 2001 年确定为国际志愿者年（International Year of Volunteers）。国际志愿者年的确立使得志愿精神更加深入人心，成为世界各国的共识，对志愿服务全球化的发展具有重大的影响。

此外，志愿服务的国际网络日益完善，海外志愿服务不断发展。不少国家都成立了援外志愿者组织，开展海外志愿服务。比如说，美国的和平服务队、丹麦的国际合作协会、英国的海外志愿服务社等。以英国为例，其海外志愿服务社目前每年大约派出 1800 多名志愿者奔赴 60 多个国家提供志愿服务。

（二）志愿服务在我国的历史发展

中国现代意义的志愿服务较西方而言起步较晚，但与其他前现代文明社会一样，志愿精神在中国也是源远流长。中国慈善服务的思想传统丰厚源长，春秋战国时期，儒家、墨家、道家就已提出与慈善、助人有关的思想。比如，儒家思想中倡导的"仁"和墨家思想中倡导的"兼爱"等。在"仁爱"思想的影响下，中国古代社会一直都有救济、互助、慈善性的"志愿服务"活动。比如，创始于北齐的"义仓"、宋仁宗时期创立的广惠仓等赈灾活动；再比如流传至今的邻里互助的传统等。当然，我国古代的志愿服务主要由家庭和区县推动，国家主动承办的较少。

现代意义上的志愿服务思想是 20 世纪初伴随西方文化传入中国的。中国的志愿服务发展历经转型、探索与飞跃三个阶段。

1. 转型阶段

我国的志愿服务转型以 1840 年第一次鸦片战争爆发为起点，直至 20 世纪 40 年代新中国成立前基本完成。这一时期的志愿服务不再单是传统的宗教救济慈善活动，而是已经逐渐具有了公民参与、社会责任等现代意义的志愿服务活动。这一阶段的主要特点是深受西方文化（如基督教等）的影响。

民国年间，民间组织围绕着"救国"开展了一系列志愿服务活动，典型代表是 20 世纪 20 年代兴起的乡村教育运动。比如说，以晏阳初为代表的中华平民教育促进会，以梁仲华、梁漱溟等为代表创建的山东乡村建设研究院等。他们扎根于乡村（当时的河北定县如今的定州市、山东邹平、菏泽等地的乡镇），志愿兴办乡学村学，积极探索中国发展之路。

2. 探索发展阶段

新中国成立后，出于多种原因，原来慈善事业中断了，但是，因建设社会和教育人民的需要，志愿服务以义务服务的形式延续下来。这一时期的典型代表很多。比如，成立于 1955 年的北京青年志愿垦荒队，此后在全国 16 个省市得到推广，整个青年志愿垦荒队达 20 万人。再比如，60 年代"学雷锋"活动动员了成千上万民众。

改革开放后，我国的志愿服务首先在社区、在青年中进行了积极的探索。1983 年北京市宣武区大栅栏街道推出了"综合包户"志愿服务活动。1986 年国家民政部提出在全国开展社区服务，并于次年召开"全国社区服务工作座谈会"，标志着社区服务进入起步阶段，提供便民利民服务和民政福利服务成为社区社会服务的主要内容。1989 年 3 月 18 日，我国出现第一个志愿者组织"天津和平区新兴街道社区服务志愿者协会"。很快，该区 12 个街道办事处、261 个居委会相继分别成立了社区服务志愿者协会和相应的分会。在民政部的大力推动下，我国社区志愿服务得到了一定的发展。1987 年广州市诞生了"手拉手"志愿者热线，成为青年志愿服务的发源地。1990 年深圳市创立了"深圳市青少年义务社会工作者联合会"。1994 年，团中央成立了中国青年志愿者协会，青年志愿服务得到了国家的重视。与此同时，民间志愿服务组织开始发展，但整体数量还不多。可见，"自下而上兴起，自上而下推广"是探索发展阶段中国志愿服务的主要模式。

3. 蓬勃发展阶段

进入 21 世纪，中国志愿服务开始迅猛发展，2001 年联合国 "国际志愿者年" 系列活动的举办，宣传动员了广大民众积极参与志愿服务，也促成政府积极鼓励推动志愿服务的发展。在这一时期，志愿服务组织大量涌现，比如，致力于推动北京市志愿服务事业发展的北京市志愿服务指导中心成立等。

2008 年被认为是中国的 "志愿者元年"。这一年，北京奥运会的志愿服务让全国乃至全世界的人们从热情、真诚的奥运志愿者身上认识了中国的志愿服务；这一年，汶川地震灾区的抗震救灾志愿服务，这些志愿者身上所体现的爱心、奉献与服务精神，彰显了志愿服务的社会价值、经济价值和精神文化价值，深深震撼了全国人民，极大地推动了中国公众参与的热情。志愿行动快、志愿组织多元、志愿服务内容广、志愿活动影响大，成为现阶段我国志愿服务发展的特征，也直接促进了社会志愿服务统筹协调机制的建设。2013 年 12 月，中国志愿服务联合会在京成立，中央政治局原委员刘淇同志担任会长，标志着中国志愿服务进入一个新的发展阶段。

（三）我国地方志愿服务的发展历程——以北京为例

北京志愿服务具有光荣的历史，在全国起步早、发展快、极具代表性。北京主要经历了三个阶段，当前正在一步一个脚印地朝着常态化的趋势发展。

1. 早期发展阶段

北京志愿服务的早期发展阶段始于 1983 年大栅栏街道推出的学雷锋 "综合包户" 活动，直至 20 世纪 90 年代末。这段时期，随着改革开放的推进、市场经济的发展，在计划经济社会背景下成长起来的学雷锋活动不能马上适应时代的变迁，逐渐失去了其早期的影响力。另外，联合国志愿组织人员、英国海外服务社等境外的志愿服务组织来到北京开展英语教学、扶贫开发等志愿服务工作，同时也将志愿服务的理念和实践传入北京。在这样的背景下，开始了学雷锋与志愿服务相结合、学雷锋活动向志愿服务转化的探索和发展。

1989 年 8 月，北京市宣武区天桥街道在大栅栏街道"综合包户"的基础上，成立了北京第一个以社区志愿者为核心的学雷锋"邻里互助"协会，把有特长的社区群众组织起来，深入胡同小巷，进行裁剪、理发、家具家电维修等互助服务活动。之后，以学雷锋活动为基础的青年志愿者行动在北京广泛开展起来。1993 年北京市成立"北京志愿者协会"，该协会是北京市共青团在全国范围内率先成立的第一个省级志愿者协会，为北京志愿服务事业的长足发展奠定了基础。

2. 大型事件引领带动阶段

从 2001 年申奥成功开始，经过 2008 年北京奥运会，到 2009 年全市志愿者工作大会，这段时期可以称为北京的"奥运周期"，中间经历了 2001年第 21 届世界大学生运动会、北京奥运会、上海世博会、广州亚运会、国庆 60 周年等大型赛会和重大社会活动，志愿服务活动蓬勃开展。

在这段时期，北京志愿服务工作主要体现在两个"专"上：一是专门负责全市志愿者工作的"三会一中心"工作架构基本形成，即以北京市志愿服务指导中心为核心，以北京市志愿者联合会为主体，以北京志愿服务基金会、北京志愿服务发展研究会为两翼的"三会一中心"工作架构。二是专门指导志愿者工作的政策法规体系基本形成，包括"一条例、一意见、一办法"。"一条例"是《北京市志愿服务促进条例》，于 2007 年 12 月 5 日起正式施行，是全市志愿服务工作的基本法；"一意见"是《关于进一步加强和改进志愿者工作的意见》，于 2009 年 2 月 28 日经市委常委会通过，是志愿服务基本政策；"一办法"是《北京市志愿者管理办法（试行）》，于 2010 年 10 月经市政府颁布，是志愿者工作行为规范。

3. 社会建设发展阶段

从 2011 年至今，为北京志愿服务的社会建设发展阶段。在这个历史机遇期，志愿服务正在成为党政促进公众参与、建设和谐社会的重要途径，正在成为公民素质教育、促进个人发展的重要途径，正在成为创新社会管理、服务民生所需的重要途径。在这个历史机遇期，北京市志愿服务的发展体现在"三个平台"建设：一是启动全市志愿者实名注册、计时和星级评定工作，建立完善了一个全市志愿服务资源统筹、信息对接平台——"志愿北京"综合信息平台。二是围绕公共空间、特殊人群，在社区青年汇等地开展志愿服务终端平台建设，实现志愿服务"微循环"。三是巩固志愿服务理论研究平台。依托北京志愿服务发展研究会，出版了国内首部志愿服务学术研究译著《志愿者》，推进《中国志愿服务辞典》、《北京志愿服务发展报告》、《志愿服务学术研究文库》等重点课题研究，以理论研究促进志愿服务发展的科学化。

第二节　志愿服务精神

什么是志愿服务精神？联合国前秘书长科菲·安南在"2001 国际志愿者年"启动仪式上的讲话中指出："志愿精神的核心是服务、团结的理想和共同使这个世界变得更加美好的信念。从这个意义上说，志愿精神是联合国精神的最终体现。"尽管志愿服务有着国际化的发展趋势，但是志愿精神却有着深刻的文化内涵和地域特征，根植于每个国家的历史和传统。而且，随着社会的不断发展和变迁，志愿精神的内涵也会不断地得到丰富和深化，可以说，志愿精神是与时俱进、不断发展的。

在西方国家，乡镇精神、宗教慈善伦理等为志愿精神的发源奠定了思想基础。随着社会的发展，志愿服务的重心不仅是救助弱者，更在于促进整个社会的发展，志愿服务精神也有了新的社会文化基础，其内涵也得到了拓展和深化。在我国，志愿服务精神根植于传统儒家"仁爱"、墨家"兼爱非攻"、道家"天人合一"等思想，传承和发扬了 20 世纪 80 年代的雷锋精神，在新的时代背景下，有着更加丰富和深刻的内涵。

20 世纪 90 年代，共青团中央在全国范围内倡导并推动青年志愿者行动时提出"奉献、友爱、互助、进步"的志愿服务口号，经过十几年的发展，成为全社会广泛认同的志愿服务精神最为凝练的表达。比如，2013 年 12 月 5 日，在中国青年志愿者行动实施 20 周年暨第 28 个国际志愿者日之际，中共中央总书记、国家主席、中央军委主席习近平给华中农业大学"本禹志愿服务队"回信，勉励广大志愿者要"弘扬奉献、友爱、互助、进步"的志愿服务精神。

学理通说认为，志愿服务精神是指一种自愿的、不为报酬和收入而参与推动人类发展、促进社会进步和完善社区工作的精神，是公众参与社会生活的一种非常重要的方式，是公民社会和公民社会组织的精髓。[1]

志愿服务精神的第一要义是自愿。自愿，即自己愿意、心甘情愿地意

---

① 丁元竹、江汛情：《志愿活动研究：类型、评价与管理》，天津人民出版社 2001 年版，第 45 页。

思。在心理学家看来，自愿是一种情绪状态，因行动本身或行动目标与行动者的动机相一致而产生。在社会学家看来，自愿是行动者的选择自主性没有受到外来强制的干涉。在志愿服务中，指志愿者自主选择、心甘情愿的利用自己的时间、技能等帮助有需要的人，做对社会有意义的事情，积极倡导社会文明，促进社会的发展进步。

其次，奉献是志愿服务精神的关键要素。"奉献"原指恭敬地交付、呈献，即不求回报地付出。在志愿服务中，指志愿者在不计报酬、不求名利、不要特权的情况下参与推动人类发展、促进社会的活动，是志愿服务精神的精髓。

另外，志愿服务精神提倡志愿者欣赏他人、与人为善、有爱无碍、平等尊重，这便是"友爱"精神。志愿者需要对"人"有信心，对"人"有美好的期望，相信他人。志愿者通过志愿服务更加热爱生活，热爱社会，为人宽容，处世顺承，富于诚恳、谦敬、感恩的情感。"友爱"精神跨越了国界、职业和贫富差距，是没有文化差异，没有民族之分，没有收入高低的平等之爱，它让社会充满阳光般的温暖。比如无国界医生，他们不分种族、政治及宗教信仰，为受天灾、人祸及战火影响的受害者提供人道援助，他们奉献的是超国界之爱。

此外，志愿服务还包含着深刻的互助精神，它提倡"互相帮助、助人自助"。志愿者凭借自己的双手、头脑、知识、爱心开展各种志愿服务活动，帮助那些处于困难和危机中的人们。志愿者以"互助"精神唤醒了许多人内心的仁爱和慈善，使他们付出所余，持之以恒地真心奉献。"助人自助"帮助人们走出困境，自强自立，重返生活舞台。受助者获得生活的能力后，也会投入到关心他人、帮助他人、为社会作贡献的志愿活动中，这些志愿活动都涵盖着深刻的"互助"精神。

最后,进步精神是志愿服务精神的重要组成部分,志愿者通过参与志愿服务,使自己的能力得到提高,同时促进了社会的进步。在志愿活动中无处不体现着"进步"的精神,正是这一精神使人们甘心付出,追求社会和谐的实现。

近年来,党和政府大力倡导志愿精神,已经将志愿精神上升为全社会的主流意识,作为全体社会成员共同的价值观来推广,成为社会现代化建设一项重要内容。在志愿精神的引领下,公益、慈善、服务不仅成为一项人们热议、讨论的话题,更是人们热衷参与的事业,成为越来越多的人的生活组成部分。越来越多的人发扬志愿服务奉献的精神投身于公益慈善领域,推进志愿公益事业发展。志愿服务精神正在悄悄改变世界。

第三节　志愿服务的特点

志愿服务已经成为社会文明和进步的重要标志,一般而言,志愿服务具有自愿性、无偿性和公益性三大特征。

一、自愿性

志愿在英文中表述为"voluntary",含义是自愿的、主动的、自发的意思。中文中有着同样含义。"志",是心之所往,"愿",是情之所愿、自己愿意。因此,"志愿"从字面意思来看就是"有志向心的自愿行为"。具体而言,包括两层意思:一层意思是个人实现某种价值的意愿,另一层意思是自发的行动。二者都强调了个体的自由意志和个人选择，是自觉的参与。

志愿者进行志愿服务必须是出于自愿选择，非受第三人或外界的强制，这样才能使志愿服务与一般的国家机关或社会组织的职务行为区分开来。虽然目前大多数的志愿活动都是由政府或社会组织发动的，但志愿者都是作为个人自愿参与其中的，在参与过程中始终保有选择是否参与的权利，因而是自愿的。志愿服务不能作为一种义务而强加于任何社会成员。当然，自愿服务也不是运动性的。自愿性是志愿服务区别于其他社会行为的首要前提。

二、无偿性

志愿服务是无偿奉献的。志愿服务的动机是非营利趋向的，不以物质报酬为目的，明显区分于追求个人利益最大化的经济行为。这就保证了志愿服务的本质是奉献社会、服务社会。

在志愿服务活动中，志愿者不得向接受志愿服务的组织或者个人索取、变相索取报酬，也不得收受、变相收受报酬，还不得接受志愿服务对象的捐赠。总之，志愿者不得以志愿者身份从事任何以营利为目的的活动。

当然，志愿服务的无偿性并不等同于完全免费。在志愿服务过程中，志愿者需要投入一定的时间和精力，因此志愿者可以得到一些补贴，如交通补贴、餐饮补贴等。尽管这些补贴在一定程度上可以弥补他在志愿服务过程中的成本投入，但是这些补贴的价值实际上远远低于付出的收入。

同时，志愿服务组织也不得以营利为目的组织志愿服务，让志愿者成为免费或廉价的社会劳动力，变相地进行商业服务活动。当然，为了保障和促进志愿服务事业的健康发展，国家支持和鼓励志愿服务组织积极开辟多元的经费来源渠道。

其实，在西方一些法治国家，人们对志愿服务与义务服务、志愿者与义工有所区别。比如在西欧和日本，志愿服务为非营利性服务，志愿者可以要求、接受服务对象为其提供基本食宿和最低生活费用。我们应该提倡并鼓励志愿者、志愿服务组织贡献自己的时间和精力、无偿地为服务对象提供帮助的志愿奉献精神。与此同时，我们也应该倡导全社会尊重志愿者、志愿服务组织的志愿服务工作，尽可能为志愿者、志愿服务组织提供开展志愿服务工作所需的各种必要条件。

三、公益性

志愿者最基本的动机是利他主义，即帮助他人，使社会生活更美好。公益性是体现志愿服务社会价值的基本源泉。公共福利和社会公益是志愿服务的价值目标，也是衡量志愿服务的社会价值性和有用性的评判标准。但是，志愿服务的公益性并不代表志愿者参与志愿服务就是完全的给予。严格来说，志愿服务是一种助人自助的行为，在服务他人和社会的同时，志愿者个人在精神生活、实际能力、社会声誉等各方面都会得到提升。

其实，强调志愿服务的公益性，并不仅仅是要求个人牺牲自我价值，而是个人自我价值与社会价值的有机统一。我们帮助一个弱者，体现了社会的弱者关怀机制；我们参与一项公益事业，比如环保、信息公开，意味着在改善和发展公共环境方面社会能力在提升。每个人都可能经历某些方面的弱势情形，比如金钱、健康、心理、年龄等，对于弱者的关怀和公共环境的改善，亦是对我们社会处境的改善。可见，志愿服务追求公共价值是个人实现个体责任和社会责任的统一。

第四节 志愿服务的意义和价值

志愿服务作为一种高尚的社会行为和一项重要的社会公益事业，无论是对整个国家和社会，还是对志愿者个人，都有着重大的意义和价值。志愿服务对于整个国家和社会而言，具有弥补社会保障不足、维护社会安全稳定、加强精神文明建设、促进公众参与、推动公民社会发展等社会意义和价值。志愿服务对于志愿者而言，具有提高志愿者职业技能、促进志愿者自主学习、提升志愿者个人幸福感等意义和价值。

一、志愿服务的社会意义和价值

（一）社会保障的有益补充

目前，我国正处于经济高速发展、社会结构加速转型的时期，贫富差距加大，社会矛盾突出，社会保障资源严重不足。弱势群体是志愿服务的主要服务对象之一，在城市和农村开展扶贫帮困、助老助残等服务，在消除贫困、促进就业、改善教育状况、提供医疗服务、实施法律援助等方面发挥了积极作用，这在一定程度上拓展了社会保障的渠道，增加了社会保障服务总量，满足了现阶段社会发展对社会保障的部分需求，对完善我国社会保障体系起着重要的作用。

1. 加快政府职能转变，促进社会保障管理制度的完善

中共中央政治局常委、国务院总理李克强同志 2013 年 5 月 13 日在国务

院机构职能转变动员电视电话会议上的讲话中提到，加快转变政府职能、深化行政体制改革要"创新行政管理方式，增强政府治理能力，健全公共服务体系，提高政府效能，建设现代政府"。讲话中明确提出，要创新公共服务提供方式。增加服务供给，满足社会需求，必须把政府的作用与市场和社会的力量结合起来。讲话还强调，无论是在基本的还是在非基本的公共服务领域，更多地利用社会力量，加大购买基本公共服务的力度，要加快制定出台政府向社会组织购买服务的指导意见。2016 年 5 月 20 日，中央全面深化改革领导小组第二十四次会议审议通过了《关于支持和发展志愿服务组织的意见》，意见提出，要积极扶持发展志愿服务组织，把志愿服务组织的工作重点放在扶贫、济困、扶老、救孤、恤病、助残、救灾、助医、助学方面。

可见，在加快转变政府职能、深化行政体制改革的进程中，政府将从较多的直接管控的领域退出来，而把这些职能转移给市场或社会。而这些职能将通过支持发展志愿服务组织、加大购买基本公共服务力度的方式由包括志愿服务组织在内的社会组织通过提供志愿服务等方式来实现。志愿服务将承接过去全部由政府包揽的、本应该也可以由社会组织承担的职责和功能，成为继市场之外的又一个推动政府职能转变的有力抓手。

就社会保障领域而言，据有关人士统计，我国现行社会保障管理部门有近十个。具体而言，包括负责养老保险和失业保险的人力资源和社会保障部，负责社会救助、优抚安置与社会福利等方面工作的民政部门，负责新型农村合作医疗和城乡医疗救助等社会保障项目的卫生部门，还有住房和城乡建设部门、财政部门、税务部门、审计署和保监会等。这样，整个社会保障体系存在着体制分散、政出多门、多头管理、缺乏监管，从而导致出现机构重叠、人财浪费，甚至社会保障基金流失、被挤占挪用等现象。志愿服务提供的社会保障服务，比如，助老助残、扶贫济困等，使得政府可以逐渐由社会保障服务的直接供给者变为社会保障服务的规范者或服务的购买者，更好地发挥政府倡导扶助、监管等功能，从而理顺整个管理体制，提供更为科学、合理、人性化的社会保障服务。

2. 满足多元化的社会保障需求

政府对于公共物品的提供倾向于人们的平均需求和偏好，因此它无法对少数人的特殊需求作出反应，也无法对新的需求作出及时的反应，在社会保障领域也不例外。然而，随着市场经济的发展，我国社会分化为众多阶层和利益群体，社会保障服务的需求也呈现出多元化的趋势。但是，我国现有的生产力水平还不足以在短期内将全部人口的所有社会保障需求都纳入社会保障体系，政府仅能提供一些最为基础、较为普遍的、满足大多数公众需求的公共产品。这样，势必会有少部分公众的社会保障需求难以满足。另外，我国社会保障体系的建立起步较晚，时间不长，各种社会保障服务设施不多不全，设施的利用与项目的服务在实践中还存在着内容滞后、方式单一等问题，现有的社会保障也难以完全满足当前社会的需要。

志愿服务一方面具有灵活多样、贴近民众的特性，既能够满足少数人的需求，又能够对新的需求做出及时反应；另一方面积极动员民众参与、协调和筹集资源，能够部分弥补政府公共服务空隙，满足社会多元化的保障服务要求，提供政府未能提供的公共产品。比如，政府提供的社会保障体系难以覆盖社会公民在成长和生活中遇到的很多需要保障服务的问题和领域，具体包括青少年成长问题、家庭生活教育问题和婚姻问题，等等。早在1987年，广州市10多名热心公益的积极分子，开通了"中学生心声热线"电话服务。当时的电话号码是3330564，用粤语说就是"心中的情你尽诉"。该部热线电话的宗旨是"倾听您的心声，理解您的心意，沟通您的心灵"。提供的服务内容主要是接听全国各地中学生的电话并回答他们提出的包括交友、校园生活、家庭伦理、择业投考、青春期卫生等方面的问题。热线通过一部电话、两台分机和几个人轮流上岗，提供志愿服务。此后，"中学生心声热线"逐步发展成为全市的"手拉手青少年辅导中心"，热线接听从省内外辐射到海内外，社会反响越来越大。再比如，某些特殊的、需要专业知识和技能的保障服务，像临终老人、重症患者的照护等，现有的社会保障体系难以很好地提供，但是像临终关怀医院和重度智障儿童教育学校等就能组织志愿者通过志愿服务的方式较好地提供这些服务。

3. 提高社会保障服务的供给效率与质量

20世纪60年代后期，西方各国推行凯恩斯主义，导致财政赤字不断增加、通货膨胀和失业率越来越严重。这一系列的问题引起人们的反思，使得人们日益认识到如果国家向社会领域无限渗透则会缩小人们的自由生存空间，并制约社会领域的发展。同样的道理，在社会保障体系中，如果所有的社会保障服务单纯由政府来提供，难免出现种种问题。比如说，政府机构的膨胀和政府部门支出的增长，政府机构、政府决策和政府服务效率与质量低下，甚至出现政府寻租、腐败等问题。

志愿服务的公益性、无偿性等特征则恰恰可以解决以上政府在社会保障领域遇到的种种问题，提高社会保障服务的供给效率与质量。志愿服务组织作为非营利性社会团体，独立于行政权力体系之外，易于接受公众监督，较少会滋生腐败。志愿服务组织往往具有较强的社会责任感和使命感，能够有效利用有限的资金，努力提高服务质量，完善服务项目，规范服务行为，提供比政府更有针对性、更低成本、更高效率的保障服务。比如说，在社区的一些志愿服务，可根据所联系的服务对象的实际需要，确定服务内容，签订服务协议，像始于1994年的"中国青年志愿者'一助一'长期服务计划"推动下的各种具体志愿服务活动。再比如，以老年人为服务对象的敬老、爱老、助老的一些志愿服务，通过积极探索服务的长效机制，深入城市社区街道和农村乡镇等，开展了各具特色、内容丰富、富有实效的服务活动。像2007年2月开展的"爱心奉献促和谐——青年志愿者敬老服务月"，据统计，全国共有1300万人次的青年志愿者为280多万名老人提供了超过6.3亿小时的医疗保健、生活照料、法律援助、文化娱乐等形式多样的"圆老人一个心愿"的志愿服务。

（二）精神文明建设的有效载体

志愿服务是促进精神文明建设的重要载体，是践行社会主义核心价值观的具体表现，是现代社会文明进步的重要标志。

1. 志愿服务是精神文明建设的内在要求

社会主义精神文明建设是社会主义现代化建设的重要组成部分。加强社会主义精神文明建设，是为改革开放、科学发展和社会主义现代化建设提供思想保证、精神动力和智力支持的必然要求。习总书记曾说过，人民有信仰，民族有希望，国家有力量。实现中华民族伟大复兴的中国梦，物质财富要极大丰富，精神财富也要极大丰富。我们要继续锲而不舍、一以贯之抓好社会主义精神文明建设，为全国各族人民不断前进提供坚强的思想保证、强大的精神力量、丰润的道德滋养。

我国的志愿服务事业是在继承和发展学雷锋活动、借鉴国外志愿服务经验的基础上新兴并发展起来的。雷锋精神和志愿精神在实质上是一致的。雷锋已成为人们心目中热心公益、乐于助人、扶贫济困、见义勇为、善待他人、奉献社会的代名词。雷锋精神的核心是为人民服务，是奉献精神。这些精神恰恰是志愿服务所需要的精神。志愿服务传播的志愿精神也契合了中华民族"助人为乐、与人为善"的传统美德。通过奉献爱心，将志愿精神传递给更多需要帮助的人，使志愿精神相互感染、不断传承、生生不息。

志愿服务以"奉献、友爱、互助、进步"为精神指导，弘扬志愿服务精神、发展志愿服务事业被包含在社会主义精神文明建设的过程之中，是促进社会和谐、文化和谐的精神力量，是贯彻科学发展观的生动体现，也是推进社会良性运行和协调发展的重要体制。[①] 社会主义精神文明建设与志愿服务之间的关系，外在表现是包含与被包含的关系，内在表现是两者在精神理念层面上相辅相成。比如说，在《关于培育和践行社会主义核心价值观的意见》中明确提出，要"以城乡社区为重点，以相互关爱、服务社会为主题，围绕扶贫济困、应急救援、大型活动、环境保护等方面，围绕空巢老人、留守妇女儿童、困难职工、残疾人等群体，组织开展各类形式的志愿服务活动，形成我为人人、人人为我的社会风气"。《意见》强调了志愿服务是社会主义精神建设的内在要求。

2. 志愿服务是精神文明建设的有效载体、与精神文明建设相辅相成

"奉献、友爱、互助、进步"的志愿精神既传承了中华民族扶贫济困、助人为乐的传统美德，也借鉴了世界人类文明的先进成果，适应了市场经济条件下公民道德建设的方针、原则与核心内容的要求，契合了现代社会主义

---

① 丁元竹、江迅清、谭建光：《我国志愿服务研究》，北京大学出版社 2007 年版，第11 页。

精神文明建设的新需求，也是我国精神文明建设的有效载体。

　　志愿服务在一定程度上是衡量社会文明程度的重要标杆，已日益成为很多国家加强公民精神教育和维护社会稳定的有效形式。发展志愿服务事业，可以弘扬社会新风，培育公民精神，增强公众对社会的认同感和凝聚力，加强集体主义和爱国主义观念，从而促进社会主义精神文明建设。比如说，近年来各地各级志愿者组织大力开展普及文明礼仪知识、维护公共秩序、文明交通、便民利民志愿服务活动，引导人们知礼仪、重礼节、讲道德，营造规范有序、文明祥和的社会环境；大力开展普及生态文明理念志愿服务，组织志愿者宣传环境保护知识，倡导资源节约、环境友好的生产方式和消费模式，提升全社会生态文明水平；大力开展清洁环境卫生志愿服务，倡导垃圾分类，清除卫生死角，整治"脏乱差"现象，创造优美怡人的城乡生活环境；等等。

　　总之，志愿服务作为精神文明建设的有效载体，发挥了凝聚、教化、协调、扶助等作用，对于加强爱国主义、社会主义、集体主义理想信念教育，对于社会公德、职业道德、人生美德等层面的思考，对于精神文明建设、构建社会主义和谐社会作出了重要贡献。

　　（三）公众参与的主要渠道

　　志愿服务不仅是社会保障的有益补充，与精神文明相辅相成，是精神文明的有效载体，还是公众参与社会生活的重要方式，体现了公民的社会责任感，积极推进公民社会的发展。

　　1. 志愿服务是公众参与的主要渠道

　　无论是传统意义上的扶贫济困、慈善救济，还是现代意义上的公益服务，志愿服务都是社会公众自主参与社会治理的一种方式。首先，志愿服务是公众出于自愿，而非基于个人义务或法律责任进行的公益性活动。志愿者们本着志愿自主结成志愿团体，在为社会提供服务时完全是自主自由的，体现了志愿者们的社会主体地位。其次，志愿者们是在自身利益之外，从社会公共利益的角度，贡献个人时间、技能等，帮助弱势群体，解决社会问题、满足社会需求，为社会作出积极性、建设性的贡献。比如说，志愿服务可以通过宣传、劝捐和援助等，推动社会更广泛关注弱势群体，甚至影响政府的行政决策，促进社会保障体系逐步完善；再比如说，环保志愿者们通过环境监测、生态恢复、濒危动物保护、自然教育、环保宣传等服务活动，推动环保事业发展，为解决日益凸显的人类自身发展需要的无限性与环境承载能力的有限性之间的社会矛盾、思考重新建构人与自然之间的和谐关系、确保人类发展的可持续性等重要命题贡献力量。

志愿服务为社会公众提供了一种较为普遍的，乃至主要的社会参与途径。志愿服务遍及全球、人人可为、处处可为，其普遍性使得公众通过志愿服务参与社会治理变得普遍、方便，可以长期进行。比如，社区的志愿服务，居民们都可以很方便地参与到从邻里互助到社区治理的各种志愿活动中，而这一过程同时也是居民作为公民的社会参与、社会治理过程。据统计，基于这种便利性、普遍性，志愿服务日益成为社会公众参与社会的主要途径。

2. 培育公民意识的有效渠道

自改革开放以来，我国的国民经济保持了持续、快速、健康的发展，人民的物质生活水平有了显著的提高，但是与之形成鲜明对比的是，人们的社会责任感明显滑坡，公民社会责任基本属于空白。"一切向钱看"的极端价值观使一部分人在追逐名利的过程中，失去信仰、理念、意识形态的支撑，精神世界空虚，公民和企业唯利是图，人与人之间缺乏起码的信任，企业缺乏最低的社会责任意识……因此，激发公民的社会责任感，是我国深化改革、持续发展所面临的长期任务。而志愿服务的发展，则为培育公民责任感提供有效的途径。

通过提供志愿服务，参与社会治理，志愿服务组织、志愿者们成为处理自己相关事务、推动社会发展的主体，从而增强了公共意识，提高了在社会中的自主意识和自主空间。其次，志愿服务可以动员、组织、支持和推动社会公众采取行动自己解决相关的发展问题，形成以社区或其他行动场所为载体的自治机制。另外，通过开展具体的志愿服务活动，在志愿精神的感染和带动下，能够充分调动社会公众参与的积极性，使越来越多的民众成为关心社会、自愿承担社会责任的社会公民。志愿者群体的崛起，公民责任意识的苏醒，将志愿精神进行到底的意识自觉，以志愿者、NGO为代表的民间力量与政府力量的相互融合，以及由此产生的种种变革等，都在共同孕育着公民精神和公民社会的成年礼。①

二、志愿服务的个人意义和价值

现代意义上的志愿服务与传统的情操美德不同，社会大众投身于公益事业，不完全是牺牲、奉献，更是自我体悟、自我教育、自我管理和自我提升。毫无疑问，志愿服务有着巨大的社会意义和价值。与此同时，志愿服务

---

① 《建设公民社会需要志愿长跑》，《新京报》2008年7月17日A03版。

也为志愿者的教育、培养、提高搭建了一个行之有效的实践载体，使得志愿者在服务他人、服务社会的同时，自身得到提高、完善和发展，精神和心灵得到满足。因此，参与志愿服务既是"助人"，亦是"自助"，既是"乐人"，同时也"乐己"。

（一）提高志愿者自身技能

志愿者通过提供志愿服务，接受实践的磨炼和考验，丰富了生活阅历，完善了自身知识结构，提高了自身技能和素养，不断地将理论知识转化为个人能力。通常而言，在参与志愿服务之前，组织方都会对志愿者们进行培训。根据服务内容的不同，志愿者们会参加志愿服务通用知识、通用技能和素质的培训，也可能会参加一些专业技能的培训。这些培训对于完善志愿者的知识结构、掌握较为基本的工作技能提供了很好的支持和帮助。比如，在2008年北京奥运会中，广大的志愿者们都参加了北京奥组委组织的志愿服务通用知识、通用技能和素质的统一培训。通过这些培训，志愿者了解了很多本国和外国的习俗，掌握了待人接物的基本礼仪，尤其是800余名骨干志愿者还专门到北京体育大学进行了专业的体能训练，为提供服务奠定了良好身体素质基础。

另外，在参与志愿服务的过程中，志愿者的人际交往能力、与人沟通的能力、面临不可预期问题的处世应变能力、心理调适能力等，也都能够得到相应的锻炼和提高。比如说一位资深助残志愿者回顾自己的成长历程时提到，他曾拍脑门努力地"设计"残疾人的需求，闭门造车地提出一套"完美"计划，并不遗余力地坚持实施。然而，真正在服务的过程中，他却遇到了种种的考验和挑战。当他逐一应对并解决这些问题时，自己也得到了锻炼和提高，成长为今天的"资深"志愿者。再比如,有年轻的志愿者讲述自身第一次上街让路人献爱心捐善款的经历,提到从最开始的胆怯、不自在,甚至要逃离岗位,到最后充满信心,彻底克服心理的障碍,放下了所有包袱,大胆向路人劝捐,自己的心理调适能力、与人沟通能力不知不觉中提高了很多。

(二)促进志愿者自主学习

志愿服务的自愿性和公益性使得志愿者在参与志愿活动的过程中,往往心态非常积极、非常放松。志愿者之间、志愿者与志愿服务组织之间纯粹基于公益志愿而走在一起,既没有经济纠葛,也没有强制与领导关系,彼此之间在平等的基础之上建立起一种共同成长、共同进步的关系。在这样的关系下,志愿者之间、志愿者与志愿服务组织之间的交流与沟通能够极大地促进志愿者们相互学习、自主学习和自我发展。与服务对象平等、信任的关系,奉献、助人的心态等能够最大限度地激发志愿者积极能动地学习各项技能,主动寻求各种方法应对遇到的难题,并不断总结积累工作经验。比如,在2013年第九届中国(北京)国际园林博览会上,发生在第一批走上志愿服务岗位的"小V蜂"沈逸晨身上的故事就是最好的例证。当时,由于园博馆刚开幕,部分文物设施还在完善之中。沈逸晨在两宋展处服务的过程中,就有一处汉白玉石碑并未标注任何介绍信息,来访的游客对这一展品十分好奇,纷纷向沈逸晨询问。于是,沈逸晨千方百计地找到馆内解说人员了解到相关信息之后,就临时扮演了解说员的角色,向许多前来参观的游客介绍文物的情况,而游客们也纷纷向沈逸晨投送了赞赏的目光。

另外,通过志愿服务活动的亲身实践,志愿者们渐渐清楚了自己喜欢做什么,能够做什么,需要做什么,从而逐渐形成对自身的明确定位,指导自己日后自主学习、实现各种生活或工作目标。比如，在美国的一项研究表明，参加过志愿服务学习课程的九年级学生，上学意愿明显增强，中途辍学率明显下降；参与社区服务的学生们在时间运用和目标规划方面能力要高于从未参与志愿服务的学生等。

（三）提升自愿者个人幸福感

志愿服务不追求物质回报、以促进社会公益为目的。通过志愿服务，志愿者从一定程度上能够获得自我实现的精神需求满足。美国人本主义心理学家创始人亚伯拉罕·马斯洛的需求层次理论提到，人类行为具有希望拥有爱、亲近自然、寻求生命意义、富有创造性、渴望自由和尊严等积极品质。人类的需求依次从低到高有七个层次，即生理需求、安全需求、隶属与爱的需求、自尊需求、认知需求、美的需求和自我实现需求。其中，前四层称为基本需求，又称匮乏性需求，后三层为较高的需求，称为成长性需求。较高层次的需求就像生物的进化一样，是后来才发展出来的。自我实现是个人人格获得充分发展的理想境界，是人性本质的终极目的。马斯洛提出，高层次需求的满足是较为主观的，如非常幸福，心情十分平稳，内在生活非常富裕等。在需求满足、自我实现的过程中，人们会经历欣喜感、完美感及幸福感等顶峰体验。

志愿者通过志愿服务活动，体验了自尊、正义、意义、掌控、关爱他人等高层次需求的满足。换句话说，志愿服务为志愿者的自我实现提供了一种途径，志愿者通过志愿服务活动实现自我，提升个人幸福感。一位大型残疾人运动会志愿者的故事就是最好的例证。

该名志愿者是高校大学生，她的志愿服务岗位是负责引领一位智力残疾运动员参加比赛。尽管她经过前期的培训和学习掌握了一些礼仪和服务规则，也非常珍惜这次机会，抱定了全力以赴做好服务的决心，但是在见到运动员时，她内心还是有一点点失望。因为这位运动员并不愿意跟她一起走，志愿者再三示好，才勉强拉上手，缓缓将其引领上车。上午比赛结束后，经过她的耐心解释，才再次拉起对方的手，将其引领回到住处。午休之后，她又费了一番周折，才将对方引领上车，到达场馆。在这期间志愿者极尽努力释放自己的热情，但是对方始终面无表情没有一句回应，甚至连一个浅浅的微笑也没有。志愿者失望极了。

比赛结束后，这位运动员没有获得优异的成绩。返程的时间到了，虽然这位运动员是和几位队友在一起，但也总是站在边缘，有人拽她一下，也纹丝不动，显出有点孤零零的。志愿者慢慢向她走过去，正在想用什么办法"哄"她上车，让人意外的是，这位运动员似乎认出了她，张望着往她这个方向迈了一步。志愿者感受到一股莫名力量的牵引，紧走两步，来到她身边。对方竟然主动伸出手，似乎早就在等她来牵。顿时，志愿者的心底里涌出一股暖流，甚至有些颤抖地轻轻拉起对方的手，两人像姐妹一样慢慢上车。还是没有一句话，只是运动员一直依靠在志愿者身上。

志愿者回顾这段服务过程时，激动不已，就是这一天的耐心和坚持，主动伸过来的小手，细微之处感受到对方的接纳，感受到人类最为珍贵的信赖和最纯粹的真诚，让她觉得自己的个人价值得到实现，真的很幸福。

三、志愿服务的经济价值

尽管志愿服务具有无偿性、公益性，不以追求物质回报为目的，但是志愿服务依然具有重要的经济价值和意义，其对经济发展的作用和贡献不可低估。

志愿服务的经济价值主要体现在志愿服务所能够创造出的价值上。这种经济价值可以用计算实物产出的指标来表示，如时间、货币，等等。目前国际上通用的测量方法是"国民产值计算方法"。美国霍布斯金大学公共政策研究中心在美国、加拿大等 20 个国家使用了这一测量方法，许多其他的志愿服务研究机构和研究者也采用了这一方法。其主要做法是：计算志愿者的人数、贡献时间的数量，折合成全日制劳动力数量，再折合成国民产值。志愿者所贡献的每个小时可以与同类机构员工相同工作的报酬的市场价值作估计（但这不应包括员工的有关福利及服务经常开支的成本）。假如志愿者不能拥有相等的专业技能，那么志愿者的价值及贡献也只能按当地一般劳动力市场工作的工资标准作计算。

通过这些方法和指标，就能直观地显示出志愿服务对经济发展的巨大贡献。根据美国独立部门的报告，美国社会捐赠和志愿服务成为美国社会发展资金的重要来源。美国每年志愿服务相当于 900 万工作者的全时工作量，创造的价值高达 2550 亿美元。我国也不例外。以 2008 年奥运会为例，根据《2008 年北京奥运会、残奥会志愿者工作成果转化研究报告》的统计，2008 年奥运会志愿服务从 7 月 1 日正式开始到 10 月 5 日结束，共计 97 天，期间有 10 万赛会志愿者、40 万城市志愿者、100 万社会志愿者和 20 万拉拉队志愿者共同提供了超过 2 亿小时的服务时长。按照北京市统计局公布的当年北京市职工年平均工资标准，将北京奥运会各类志愿者的服务时间折合成工资，为 42.75 亿元。换句话说，奥运会志愿服务创造了 42.75 亿元的经济价值，节省了开支 42.75 亿元。再比如说，根据北京师范大学对志愿服务的经济价值进行测量研究结果显示，2015 年北京志愿服务的经济价值相当于北京当年 GDP 的 0.51%，接近北京第一产业增加值。①

总之，志愿服务作为一种社会劳动，其本身就能创造经济价值。志愿者义务提供的社区发展、公共福利、环保医疗等专业志愿服务等都具有直接的社会经济价值，只是这种经济价值没有以商品交换的方式表现出来，志愿服务的经济价值是以非等价（即无偿或低偿）的方式让渡给了服务对象。因此，我们不能因为这种经济价值没有以等价交换的形式表现出来，而否认它的存在。正是基于志愿服务对经济发展的作用日益明显，越来越多的国家将其纳入国民生产总值评估指标体系。比如说，联合国秘书长安南在一份报告中曾说，根据一些国家的统计，志愿服务创造的经济价值能够达到其国民生产总值的 8%—14%。

第五节　志愿服务的内容和形式

时至今日，志愿服务是一项人人可为、处处可为的公益事业。志愿者由最初小范围的青年团员发展到现在的社会各界热心人士，志愿服务组织、志愿服务项目由共青团、民政等少数几个行政部门发起主办到党政机关、企事业单位、社会组织等的倾情投入和共同推动，志愿服务覆盖的公益领域从扶贫互助、社区建设扩展到教育、环保、医疗卫生等领域。

随着我国志愿服务事业的不断发展，志愿服务内容不断扩展，志愿服务形式丰富多彩、不断创新，以适应我国社会经济的快速发展。下面将结合实

① http://beijing.qianlong.com/2017/0620/1783990.shtml.

例简要介绍目前我国志愿服务的内容和形式。

一、社区志愿服务

社区志愿服务是志愿者服务的重要内容，也是我国志愿服务现代化过程中最早出现的服务活动。

我国社区志愿服务起始于天津市和平区。1988 年 11 月，天津市和平区新兴街道朝阳里居委会 6 个人加上 7 名社区积极分子自发组织起来，成立了便民服务志愿小组，无偿为社区的 13 名残疾人、孤老户和军烈属等困难群众提供"一帮一"的服务。1989 年 3 月 18 日，天津市和平区新兴街建立了全国第一个街道级的社区服务志愿者协会，开启了我国社区志愿服务的大幕。

2000 年团中央、中国青年志愿者协会在社区领域实施了长期重点项目"中国青年志愿者社区发展计划"。该《计划》是"新纪元志愿服务计划"的重要内容，以社区群众的服务需求为导向，为残疾人、孤寡老人、部分离退休人员等提供长期结对服务，为下岗职工再就业提供技能培训和再就业信息，为双职工家庭提供家政服务，为小区创造优美的环境等。项目以"共建、互助、共享"为主题，以"一助一"长期结对服务计划为基本形式，通过多种模式普遍创建社区青年志愿者服务站，建立健全青年志愿服务基层组织网络，推动青年志愿者成为参与社区服务、促进社区建设的重要力量。

2006 年，为进一步发挥共青团社区工作在构建社会主义和谐社会中的重要作用，共青团中央决定实施"社区志愿服务和谐行动"，不断推动社区志愿服务向前发展，使志愿服务成为青年、社区居民参与社会发展的一种动员方式，成为青年、社区居民投身基层自治的一种组织方式，成为青年、社区居民融入和谐社区的一种生活方式。

随着志愿精神不断深入人心，参与社区志愿服务的志愿者大量增加，社区志愿服务组织迅速发展。截至 2010 年年底，全国社区志愿者组织已经达到 28.9 万个，社区志愿者人数达到 2900 多万人，其中注册社区志愿者达到 599.3 万人，参与社区志愿服务活动超过 5000 多万人次，服务小时数达1500 万小时。值得一提的是，在社区志愿服务中出现了由居委会发起成立之外的社区居民自发组织起来的志愿服务组织。比如说，北京市天通苑志愿者协会，该协会由天通苑居民自发组建，倡导"温馨天通苑，快乐志愿者"的观点，快乐自己，服务社区。社区居民志愿者们通过共同参加维权、环保、科普咨询、社区巡逻等服务活动，增加了彼此之间的交往机会，充实了社区生活。通过社区志愿服务，居民们将自我管理、自我教育、自我服务有机结合，增强了居民们对社区的认同感和归属感，改善了社区的人际关系，增强了社区的凝聚力，促进了整个社区的繁荣、发展和进步。

经过二十多年的发展，社区志愿服务根据社区群众和社区建设发展的需求，找准定位，扎扎实实开展志愿服务，不断增强社区服务、社区协调的功能。目前已经建立起了市、区、街道（镇）、社区四级社区志愿服务体系，从最初单一的生活帮扶逐步发展到便民利民、青少年教育、幼教托管、知识技能学习、医疗保健、文体娱乐、信息咨询、法律援助、社区安全、交通协管、禁毒宣传、卫生环保乃至社区居民事务管理等广泛领域，满足居民多方面的需求。比如，2011 年江西省鹰潭市 25 名青年志愿者成为居民事务理事会的青年理事。

总之，社区志愿服务日渐成为社区服务、公民自治的一个重要组成部分，既有效推动了处于稳定快速发展时期具有中国特色的城市化进程，又在一定程度上实现了公民自治，推动了公民社会的发展。

二、扶贫行动

扶贫是志愿服务的一项重要内容。广大志愿者积极参与扶贫行动，在城市居民与农村居民之间、在社会主流群体与弱势群体之间架设起一座桥梁，增进城乡居民及社会各阶层成员之间的交流、理解与互动，最终实现缩小贫富差距、促进社会和谐的目标。

1994 年团中央为了动员广大青年支持贫困地区的开发建设，开展了"青年扶贫开发志愿行动"。该"行动"具体包括以下三种：由志愿者到贫困地区领办项目、联营办厂、合资入股、转让技术进行开发性生产；组织贫困地区农村青年到志愿者所在企业或生产基地学习实用技术；动员广大青年、星火带头人和各级青年乡镇企业家协会会员联系帮助贫困村、户发展生产，实现脱贫致富。

由团中央和中国青年志愿者协会共同发起的"中国青年志愿者扶贫接力计划"是当前开展最广泛、最深入、最持久的扶贫志愿项目。项目自1996 年到 1997 年在山西和广西进行了扶贫接力计划的试点工作。1998 年以后，扶贫接力计划正式在全国展开。"中国青年志愿者扶贫接力计划"确定由共青团中央和中央文明办共同组织，由团中央和教育部、农业部、卫生部等部门联合实施。中国青年志愿者协会在团中央的指导下，协助团中央指导全国性扶贫接力计划的实施，并具体负责团中央级项目的实施工作。各地区青年志愿者协会则在团中央、当地团委和中国青年志愿者协会的指导下，负责本地区扶贫接力计划的具体实施工作。比如，在 1998 年，团中央和教育部以公开招募、定期轮换的方式组织了由 101 名研究生组成的首届研究生支教团，奔赴青海大通回族土族自治县、民和回族土族自治县、循化撒拉族自治县，甘肃榆中，宁夏西吉，河南新县，山西灵丘等 5 省（区）的 7 个国定贫困县，开展为期 1 年的支教扶贫工作。

始于 2003 年的由共青团中央、教育部联合发起的大学生志愿服务西部计划也在持续进行。大学生志愿服务西部计划，号召广大高校毕业生到西部、到祖国和人民最需要的地方建功立业，旨在促进西部贫困地区社会事业的发展，拓宽大学生就业、创业渠道，培养造就一大批既有现代科学文化知识、又有基层工作经验和强烈社会责任感的优秀人才。大学生志愿服务西部计划按照公开招募、自愿报名、组织选拔、集中派遣的方式，每年招募一定数量的普通高等院校应届毕业生，以志愿服务的方式到西部贫困县的乡镇从事为期一到两年的教育、卫生、农技、扶贫以及青年中心建设和管理等方面的工作。截至 2015 年，西部计划项目累计选派了 16 万多名高校毕业生，到中西部 22 个省（区、市）及新疆生产建设兵团 2100 多个县开展志愿服务。

此外，2009 年友成企业家扶贫基金会在国务院扶贫办领导下发起了"友成扶贫志愿者行动"。"友成扶贫志愿者"由具有一定的专业服务技能或综合社会工作能力的退休人员、企事业在职人员、应届大学本科或研究生毕业生、在校学生等社会群体构成。志愿者们主要以各类扶贫小组的形式，在地方扶贫办指导下，在友成志愿者服务中心的管理和督导下，有计划、有组织、有针对性地开展或长期或中短期的社会服务。扶贫志愿活动的服务地区是全国扶贫开发重点县。扶贫的目标包括两个方面：一是要为农村贫困地区的政府扶贫办及其他扶贫机构提供技术支持、能力建设等服务，为提高当地贫困人群的生存能力、发展能力创造条件和机会；二是要为政府和民间公益组织实施的各种扶贫项目搭建沟通平台，对其所开展的扶贫项目提供服务与帮助，促进形成政府指导、民间公益机构组织实施、各类企业大力支持的工作格局，从而最终达到让全社会关注贫困、共同参与扶贫济困的目的。

三、大型活动志愿服务

组织志愿者为大型活动提供志愿服务已成为全国通行的做法。我国志愿者先后为各种大型活动提供志愿服务，包括体育赛事类、大型庆典类、会议论坛类和展览会、博览会类等。通过志愿者们在国际、国内大型活动中提供的优质高效服务，让更多的人认识和了解了中国的志愿服务事业，赢得了全国乃至全世界最广泛、最崇高的赞誉。

2008年北京奥运会、残奥会志愿服务。据统计，服务于北京奥运会的赛会志愿者达到77169人，服务于残奥会的志愿者达到44261人。此外，还有1582名在奥组委内各部门服务的前期志愿者、40万在场馆周边服务的城市志愿者、100万在城市周边服务的社会志愿者和20万名拉拉队志愿者，共为北京奥运会、残奥会节省了约42.75亿元的开支。

2009年国庆60周年群众游行志愿服务。服务于庆典的志愿者共有95万名。这次活动中，志愿服务的内容比较广泛，具体包括首都治安志愿服务、交通志愿服务、庆祝活动特殊岗位志愿服务、游园活动志愿服务、文化活动志愿服务、游行外围保障志愿服务、城市志愿服务等。

2010年上海世博会志愿服务。在上海世博会期间，共有79965名志愿者参与服务。其中包括国内其他省区市志愿者1266名，境外志愿者204名。这些志愿者分为 13 批次，提供了 129 万班次、1000 万小时约 4.6 亿人次的服务。

2013 年第九届中国（北京）国际园林博览会志愿服务。北京园博会志愿服务项目是继 2008 年奥运会、国庆 60 周年大型庆祝活动之后北京迎来的服务时间最长（从 2013 年 5 月 18 日至 11 月 18 日，为期半年）、规模最大的志愿服务项目。项目招募了 13500 名志愿者，服务总时数达 140 万小时。值得一提的是，园博"小 V 蜂"成为志愿文化的核心，之后发展成为丰台志愿者的文化符号。

2014 年北京 APEC 会议志愿服务。在北京 APEC 会议期间，共有 2280 名青年志愿者在 7 大板块、39 个业务口、139 个一级岗位、87 个二级岗位上服务，这是北京举办过的历次大型国际会议志愿服务领域最广、岗位种类最多的一次。志愿者参加了为期 8 天的集中封闭式培训，系统学习了 APEC 知识、志愿服务规范、国际会议英语、礼仪与形象塑造、应急处置与自护等知识，为会议提供了专业优质的服务。

四、环境保护

环境保护和生态建设是志愿服务的重要工作领域。数千万的志愿者们投身于环境保护和生态建设，一大批优秀的环保志愿服务项目脱颖而出，为环境保护和生态建设作出了实实在在的贡献，在促进经济社会的可持续发展中发挥了积极的作用。

为保护哺育中华民族和一方人民的"母亲河"——黄河、长江及其他主要江河，1999 年共青团中央、全国政协人口资源环境委员会、水利部、中央电视台、中国青年志愿者协会、中华环保基金会、中国林业科学研究院等单位联合推动了保护母亲河"中国青年志愿者绿色行动营计划"。该计划是我国最大规模的环境保护志愿服务项目，以"劳动、学习、交流"为主题，以组建志愿者绿色行动营、建设志愿者绿色行动基地为基本形式，广泛动员组织青年参与植树造林、环境整治、环保宣传等各种环保志愿服务工作。该计划实施十多年来，全国各地累计数万名环保志愿者以及英、法、德、日、土耳其等十二个国家和地区的国际志愿者参加了环保志愿服务。

2012年，中央文明办、全国绿化委员会、国家林业局、全国总工会、共青团中央、全国妇联联合推动在全国开展"关爱自然、义务植树"志愿服务行动。全国各地以义务植树、护绿爱绿为主要内容，精心设计开展了形式多样的志愿服务活动，以绿化促美化、绿化促文明，在全社会兴起"关爱自然、义务植树"志愿服务热潮，提升了全社会生态文明水平，不断推动经济社会又好又快发展。

此外，值得一提的是，环保志愿服务组织是所有专业志愿服务组织中数量最多、发展最快的专业志愿服务组织。尤其是地方性的专业志愿服务组织，既有党政机关发起成立，更有民间力量发起成立的，并且各个专业组织分工明确，类别细致。比如，有致力于保护濒危物种的成立于1991年盘锦市的盘锦市黑嘴鸥保护协会；有1993年于北京成立、致力于推动公众参与环境保护，支持全国各地的会员和志愿者关注本地环境挑战的非营利性的自然之友民间环保组织。还有四川的绿色江河、北京的地球村、媒体领域发起的绿家园志愿者、陕西省的妈妈环保志愿者协会、衡水市的地球女儿环保志愿者协会、天津的绿色之友、浙江的绿色浙江、温州的绿眼睛环保组织、新乡市的环境保护志愿者协会、绿色辽宁、大海环保公社、蓝丝带海洋保护协会、绿驼铃、三江源生态环境保护协会、重庆两江志愿服务发展中心，等等。

五、应急救援

志愿者是抗震救灾等应急救援的重要辅助力量。广大的志愿者在自然灾害等突发事件的预防、备灾、紧急救援和灾后重建（恢复）阶段提供了各种志愿服务。具体而言，应急救援志愿服务主要包括：防灾宣传、能力培训、抢险救援、医疗救护、无偿献血、伤员转运、群众安置、物资收发、卫生防疫、心理抚慰、困难帮扶、助老助残、治安维护、文体活动、生计恢复、社区重建等。应急救援志愿服务的三大核心领域是：治安与秩序维护、消防与人员营救、医疗与卫生救护。参与应急救援的志愿者及队伍必须接受相关的专业培训、取得相关的资质证明，并参与定期的演练，参与灾后重建的志愿组织也须拥有相关的专业素养。

2008 年汶川地震期间，志愿者迅速地投入抗震救灾中，不仅挽救了人民生命，也为灾民的震后安置发挥了巨大的辅助作用。比如，成都由高校师生、机关干部为主组成的 150 名志愿者，在都江堰市学校、医院、市中心路段参与灾后安置、交通疏导、伤员救助等工作。贵州省组建抗震救灾医疗志愿者服务队，筹集了救护车、车载手术台等医疗设备、大批药品以及志愿者使用的帐篷、睡袋等物资，帮助灾区人民共渡难关。黄埔再生资源利用有限公司董事长陈光标组建调动一支由 120 人、60 台挖掘机等大型机械组成的救援队（这也是震后第一支到达灾区的机械化志愿者队伍），一共救出了128 名幸存者。北京的青年医疗卫生志愿者抗震救灾服务队累计接诊受灾群众 300 多人次，外出巡诊 1 万多人次，开展个体心理治疗 120 人次，集体心理治疗 50 多人次，心理巡诊 2600 多人次，喷洒消毒、杀虫药剂 1.85 万平方米，开展医疗卫生宣传 1 万多人次，发放卫生防疫和心理治疗材料 2 万份。此外，由 13 名志愿者自发组成的宋志勇爱心志愿者小队，在震后最关键的几天时间里，救出了埋在废墟下的 25 名生还者，抢救出伤员 23 人，协助抢救伤员 20 人，输送受灾群众 300 多人。汶川地震后，我国应急志愿服务得到了快速发展，逐步将志愿服务与国家救援体系相结合，初步建立了志愿者服务应急救援体系。

2008 年 7 月 26 日，中央文明办、公安部、教育部、共青团中央、中国红十字总会等 13 家部委、团体共同下发《关于印发〈"中国消防志愿者行动"实施意见〉的通知》，启动开展"中国消防志愿者行动"。该行动旨在通过倡导"奉献、友爱、互助、进步"的志愿精神，以注册、自愿、有组织服务为主要形式，面向社会招募热爱消防公益事业的社会公众，开展消防宣传教育、火灾预防、消防安全救助等志愿服务。

以北京市为例，2009 年北京市委市政府责成团市委主责推进了"救在身边"应急志愿服务项目。该项目坚持"路遇危难，伸手相助"的"救在身边"应急志愿服务理念，紧紧围绕抗震救灾、防汛抗旱、应急救援、突发公共事件、城市救援等重点领域，组织开展培训、演练和宣讲活动，同时也积极参与一线应急救援活动。比如说，"救在身边"的志愿者们在西南抗旱、玉树地震、盈江地震、房山暴雨灾害、雅安地震以及北京周边山区驴友或居民走失等突发事件中提供应急救援服务，直接为 10 万余人服务。目前北京市已初步搭建了由 16 支民间专业救援队伍为骨干的市应急志愿者服务总队、16 个委办局所属专项指挥部与 16 区县共青团应急志愿者队伍的队伍体系，探索形成了 16 小时演练、32 小时培训、64 小时宣教的应急志愿者常态化工作模式。

当然，整体而言，目前我国的应急志愿服务还有待进一步的发展，尤其是民间的或半官方的应急志愿服务组织大都面临队伍小、训练不足、资金无保障等困难，应急服务主要还是应急知识普及和应急培训方面，在应急救援领域发挥作用还存在较大的空间。

应急志愿服务是现代国家应急体系的有机组成部分，虽不能取代政府及专业救援机构在灾害防救中的功能，但因其具有弹性强、反应快、接近受助对象、应变能力好、服务种类全等特点，在应急体系中能够很好地弥补专业救援队伍的不足，是政府救援力量的有效补充。

六、海外志愿服务活动

随着志愿服务国际网络的日益完善，海外志愿服务日益成为发展援助的重要方式。目前，向国外派遣志愿者是国际上一个通行的做法，许多国家都有大量的志愿者在海外从事志愿服务。比如美国的和平服务队、英国的海外志愿服务社、丹麦的国家合作协会和日本的国际协力机构等。海外志愿服务已成为增进民间交流，提升国家影响力的重要手段。

由团中央、中国青年志愿者协会组织实施的中国青年志愿者海外服务计划始于 2002 年。根据受助国的实际需求，通过公开招募、自愿报名、集中选拔的方式，中国优秀的青年志愿者以其热情、专业的服务向受援国人民开展中长期志愿服务（一般为 6 个月），展示了中国青年的良好形象。面对语言、文化、气候等方面的巨大差异，他们克服了种种困难，发挥所长，尽心奉献，不拿受援国任何报酬，深入基层直接为普通民众提供沼气开发、传统医学和理疗、中文教育、体育教育、信息技术等方面的志愿服务。计划实施当年，根据团中央青年志愿者行动指导中心和老挝青少年发展中心达成的协议，在中国招募 5 名志愿者，组成中国青年志愿者海外服务团，奔赴老挝首都万象及周边地区从事为期半年的语言教育、计算机培训、医疗卫生等方面的志愿服务。

中国志愿者赴泰国服务。2005 年 2 月，受泰国政府的邀请，团中央和商务部选派了 18 名潜水员志愿者赴泰国海啸灾区开展志愿服务，10 天共潜水打捞 135 个小时，水下搜寻总面积达 18 万平方米，打捞各类废弃物共 20 多吨，受到了泰国政府和人民的高度赞扬。

中国志愿者赴非洲服务。2005 年中国青年志愿者协会受商务部委托，在经过笔试、面试、体检后招募了 12 名优秀青年志愿者从北京起程奔赴埃塞俄比亚，开展了为期半年的沼气开发、中文、体育教育、医疗卫生、信息技术等方面的志愿服务工作。

中国志愿者赴拉美服务。2007 年共青团江苏省委、江苏省志愿者协会组织我国志愿者赴拉美国家圭亚那参与为期一年的援外志愿服务。志愿者在圭亚那开展了农业技术、医疗卫生、体育教学等方面的志愿服务工作。

七、微志愿

微志愿是指在志愿服务常态化和普及化的创新理念指引下，以"莫以善小而不为"的精神为出发点，通过移动电子互联网等多种形式，随手所做的帮助他人的微小志愿服务行为。"微志愿"倡导人人都是志愿者，随时随地参与志愿服务、弘扬志愿精神，奉献爱心为社会作贡献，希望通过共同努力、一起参与，用"微志愿"推动"微文明"，从而实现"大文明"。比如，看到垃圾随手捡起、向有需要的人伸出援手、给陌生人一个微笑、利用手机随手拍摄并上传互联网宣传精神文明的服务和以微博为平台转发公益信息帮助他人的行为等都是微志愿服务。微志愿者付出有限，对他人却很贴心。微志愿具有不受场地、时间、参与者的局限等特性，微志愿开展形式多种多样。

我国微志愿的理念最早于 2011 年 7 月由广东佛山团市委提出，并组织开展了一系列的微志愿服务，比如，微志愿文明倡导活动、微志愿校园助学活动、微志愿社区关爱行动、微志愿大家谈行动、微志愿基层扶助计划、微志愿爱心圆梦行动、微志愿民间组织培育行动、微志愿文化研讨活动等。微志愿借助网络的巨大推动力量和波及作用，逐渐被关注和得到越来越多层面的推广。目前微志愿已在全国范围内开展，"微志愿者"队伍正在不断扩大。

| 第二章 | **新时代中国志愿
服务的法律框架**

　　新时代中国志愿服务的法律框架是我国社会公益事业法律体系的重要组成部分。除了志愿服务，我国社会公益事业法律体系还包括调整非营利组织的《社会团体登记管理条例》、《民办非企业单位登记管理暂行条例》、《基金会管理条例》等法律法规，也包括调整慈善事业的《公益事业捐赠法》、《慈善法》，还有民事领域的民法、合同法，商事领域的《信托法》等。这些法律既相互独立，又相互联系，构成一个完整统一的公益事业法律体系。因此，在分析我国志愿服务法律框架时，将从以下两个方面进行，一是以《志愿服务条例》为代表的专门调整志愿服务的法律框架，另一个是我国社会公益事业法律体系中与志愿服务密切相关的法律框架，或者说是《志愿服务条例》与其他法律共同调整志愿服务的法律框架。

第一节　志愿服务的法律框架——以《志愿服务条例》为例

　　志愿服务的法律政策环境，一直是志愿服务研究的重要内容。无论是联合国志愿人员组织，还是国际志愿服务合作组织，都非常重视良好的志愿服务法律框架对志愿服务事业的作用和影响。联合国志愿人员组织曾在纪念第十个国际志愿服务年之际专门开展了对全球志愿服务法律政策的研究，研究结果表明，从 2001 年到 2010 年的十年间，各个国家、地区共颁布了 70 部志愿服务法律或政策。

党的十九大报告提出"中国特色社会主义进入了新时代"，要"把人民对美好生活的向往作为奋斗目标"，"推进诚信建设和志愿服务制度化，强化社会责任意识、规则意识、奉献意识"，这是对志愿服务发展的新要求、新期望。在党政领导的密切关注和大力支持下，我国志愿服务的法律政策环境不断朝着有利于志愿服务事业的方向发展。近两年来颁布的《慈善法》、《民法总则》、《志愿服务条例》等，将我国志愿服务制度建设推进了一大步。与此同时，从地方层面来看，全国各地都在积极推进立法。截至 2017 年年底，全国共有 51 部地方性法规，1 部地方性规章，目前形成了"一条例多个地方立法"的志愿服务法律框架。

一、《志愿服务条例》的宗旨与依据

（一）立法目的

志愿服务立法的目的直接决定着志愿服务立法的目标选择与制度设计。志愿服务立法从立法定位和价值取向来看，具有多重属性，是志愿服务事业促进法、志愿服务主体权益保障法，志愿服务行为规范法、精神文明建设促进法，也是我国社会主义核心价值观的集中体现。着眼于志愿精神、志愿服务活动、志愿者、志愿服务组织、志愿服务对象、志愿服务事业等志愿服务的各项要素，遵循"倡导—鼓励和规范—保障—促进"的逻辑，志愿服务立法目的主要包括如下四个方面：

第一，倡导志愿精神。志愿精神的内涵包括：奉献、友爱、互助、进步。从理论上讲，奉献、友爱、互助、进步的志愿精神是社会主义核心价值观的直接体现，是践行社会主义核心价值观的具体落实；从实践来看，志愿精神在志愿服务行业、在全社会，甚至在全人类都得到广泛的认可和深入的传播。比如说，2013 年 12 月 5 日，习近平总书记在给华中农业大学本禹志愿服务队的回信中，提到了弘扬志愿精神。鉴于此《志愿服务条例》提出了"培育和践行社会主义核心价值观，促进社会文明进步"的立法目的。

第二，鼓励和规范志愿服务行为。《志愿服务条例》围绕志愿服务行为各环节来进行调整。一方面，鼓励志愿服务行为是弘扬志愿精神的必然要求；另一方面，志愿服务开展过程中也存在诸多不规范甚至违法的问题，需要规范。因此，遵循了鼓励和规范并重的原则。

这里需要特别指出的是，近年来利用志愿服务进行违法犯罪的事件时有发生。比如说，2017 年 4 月，朋友圈疯传《北京西站，一场骗局下的众生相》，《新京报》刊登《北京西站取票遇假"志愿者"骗财 铁路警方介入调查》报道，引起公众哗然。其中，行骗人冒用"志愿者"身份顺利得逞，让关心志愿服务事业的人士揪心。志愿者的微笑是北京最好的名片。继 2008 年奥运会以来，志愿者的形象逐渐深入人心，志愿者的身影遍布社会生活的各个领域。社会公共生活中，人们逐渐培养出信任志愿者、愿意参与志愿服务的感情和信仰。骗子也正是抓住、利用了"我国志愿服务事业蓬勃发展的这一契机"，进行行骗，给志愿者和志愿服务带来了负面影响，伤害了社会公众对志愿者的信任、对志愿服务的美好感情。① 因此，在大力促进志愿服务发展的同时，加强对志愿服务的规范也势在必行。

第三，保障志愿者、志愿服务组织、志愿服务对象的合法权益。志愿者、志愿服务组织、志愿服务对象是志愿服务法律关系的主体。志愿服务事业的发展，需要保障他们的合法权益。实践中存在志愿者、志愿服务组织、志愿服务对象合法权益遭受不法侵害的问题。因此，《志愿服务条例》将保障他们的权益作为一个重要的立法目的。

第四，促进志愿服务事业的健康发展。志愿服务作为一项事业，需要政府、社会、公民的支持，才能健康有序发展。前面所列的鼓励和规范志愿服务活动，保障志愿者、志愿服务组织、志愿服务对象合法权益等最终都是为了促进志愿服务事业的健康发展；反之亦然。只有志愿服务事业健康发展，才能为志愿者等主体的合法权益提供更好的保障，志愿行为才能更加规范，志愿精神更加深入人心，使得志愿最终成为一种生活方式。《志愿服务条例》将促进志愿服务事业发展作为重要立法目的。

（二）立法依据

我国《宪法》中与志愿服务有关的条款主要是第二十四条、第三十二条、第四十二条和第四十五条。第二十四条规定，国家通过普及理想教育、道德教育、文化教育、纪律和法制教育，通过在城乡不同范围的群众中制定和执行各种守则、公约，加强社会主义精神文明的建设。志愿服务正是进行道德教育和社会主义精神文明建设的有效途径。第三十二条规

---

① 许莲丽：《完善制度防范志愿服务"李鬼"》，《法制日报》2017年4月26日评论版。

定，国家尊重和保障人权。志愿服务作为一种公益行为，重点领域包括了
对弱势群体的关爱、扶贫开发等，国家对于志愿服务事业的鼓励和支持，
也体现了国家对于公民生存权、发展权等基本人权的尊重。另外，在志愿
服务活动中，贯彻平等、自愿、尊重、民主、参与等原则，也体现了国家
对于志愿者人权的尊重和保障。第四十二条规定，国家提倡公民从事义务
劳动。志愿服务作为一种自愿、无偿提供的劳动和服务，是该倡导在现代
社会的新的体现方式。第四十五条规定，中华人民共和国公民在年老、疾
病或者丧失劳动能力的情况下，有从国家和社会获得物质帮助的权利。国
家发展为公民享受这些权利所需要的社会保险、社会救济和医疗卫生事
业。这些领域正是志愿服务重点开展领域，国家鼓励和支持这些领域的志
愿服务事业，保障了公民获得物质帮助权的实现。因此，《宪法》为《志
愿服务条例》提供了充分的立法依据。

同时，立法依据还涉及《民法总则》、《合同法》、《侵权责任法》、《刑
法》、《涉外民事关系法律适用法》、《公益事业捐赠法》、《企业所得税法》、
《个人所得税法》、《慈善法》、《涉外社会组织管理法》等法律，并需考量
《社团登记管理办法》、《基金会管理条例》等许多行政法规。

二、《志愿服务条例》的基本原则

志愿服务基本原则是指导志愿者、志愿服务组织行为和调整志愿服务
法律关系的根本准则。无论是志愿者、志愿服务组织还是接受志愿服务的
组织和个人，对志愿服务行为都应遵循以下基本原则：（1）合法性原则，
是指志愿服务组织的成立、运作，志愿服务活动的开展必须遵守法律规

定，在法定范围内、按照法定程序实施志愿服务行为，不得超越法定范围或者以违法形式实施志愿服务。（2）自愿原则，一方面是指组织志愿者加入志愿服务组织、参加志愿服务活动必须尊重志愿者本人意愿，不得强迫其加入志愿服务组织或者参加志愿服务活动；另一方面是指接受志愿服务的组织和个人必须自愿接受志愿服务，志愿者、志愿服务组织不得违背当事人意愿提供志愿服务。（3）无偿原则，是指志愿服务行为必须坚持不以获取报酬为目的，禁止志愿者或者志愿服务组织向服务对象索取或者变相索取报酬，禁止以志愿服务名义进行营利性活动。（4）平等原则，是指志愿者、志愿服务组织和接受志愿服务的组织和个人之间是平等的民事法律关系，各方主体应当相互尊重并不得滥用志愿服务。（5）诚信原则，是指志愿者、志愿服务组织间必须信守承诺，按照自我允诺或者与服务对象约定的内容提供志愿服务，不得因自愿、无偿而降低服务质量；同时，接受志愿服务的组织和个人必须提供志愿服务所需的真实信息，禁止提供虚假、误导信息。

三、《志愿服务条例》的主要内容

《志愿服务条例》共计六章四十四条，分为总则、志愿者和志愿服务组织、志愿服务活动、促进措施、法律责任和附则。

在总则部分，提出了立法的宗旨、依据和基本原则，明晰了适用范围，界定了志愿服务的含义，指出了我国志愿服务事业的管理体制机制。"国家和地方精神文明建设指导机构建立志愿服务工作协调机制，加强对志愿服务工作的统筹规划、协调指导、督促检查和经验推广。国务院民政部门负责全国志愿服务行政管理工作；县级以上地方人民政府民政部门负责本行政区域内志愿服务行政管理工作。县级以上人民政府有关部门按照各自职责，负责与志愿服务有关的工作。工会、共产主义青年团、妇女联合会等有关人民团体和群众团体应当在各自的工作范围内做好相应的志愿服务工作。"民政部门成为志愿服务的行政主管机关。

在志愿者和志愿服务组织部分，分别对志愿者、志愿服务组织的概念进行了界定。这部分内容较为简单。第三章"志愿服务活动"的规定较为详尽。这两章结合起来，从主体和行为、偏重行为的角度对志愿服务的开展进行了具体细致的规定。比如说，提出建立并完善了志愿服务注册、记录和记录证明等制度，积极鼓励专业志愿服务发展，以及志愿服务法律关系中所涉各方主体之间的权利、义务与责任等都有明确的规定。

促进措施部分，对包括政府在内的各种社会力量积极促进志愿服务发展的义务和倡导等进行了规定。比如说，对于教育单位提出"高等学校、中等职业学校可以将学生参与志愿服务活动纳入实践学分管理"的倡导，从而能够有效地推进高校志愿服务或者青年志愿服务的发展；规定各级人民政府及其有关部门，应当提供指导和帮助，实施行政表彰、奖励，并可依法通过购买服务等方式，支持志愿服务运营管理等。

在法律责任部分，凸显了守住志愿服务"无偿性（非营利性）、防止滥用志愿服务"的底线，对志愿服务组织泄露志愿者、志愿服务对象个人隐私，志愿服务组织、志愿者向志愿服务对象收取报酬，志愿服务组织不依法记录志愿服务信息或者出具证明，进行营利性活动的组织和个人都设定了相应的处罚。

最后附则部分，一方面对开展志愿服务的所有社会主体进行了相应的规定，与此同时，也兼顾国际志愿服务的法律适用问题，为我国国际志愿服务的发展预留了空间。

四、《志愿服务条例》的基本特点

（一）《志愿服务条例》以促进为根本，以规范为手段

《志愿服务条例》对现阶段志愿服务事业的根本态度到底是促进，是规范，还是二者并重呢？自改革开放以来，现代意义的志愿服务在我国有了长足的发展。以北京市为例，截至 2017 年 9 月，实名注册志愿者超过 398.4 万，注册团体超过 5.9 万个，注册志愿项目超过 15 万个。那么，是否意味着法律对这项事业的态度相应的需要从促进转变为规范了呢？另外，《志愿服务条例》本身也无"促进"二字，是否进一步佐证了这一点呢？

其实不然。《志愿服务条例》第一条开宗明义提及了"鼓励与规范"，第四章专章规定"促进措施"。此外，《志愿服务条例》中的许多规定更是隐含着深深的"促进"之义。比如说，《志愿服务条例》第十一条规定，"志愿者也可以自行依法开展志愿服务活动。"其实在许多国家和地区的立法中，是将志愿者个人的单纯、偶发的志愿行为明确排除在法律的调整范围之外，而《志愿服务条例》则是给予了明确的认可。再比如说，对于志愿服务组织以外的各种社会主体开展志愿服务，《志愿服务条例》都给予了积极的认可。《志愿服务条例》第二十三条以及附则中的规定对于促进志愿服务事业的殷切之心跃然于纸上。

应该说，"促进"的根本态度是非常必要的。尽管我国的志愿服务事业

发展迅速，但是与世界其他志愿服务事业更为发达的国家和地区相比，还有着长足的发展空间。比如说，国际社会较为认可的"乐善好施"排行榜，即英国慈善援助基金会每年根据"是否帮助过你不认识但需要帮助的人，是否给慈善组织做过捐赠，是否为一个机构提供过志愿服务"这三大指数，所进行的全球捐助指数排名，我国的情况并不乐观。2017年中国大陆在全球调查的139个国家和地区中，排名倒数第二。即使是在国内，志愿服务的发展也存在着区域的严重不平衡，有些省份和地方的志愿服务事业发展较为缓慢。因此，促进，仍然是根本。

与此同时，规范也不可或缺。在我国快速发展时期，志愿服务在短暂的时间内走完其他发达国家和地区很长时间才走完的路程，自然会在同一时间点面临不同发展阶段出现的各种问题，比如，假冒志愿者、出售虚假志愿证明、以志愿服务之名行商业营利之实乃至违法犯罪等问题，使得《志愿服务条例》在根本面向为"促进"的同时，不得不进行规范。此时的"规范"，成为"促进"的一种手段。通过清除"杂草"，保护志愿服务的种子得以健康地成长、成熟。

（二）《志愿服务条例》巧妙地处理了政府与志愿服务之间的关系

志愿服务的理论研究和实践经验都表明，认为志愿服务应当免予政府干预的观点是站不住脚的。对于志愿服务事业的发展，政府肩负着义不容辞的责任。但政府绝不能仅仅将志愿服务作为实现行政目标的主力军从而放弃本应属于自身的法定职责。联合国志愿服务人员组织在《2011年世界志愿服务状况报告》中指出，"政府应当恰到好处地为促进所有类型的志愿服务的发展创造好的条件和环境……挑战在于如何将政府和其他利益相关方的行动与民间的志愿行为进行融合，来互助加强行动效能，强调合作和互补。"《志愿服务条例》巧妙地处理了这一关系。

《志愿服务条例》一方面强调了政府更多更好地发挥鼓励、保障、促进等作用。比如说，《志愿服务条例》的第四条、第五条，虽然提及了"行政管理"，但是更多的体现的是鼓励、保障；更不用说第四章专章对"促进措施"进行了系统的规定。具体包括：县级以上人民政府应当将志愿服务事业纳入国民经济和社会发展规划，合理安排志愿服务所需资金，制定促进志愿服务事业发展的政策和措施，为志愿服务提供指导和帮助，通过购买服务等方式支持志愿服务运营管理，对有突出贡献者予以表彰、奖励等；国家和地方精神文明建设指导机构建立志愿服务工作协调机制，加强对志愿服务工作的统筹规划、协调指导、督促检查和经验推广；工会、共产主义青年团、妇女联合会等有关人民团体和群众团体做好志愿服务工作等。此外，《志愿服务条例》还鼓励有关单位、组织采取促进措施。

《志愿服务条例》另一方面强调政府与"志愿服务"二者之间的合作与互补，在提高政府行为的效能和效率的同时，提升志愿服务行业对自身影响社会福祉能力的信心。比如说，《志愿服务条例》第九条赋予行业组织反映行业诉求，推动行业交流，促进志愿服务事业发展的职责；第二十六条规定行业组织对投诉和举报的处理；第二十四条第一款规定在突发事件应对中与志愿者携手并肩共同应对"发生重大自然灾害、事故灾难和公共卫生事件等突发事件，需要迅速开展救助的，有关人民政府应当建立协调机制，提供需求信息，引导志愿服务组织和志愿者及时有序开展志愿服务活动。"

（三）《志愿服务条例》保障志愿者合法权益

《志愿服务条例》最为本源的一点是，突出对志愿者权益的保护。比如，志愿者自愿的权利（意思自治），志愿者的知情权，获得培训的权利，取得志愿记录证明、人身意外伤害保险的权利，获得表彰与鼓励的荣誉权，获得优待权（求学、就业、获得帮助等方面），等等。美中不足的是，《志愿服务条例》尚未明确指出在志愿服务过程中侵害他人合法权益时的法律责任分担问题。当然，《志愿服务条例》通过对培训的要求，尤其是第十五条、十六条提供服务与志愿者能力相适应的规定、专业志愿服务的特殊要求等规定来尽量预防和降低发生此种后果的风险。

五、地方立法分析——以北京为例

随着国家层面志愿服务立法的颁行，地方立法也需积极作为。下面以北京市为例，对这一趋势加以分析。

2007年9月14日，北京市第十二届人民代表大会常务委员会第三十八次会议通过《北京市志愿服务促进条例》(以下简称《促进条例》)，并于2007年12月5日实施。《促进条例》共计三十二条，为弘扬奉献、友爱、互助、进步的志愿服务精神，增强公民的志愿服务意识，规范志愿服务活动，保障志愿者的合法权益，促进志愿服务事业发展作出了积极贡献。

（一）《促进条例》的实施为北京志愿服务发展发挥了积极作用

自《促进条例》实施以来，北京的志愿服务事业获得高速发展，取得了喜人成就。无论是大型活动、抢险救灾，还是扶危济困、邻里互助和日常生活，到处都有志愿者的身影。志愿服务在培育和践行社会主义核心价值观，在激发社会活力、引入社会力量、推进社会综合治理创新等方面发挥了重要作用。当然，所有这些成就，除了《促进条例》的作用和影响之外，也还有很多其他的因素存在，但不可否认的是，《促进条例》在以下方面切实发挥了不可替代的积极作用。

首先，《促进条例》的实施为志愿者和志愿服务组织提供了强有力的法律保障，推动了志愿服务的普及，提高了志愿服务的认知度和参与率。北京市注册志愿者保险制度就是落实《促进条例》的直接举措，从而为广大志愿者免去"流汗又流泪"的后顾之忧，极大地鼓舞了民众参与志愿服务的热情。其次，《促进条例》的实施推进了政府及社会力量积极促进志愿服务发展。北京市各级政府按照规定，将志愿服务事业纳入国民经济和社会发展规划，每年投入 3000 万的支持资金来引导、促进志愿服务事业发展。再次，《促进条例》的实施推动了志愿服务事业规范化与制度化。《促进条例》实施后，北京市其他地方法规和地方政府规章中也大量引入"志愿元素"条款，同时也为首都精神文明办公室、市民政局、北京市社会建设工作办公室等志愿服务相关部门颁布规范性文件提供了上位法依据，从而为北京志愿服务事业发展提供全方位的制度保障。最后，《促进条例》的实施为提高志愿服务质量、建立志愿服务行业标准提供了法律指引。依照条例，北京市志愿服务中心大力推进志愿服务行业标准化建设工作，推出了《大型活动志愿服务管理规范》、参与起草了民政部《志愿服务信息系统基本规范》，为全国志愿服务行业发展贡献了北京标准。

（二）志愿服务实践的发展为完善《促进条例》提出了新问题

志愿服务事业在《促进条例》的保驾护航下获得了长足的发展，而十年的发展又带来了新的问题和挑战。这些新问题中，既有诸如十年之内北京进入"无县时代"，北京志愿者协会升级为"北京市志愿服务联合会"等条文文字表述滞后的"小问题"，也有影响志愿服务事业发展的"中问题"，还有关乎志愿服务事业中枢的"大问题"，更有决定志愿服务未来的"根本问题"。

随着志愿服务事业十年的高速发展，假冒志愿者、志愿服务记录时长不规范、商业出售志愿服务证明、时间银行激励回馈不完善、志愿服务争议纠纷案件暗涌等问题引起社会的广泛关注。这些问题，对于十年前重点专注于积极促进发展、专注于为2008年奥运会志愿服务顺利推进铺平道路的《促进条例》而言，自然是鞭长莫及、望洋兴叹。因此，以"规范"为主要功能的条款和法律责任制度的引入对于《促进条例》的修订十分必要，这是影响志愿服务事业发展的"中问题"。

完善的体制机制是志愿服务事业持续发展的根本保证。北京的青年志愿服务一直走在志愿服务行业的前列，这也是《促进条例》确立的志愿服务体制机制的最大社会背景之一。经过十年的发展，实践中已经形成首都文明委领导，首都文明办指导，社工委、民政、综治、共青团等部门共同参与，北京市志愿服务联合会具体实施的工作体制。在志愿工作机构方面，形成了"三会一中心"（联合会、基金会、研究会、市志愿服务指导中心）的市级工作机构体系，统筹推进全市志愿服务工作。然而，正如上文提到的，引入行政管理和规制手段之后，民政主管部门不仅限于从前的"共同参与"，而且将会作为行业行政管理主管机关出现。这样一来，势必对现有的体制机制乃至工作体制有所影响。然而，志愿服务发展与其他行业不同，不仅仅只是一个行政管理的问题，更多的是社会共治的问题；不单单是"规范"的问题，而且是、或者说更重要的是"促进"问题，"规范"只是手段，"促进"才是根本目标。因此，处理好北京志愿服务的体制机制问题是关乎志愿服务事业中枢的"大问题"。

最后，如果说《促进条例》立法时最大的考虑是保障 2008 年奥运会志愿服务顺利进行，十年后《促进条例》修订的出发点和根本宗旨，也就是法律对志愿服务本质的勾画和定位则更加丰富、多元和复杂，值得反复推敲。党和政府一致将志愿服务定位为"践行社会主义核心价值观、弘扬中华民族传统美德的重要载体，建设服务型党组织、巩固深化党的群众路线教育活动的重要平台，党和政府引导公民参与社会治理的重要途径"。而广大民众对志愿服务的认识则千差万别，有的界定为现代国家公民的社会责任，有的认为是自我成长和自我实现的客观需要，有的认为是至高无上的美德，有的钟情于"轰轰烈烈"的服务，有的情愿"默默无闻"的服务，有的只想"平平淡淡"的服务等。世界国际组织、其他国家和地区对志愿服务的定位也各不相同，比如说，联合国侧重通过志愿服务来促进可持续发展目标的实现，而美国社会公众始终坚信"服务的责任始于个人而不是政府"，志愿服务作为实现"干自己喜欢干的事情"的有效途径，也使得志愿精神成为美国文化不可或缺的要素之一。因此，面对志愿服务所被赋予的众多的不同定位，结合首都功能和治理"超大城市病"的北京特色，《促进条例》修订时如何选取或者平衡志愿服务的本质定位是决定志愿服务未来的"根本问题"。

第二节　《志愿服务条例》与其他法律之间的关系

从我国社会公益事业法律体系的角度来看，志愿服务的法律框架与《非营利组织法》《慈善法》《信托法》《民法》乃至《合同法》等都有密切的关系。鉴于篇幅，以及相关性程度的不同，这里主要分析《志愿服务条例》与《慈善法》之间的关系，其他的不作重点探讨。

一、问题的提出

2016 年 3 月 16 日，第十二届全国人民代表大会第四次会议通过了《慈善法》，这是我国历史上第一部慈善法；2017 年 6 月 7 日国务院第 175 次常务会议通过了《志愿服务条例》，这是我国历史上第一部志愿服务的行政法规。这两部先后间隔一年多颁布的全国性法律无疑是对我国蓬勃发展的社会公益事业的积极回应，也是我国国家治理体系和治理能力现代化进程中的重要法律制度建设成果，其意义之深远、地位之重要自不待言。然而，"慈善"与"志愿服务"的关系不仅理论界语焉不详，实践中无论是公益事业主管部门还是公益社会组织及其从业人员，还是社会公众也都颇为疑惑。分别冠以"慈善"和"志愿服务"的全国性法律出台，二者之间的适用关系不禁也微妙起来。

毫无疑问，从法律位阶来看，《慈善法》高于《志愿服务条例》。但《志愿服务条例》显然不是为了执行《慈善法》，否则就应命名为《慈善法实施条例》，也应在立法根据中提及《慈善法》；换而言之，《志愿服务条例》是创制性立法。由此，似乎不难得出这样的结论：二者是对有密切关系的不同事项的分别立法，适用时井水不犯河水（各自分别适用）；倘若存在冲突①，遵循上位法优于下位法（即《慈善法》优于《志愿服务条例》）即可。然而，事实并非如此简单。慈善与志愿，你中有我，我中有你；两部法律规定也是"你侬我侬"。在"竞合"且不冲突时，又该如何适用？是"双重"适用还是"择一"适用，如果是"择一"适用，又该如何选择呢？比如说，特别法优于普通法，谁为特殊？谁又为一般呢？对于这些问题，将结合《慈善法》与《志愿服务条例》的规定，在考察域外慈善与志愿服务立法及法律适用的基础之上，探讨我国志愿服务的法律适用规则。

二、我国现行《慈善法》与《志愿服务条例》对"志愿服务"的规定

无意从社会学的角度对"慈善"与"志愿服务"进行理论剖析，只采用文本的规范分析的方法，对两部法律的"志愿服务"相关规定展开讨论。从字面表述来看，在《慈善法》中，"志愿"共计出现 3 次，"志愿者"共计出现 24 次，所涉条款共计 12 条，占其全部 112 条的 10%。除此之外，虽文字表述不同但实质内涵重复交叉的条款也为数不少。下面将兼顾"字面"及"内涵"两个方面，结合志愿服务中"志愿者"、"志愿服务组织"、"志愿服务活动"等核心因素，对这两部法律的主要"竞合"内容加以介绍。

---

① 其实，这种"立法违法（宪）"现象虽不能说完全杜绝，但存在的几率微乎其微。

（一）《慈善法》对"慈善"与《志愿服务条例》对"志愿服务"的界定

结合《慈善法》第三条①、第四条②、第六十一条的规定③，不难发现《慈善法》的逻辑：对"慈善"的界定是从"行为法"的角度出发，暨法律规范的核心指向是行为而不是组织④，将行为分为"捐钱捐物"（捐赠财产）和"出人出力"（提供服务）两类活动，后者又称为"慈善服务"，并将其进一步分为"志愿无偿服务"和"其他非营利服务"，"志愿服务"只是"非营利服务"中的一种方式。《慈善法》强调慈善活动的"非营利性"，指出"志愿无偿"是一种非营利性，但"非营利性"还可以"低价有偿"，只要该收入不用于慈善目的以外的活动，并遵循禁止利润分配原则。⑤申言之，志愿服务是"特殊"的非营利服务，因为其是无偿的。可见，《慈善法》的界定完全是"大慈善、小志愿"的态度。

《志愿服务条例》对志愿服务的界定也是从行为法的角度出发。该条例第2条规定，"本条例所称志愿服务，是指志愿者、志愿服务组织和其他组

---

① 《慈善法》第三条："本法所称慈善活动，是指自然人、法人和其他组织以捐赠财产或者提供服务等方式，自愿开展的下列公益活动：（一）扶贫、济困；（二）扶老、救孤、恤病、助残、优抚；（三）救助自然灾害、事故灾难和公共卫生事件等突发事件造成的损害；（四）促进教育、科学、文化、卫生、体育等事业的发展；（五）防治污染和其他公害，保护和改善生态环境；（六）符合本法规定的其他公益活动。"

② 开展慈善活动，应当遵循合法、自愿、诚信、非营利的原则，不得违背社会公德，不得危害国家安全、损害社会公共利益和他人合法权益。

③ 《慈善法》第六十一条第一款规定："本法所称慈善服务，是指慈善组织和其他组织以及个人基于慈善目的，向社会或者他人提供的志愿无偿服务以及其他非营利服务。"

④ 参见刘太刚：《非营利组织及其法律规制》，中国法制出版社2009年版，第326页。

⑤ 参见金锦萍：《中国非营利组织法前沿问题》，社会科学文献出版社2014年版，第84页。

织自愿、无偿向社会或者他人提供的公益服务。"第三条紧接着规定了开展志愿服务活动的"自愿、无偿、平等、诚信、合法"基本原则。第三十七条规定志愿服务禁止向服务对象收取报酬或变相收取报酬、第三十九条重申志愿服务的"非营利"等。因此,结合这些条款的规定来看,《志愿服务条例》正是沿袭了《慈善法》中关于"志愿无偿服务"的定义,突出了"无偿"的特征。

因此,以两部法律从行为法的角度对核心概念"慈善"与"志愿服务"的界定来看,得出以下结论:志愿服务只是慈善活动的一个组成部分,《慈善法》是一般规定,而《志愿服务条例》是特别规定。

(二)《慈善法》对"慈善组织"与《志愿服务条例》对"志愿服务组织"的规定

《慈善法》通篇没有提及"志愿服务组织",对"慈善组织"进行了详细的规定。具体而言,第二章专章规定,第七章"慈善服务"中几乎条条都与慈善组织相关。《慈善法》第二章共计13个条款,分别从慈善组织的定义及组织形式、条件、登记和认定、组织章程、内部治理和会计监督、年度报告义务、关联交易、禁止从事的活动、负责人任职要求、组织的终止、清算以及行业组织等进行了规定;第六章共计18个条款详细规定了慈善组织的财产。可见,对于慈善组织,《慈善法》采取"组织法"的角度,对慈善组织的设立、组织机构、组织的变更终止、财产、财务和会计以及监督管理(第十章)等进行了全面的规定。

关于慈善组织的界定,《慈善法》第六条规定"是指依法成立、符合本法规定,以面向社会开展慈善活动为宗旨的非营利性组织",组织形式包括基金会、社会团体、社会服务机构等。关于设立，对新设的慈善组织，一改长期以来饱受诟病的双重许可制（业务主管部门的许可与登记部门的许可），取而代之的是直接向县级以上人民政府民政部门进行登记。对现已存在的非营利组织想取得"慈善组织"身份的，可以向其登记的民政部门进行认定。《慈善法》关于慈善组织的设立，虽不能说已经完全从双重许可走向准则主义，采用商事领域对商事主体（比如说，公司）同样的设立标准，但的确大大降低了慈善组织的设立门槛，对我国非营利组织的发展将产生实质、久远的影响。比如，第二十条授权国务院对相关非营利组织的登记管理条例进行修订。

《志愿服务条例》中提及"志愿服务组织"40次，共计30个条款，占全部44个条款的68%。第二章"志愿者和志愿服务组织"，共计5个条款，分别对志愿服务组织的定义及组织形式、行业组织及设立党组织进行了规定。第三章"志愿服务活动"则从行为的角度对志愿服务组织开展志愿服务进行了系列的行为规范。因此从整体来看，对于志愿服务组织，《志愿服务条例》并未采取"组织法"的角度来进行规范，而是通过规范"志愿服务活动"从"行为法"的角度来规范志愿服务组织。[1]

关于志愿服务组织的界定，《志愿服务条例》第六条第二款规定"是指依法成立，以开展志愿服务为宗旨的非营利性组织"，组织形式包括基金会、社会团体、社会服务机构等。除了要求设立党组织以外，对志愿服务组织的设立、登记、组织机构、变更终止、财产、财务和会计等均未涉及。可见，《志愿服务条例》在对志愿服务组织的规定上除了志愿服务行为规范之

---

[1] 参见刘太刚：《非营利组织及其法律规制》，中国法制出版社2009年版，第326页。

外并无太大作为，也不能对组织内部治理、外部监管等产生实质影响。

那么，慈善组织与志愿服务组织到底是什么关系呢？根据两部法律的规定，二者相同的地方有：都是法人，都是非营利法人，组织形式都是基金会、社会团体、社会服务机构等；二者不同之处在于：慈善组织以开展慈善活动为宗旨，志愿服务组织以开展志愿服务为宗旨。换句话说，二者都不是一种独立的社会组织形式，也不是一种新设的社会组织类型，而是在现有基金会、社会团体、民办非企业单位（社会服务机构）三类非营利社会组织基础上，从慈善或志愿服务宗旨的角度对非营利组织进行的细分。《慈善法》对非营利组织如何成为慈善组织进行了"认证"或"登记"的特别程序要求，而《志愿服务条例》对如何成为志愿服务组织没有特别规定。与此同时，《慈善法》采取"大慈善"的立场，既包括扶贫济困救灾，又包括促进教科文卫体事业的发展，还包括保护环境等，始终将志愿服务视为己身的一部分，"志愿服务是最能凸显慈善宗旨的慈善服务。"① 据此，"志愿服务组织是特殊的慈善组织"的结论呼之欲出，即志愿服务组织一定是慈善组织，慈善组织不一定是志愿服务组织，也再次显示：《慈善法》是一般规定，而《志愿服务条例》是特别规定。

（三）《慈善法》与《志愿服务条例》对"志愿者"的规定

与上述"服务""组织"分别冠以"慈善""志愿"不同，对于"志愿者"，两部法律采用了完全一致的称谓。

《慈善法》第一条在立法目的中明确提出"保护志愿者合法权益"。在

————————

① 阚珂主编：《中华人民共和国慈善法释义》，法律出版社 2016 年版，第 172 页。

第七章"慈善服务"专章（包括后面的法律责任部分等），规定了志愿者的权利、义务和责任。《志愿服务条例》开宗明义，第一条规定"保护志愿者的合法权益"，第二章"志愿者和志愿服务组织"、第三章"志愿服务活动"、第四章"促进措施"以及第五章"法律责任"等部分，对志愿者的权利与义务都有所体现。当然，一般而言，志愿者的权利对应的则是慈善组织（志愿服务组织）的义务，而志愿者的义务对应的则是慈善组织（志愿服务组织）的权利。具体而言，两部法律关于志愿者的权利、义务和责任的规定，详见下表：

	志愿者权利	志愿者义务	志愿者的法律责任
慈善法	①人格尊严不受侵犯；②个人隐私、信息不受侵犯；③获得教育培训；④知情权；⑤通过组织实名注册⑥获得记录证明；⑦超能服务拒绝权*；⑧获得基本服务条件保障；⑨可能发生人身危险的，获得保险保障；⑩拒绝摊派	①专业志愿服务，应当依法取得相应的资格；②应当服从管理；③接受必要的培训	慈善服务过程中，志愿者故意或者重大过失造成损害的，慈善组织承担赔偿责任后可向其追偿；志愿者受到损害的，慈善组织按过错原则承担赔偿责任；损害是由不可抗力造成的，慈善组织应当给予适当补偿
志愿服务条例	①自行或通过组织注册；②自行或通过组织开展活动；③知情权；④超能服务拒绝权；⑤获得教育培训；⑥获得基本服务条件保障；⑦获得组织帮助的权利；⑧可能发生人身危险的，获得保险保障；⑨获得记录证明；⑩人格尊严不受侵犯；⑪个人隐私、信息不受侵犯；⑫拒绝摊派；⑬受行政表彰、奖励；⑭受优待	①提供真实、准确、完整的个人基本信息；②专业志愿服务，应依法取得相应的资格；③尊重服务对象人格尊严、个人隐私；④服从管理；⑤接受必要的培训；⑥按约提供服务，因故不能，应及时知；⑦突发事件应接受统一指挥、协调	无明确规定

　　由此可见，两部法律对于志愿者的规定，在立法目的上完全一致；在权利和义务的规定上，两者有较多的重合之处，《志愿服务条例》比《慈善法》略为全面，也有一定的特色，比如说志愿者受行政表彰、奖励的权利、受优待的权利等；从法律责任上来看，《慈善法》在兼顾民事侵权责任的归责原则的基础上，减轻了志愿者的过失侵权责任，而《志愿服务条例》或许是囿于其行政法规的位阶，或许是为了节约立法资源，对这一问题避而不谈。

　　如果说两部法律对慈善行为与志愿服务行为、慈善组织与志愿服务组织的规定之间存在着一般与特殊、包含与被包含的关系，那么，在志愿者的规定上，《志愿服务条例》则更为基本、全面。说其更为基本，是因为其明确界定了志愿者的概念及活动方式，"以自己的时间、知识、技能、体力等从事志愿服务的自然人"、"可以参与志愿服务组织开展的，也可以自行依法开展志愿服务活动"，回答了社会实践热切关注的有关"志愿者"基本、重要问题。说其更为全面，是因为志愿者的权利、义务与责任往往是志愿服务相关法律规定的核心，而核心中的核心便是志愿者的激励表彰制度，《志愿服务条例》在这方面积极关注，而《慈善法》则鲜有涉猎。因此，在"志愿者"的规定上，除志愿者的法律责任外，《志愿服务条例》是一般法，而《慈善法》也并无任何"特殊"的规定。

三、慈善立法与志愿服务立法模式的域外考察

（一）美国的立法模式——弱慈善、强志愿立法模式

美国第三部门发达，志愿服务相当普遍。以 2015 年为例，根据美国劳

动部发布的美国志愿服务年度统计报告显示，在 2014 年 9 月到 2015 年 9 月期间，美国共有约 6260 万 16 周岁以上志愿者通过志愿服务组织提供服务，志愿者占总人口比例为 24.9%，较上一年度下降 0.4 个百分点。志愿者的年平均小时数为 52 小时。① 美国志愿服务事业持续健康发展与其重视法律制度建设、提供良好的法律政策环境密不可分。在慈善与志愿服务的立法模式上，美国较有特色。

对于慈善，美国没有专门的法典，而是通过《国内税收法典》进行规范。《国内税收法典》通过对"慈善"、"慈善组织"等基本概念进行确认，从而划定慈善组织的范围。在此基础上，对慈善组织和慈善捐赠人分别规定了充分的、完善的慈善税收激励机制。在慈善税收法律制度中贯彻"分类管理"的原则，将慈善机构分为公共慈善机构和私人基金会两大类，针对不同类型的慈善组织，设定不同的权利和义务。私人基金会比公共慈善机构承担更多的义务，受到更多的监督和制约。至于慈善组织的内部治理则交由州法律进行规范。② 结合市场高度发达、法律制度完备、诚信体系健全和政府管理水平较高等实际情况，除了通过税收杠杆由税法来实施调整、规范、培育和促进之外，美国在慈善领域并没有专门、特别的立法，法律规制环境较为宽松，主要依靠引入"市场"机制，由慈善组织等主体进行自由竞争、优胜劣汰。

对于志愿服务，美国有 1973 年《国内志愿服务法》、1990 年《国家和

① Bureau of Labor Statistics, Volunteering in the United States, 2015 (Feb 25, 2016), online at https：//www. bls. gov/news. release/volun. nr0. htm.
② ［美］贝希·布查尔特·艾德勒等著，《通行规则：美国慈善法指南》，金锦萍等译，中国社会出版社 2007 年版，第 3 页。

社区服务法案》、1993 年《国家和社区服务信托法案》、1997 年《志愿者保护法》、2002 年《公民服务法案》、2009 年《爱德华肯尼迪服务美国法》等为数不少的法律规定。这些志愿服务相关规定，大体上可以分为两大类，一类是政府促进法，一类是志愿者权益保护法。政府促进类立法是依据国家和社会的现实需求，开发有针对性的志愿服务项目，设置相应的协调管理机关，完善配套的管理规范和激励保障制度，从而培育志愿精神，促进服务理念传播，动员全民的参与，解决具体社会需要。① 比如说，曾针对国际志愿服务和平队项目的专门立法《和平队法案》，以及上文提及的《国内志愿服务法》、《国家和社区服务法案》、《国家和社区服务信托法案》、《公民服务法案》和《爱德华肯尼迪服务美国法》等。志愿者权益保护法以《志愿者保护法》为典型，该法对志愿者、志愿服务等基本概念加以界定，通过阐明和限制志愿者在参与志愿活动时所承担的责任风险，在民事诉讼中给予志愿者，以及使用志愿者的非营利组织和政府机构相应的保护。② 这两类立法从根本上来讲，都是为了促进志愿服务发展；只不过前者立法的性质更靠近社会法，后者立法的性质更靠近民事立法。

综上所述，美国在慈善与志愿服务立法上，对于慈善领域的规制非常宽松，法律干预不多，力度不强，仅通过税法的税收优惠激励制度加以引导和规范，没有太多的专门、特殊的规定。对于志愿服务领域，立法一方面以项目为抓手，加大政府对志愿服务的切实投入，积极推动志愿服务发展；另一方面通过志愿者权益的保护，从而维持以志愿者的贡献为基础的服务项目、

---

① 邓国胜、辛华：《美国志愿服务的制度设计及启示》，《社会科学辑刊》2017 年第 1 期。
② 莫于川：《中国志愿服务立法的新探索》，法律出版社 2009 年版，第 91 页。

非营利组织以及政府运行的有效性。① 在二者的关系上，可以说是强志愿服务立法，弱慈善立法；把慈善交给市场，对志愿服务全方面积极促进。由此一来，慈善与志愿服务立法在法律适用上"竞合"的可能性较低，申言之，志愿服务的法律适用几乎与慈善立法关系不大。

（二）日本的立法模式——强慈善、弱志愿立法模式

提起日本志愿服务立法，就不得不提 1998 年通过、2016 年最新修订的《特定非营利活动促进法》。该法第一条开宗明义，宣示立法宗旨为"通过赋予从事特定非营利活动的组织以法人地位、建立公益法人认证制度等手段，促进志愿者从事的特定非营利活动以及其他由公民无偿进行的有利于社会的活动的健康发展，从而促进公共福利的进步。"② 随后该法通过对特定非营利法人设立、组织机构、财务管理、解散合并、监督、认证、免税等进行了全面的规定。总体看来，该法法律名称没有使用"志愿服务"一词，"特定非营利活动"的用语让人联想到志愿活动或行为，从而以为是"行为法"。不过，从该法的宗旨到具体内容来看，则完全是"组织法"的模式。

除了《特定非营利活动促进法》，日本还制定了《一般社团法人和一般财团法人法》、《公益社团法人和公益财团法人认定法》、《社会福祉法》等规范日本非营利组织、公益非营利组织、特殊公益非营利组织等的组织立法。③ 可见，如果说美国关于志愿服务立法的切入点是志愿服务项目和志愿者，日本则采取了完全不同的路径——通过对志愿服务组织可以采取的包括

---

① Volunteer Protection Act of 1997, 42 USC. Sec. 14501.
② 笔者自译。
③ 王世强：《日本非营利组织的法律框架及公益认定》，《学会》2012 年第 10 期。

特定非营利组织在内的各种组织形式的分门别类的立法规范，来调整、规范和促进志愿服务的发展。

以特殊公益非营利法人中的社会福祉法人为例，《社会福祉法》第六章专章规定了社会福祉法人的通则、设立、内部治理、解散合并、补贴监督及社会福祉服务等。这类法人之所以特殊，是由于其背后浓厚的行政色彩。日本厚生劳动省的一份调查报告显示，日本社会福祉法人 2013 年的总量为19821 家，其中 403 家由其主管，其余的 19418 家由地方政府主管。[1] 最大的社会福祉法人——全国社会福祉协议会，负责管理日本全国所有的都道府县市区町村的社会福祉协议会。这些社会福祉法人通过志愿者中心，积极开展增进社会福祉的志愿活动。[2] 根据日本全国社会福祉协议会的调查，截至 2009 年 4 月，在全国所有社会福祉协议会系统的志愿者中心注册或认可的志愿者共有 730 万（占日本总人口的 5.7%，是 1980 年 160 万人的4.6 倍），志愿者团体共有 17 万，约为 1980 年 1.6 万志愿团体总量的10.6 倍。[3]

简而言之，日本立法是通过赋予公民结社权、逐渐放松对志愿服务主体的监管，运用税收和财政等政策激励主体的动力和活力，从而推进志愿服务发展。但是专门针对志愿服务或志愿者的立法则没有。正是在这个意义上，将其称之为强慈善、弱志愿的立法模式。

---

[1]　Ministry of Health, Labor and Welfare, Changes in Numbers of Social Welfare Corporations, online at http：//www. mhlw. go. jp/english/wp/wp-hw7/dl/08e. pdf.

[2]　胡伯项、刘雨青：《日本志愿服务的工作机制及其借鉴》，《国家行政学院学报》2015 年第 5 期。

[3]　Ministry of Health, Labor and Welfare, Current Status of Volunteer Activities, online at http：//www. mhlw. go. jp/english/wp/wp-hw5/dl/23010808e. pdf.

（三）韩国的立法模式——慈善、志愿齐头并进的立法模式

在考虑志愿服务或慈善立法借鉴时，理论界把更多的目光投给了美国、日本等国家。对于与我国志愿服务发展水平相差不大、文化传统、地域风情相近的韩国则鲜有关注。既然与我国志愿服务的发展阶段和社会背景相近，不妨了解一下韩国的立法现状。

在志愿服务领域，韩国 2014 年最新修订了《志愿服务基本法》。该法第 1 条明确了立法宗旨"为规范志愿服务的相关基本事项，以促进志愿服务活动开展和推动幸福社会建设"。在界定志愿服务（范围）、志愿者、志愿服务组织、志愿服务中心等基本概念之后，通过成立由官员和专家组成的全国志愿服务促进委员会（对总理负责的官方机构）、志愿韩国（志愿服务组织行业组织，全国社团法人）、志愿服务中心（由国家机构和地方政府设立逐渐从政府直接运营过渡到独立或委托非营利组织运营）等志愿服务管理机关、行业组织和强政府背景的志愿服务支持型组织，来积极促进志愿服务发展。关于志愿者，该法要求国家和地方政府应尽力为志愿者提供安全的志愿服务环境及相应保险，并授权总统令对志愿者的教育、培训、安全保护和奖励等保护和激励志愿者的制度进行具体规定。

对于一般的志愿服务组织，该法尚未进行过多的规范，而是通过第 18 条准用性规则直接援引《非营利非政府组织支持法》的规定。《非营利非政府组织支持法》共计 13 条及附则，规定了立法目的、非营利非政府组织的概念及设立条件、登记程序，还规定了政府提供资助、补贴（运营成本等）的内容及程序，特别提及税收、邮资减免等，也包括对非营利非政府组织提供虚假信息或采取其他不当手段获取支持的罚则等。

另外，关于慈善，韩国制定了专门的《募集使用捐赠法》和《募集使

用捐赠法实施条例》、《公益信托法》和《公益信托法实施条例》。以《募集使用捐赠法》为例，该法是关于募捐的一般法，共计 18 条及附则规定（韩国还有其他特殊募捐法律规定）。该法第一条规定的立法宗旨为"通过规范捐赠的募集和使用，来促进捐赠文化发展，建立完善的募捐制度，保障捐赠的合理使用"。该法界定了捐赠、募捐、募捐人基本概念，建立了募捐登记（募集金额 1000 万韩元以上需经内政部等相应主管部门审批）和募捐财产使用制度，比如说管理费用支出比例规定最高不得超过募捐总额的 15%，对信息公开、财务审计及罚则都进行了全面的规定。①

可见，韩国的慈善、志愿服务立法，呈现出"花开两朵，各表一枝"的局面。志愿服务立法主要关注志愿者权益的保护、专门的志愿服务管理机关及依靠行政力量建立并运行的全国志愿服务行业组织（志愿韩国）及志愿服务支持型组织（志愿服务中心）等特殊主体，以及政府通过规划、计划等促进志愿服务事业发展的义务。对于一般的非营利非政府民间组织属性的志愿服务组织则并未关注。慈善立法通过《非营利非政府组织支持法》、《募集使用捐赠法》、《公益信托法》等单行法进行了全面、细致的规范。因此，韩国的立法模式可以说是慈善、志愿服务齐头并进，相得益彰。

四、我国志愿服务的法律适用分析

探讨我国志愿服务的法律适用，应立足我国志愿服务的理论与实践，结合国外慈善和志愿服务立法实践，围绕我国《慈善法》和《志愿服务条例》

---

① 韩国所有法律文本内容由笔者自行翻译。

的基本内容来展开。当然，还会涉及《民法总则》、《合同法》等法律法规，在此不一一分析、面面俱到。

从词源语义的角度来看，慈善"捐钱捐物、扶弱济贫"的基本特性早已深入人心。不过，我国《慈善法》以大慈善的姿态，对慈善做扩大、最大限度的界定，力求包罗万象，从慈善组织（公益组织）、从募集使用捐赠到捐赠、到慈善信托、到慈善服务，不谓不全乎。就规定志愿服务的实际条文和内容来看，共有十来个专门条款。倘若志愿服务单靠这十来个条款进行调整，显然是不够的，只能是心有余而力不足。所以，顺应《慈善法》的"大慈善"的定位，志愿服务立法作为特别法显得水到渠成。

那么，志愿服务立法应该"特"在何处呢？首先，志愿服务立法在有针对性地满足国家和社会需求方面发挥着慈善法不能替代的作用。比如说，在国际志愿服务领域，在美苏斗争的大背景下，为了配合美国外交政策的需要，1961年肯尼迪总统通过《和平队法案》，启动和平队项目[1]，从而成为国际志愿服务事业中首屈一指的、具有里程碑意义的重要项目。正是因为志愿服务往往会成为政府实现国家治理和社会发展的一个重要手段[2]，所以在慈善与志愿服务同政府的关系上，政府干预二者的方式和程度有所区别。比如说，美国可以将慈善事业的发展交给市场竞争优胜劣汰，但对志愿服务则进行了较多干预，适时的针对国家和社会需求开发项目建立管理组织推进志愿服务事业；日本一方面通过放宽公民结社权限制促进民间力量参与志愿服务，另一方面针对特定领域行政力量积极参与来助推志愿服务发展；韩国则

---

① 黄立志：《被遮掩的中国名片（中国青年志愿者在海外）》，北京时代华文书局2017年版，第30页。

② 陆士桢：《中国特色志愿服务概论》，新华出版社2016年版，第104页。

建立起一整套由政府力量主导推动的组织体系专门致力于推动志愿服务发展。

与此同时，志愿服务立法另一大特别之处就是志愿者。志愿者是志愿服务的最根本的原动力，是慈善组织的人力资源的重要组成。志愿者的管理问题绝不是一个慈善组织的内部管理问题，而是一个需要从国家层面运用行政力量来通盘考虑和调整的问题。志愿者的激励表彰制度就是最好的例证。

那么，针对这些"特别"之处，《志愿服务条例》又是如何进行"特别"规定的呢？

首先，关于国家治理和社会发展的实施手段的问题，《志愿服务条例》令人十分的遗憾——鲜有规定。如果说在志愿服务组织的问题上，一般的从事志愿服务的民间社会组织不应当成为志愿服务立法的重点，这些交由《慈善法》下的慈善组织立法即可，《志愿服务条例》的处理还是较为妥帖；但是对于具有行政色彩的特殊志愿服务组织，不论是促进还是监管措施都应该有别于普通的民间志愿服务组织，而《志愿服务条例》不加区别一笔带过，过于轻描淡写，失去了培育、发展和规范在实践中大量存在又发挥着重要作用的特殊志愿服务组织的机会，严重一点说是浪费了宝贵的立法资源。

其次，关于志愿者的规定。《志愿服务条例》囿于其行政法规的立法权限和地位，对于志愿者的规定，尽管较为重视，但依然不够全面，比如说，志愿者特殊的法律责任规定的缺失；又不够有力或者说细致，比如说，志愿者优待的规定容易沦为仅具有认识论意义上的宣示性条款，难以落到实处。

深究这一特别法确无太多特别之处的主要原因在于：对志愿服务本质和功能的认识不足。尽管目前党和政府的一致定位是"践行社会主义核心价值观、弘扬中华民族传统美德的重要载体，建设服务型党组织、巩固深化党的群众路线教育活动的重要平台，党和政府引导公民参与社会治理的重要途径"，而实际中较为注重"思想政治教育"功能的发挥，引导公民参与社会治理的功能关注不多。志愿服务可有可无、锦上添花而已依然是主流的认知。比如说养老问题、助残问题、扶贫问题等，志愿服务在其中被赋予了哪些使命、承担什么样的角色呢？国家又是如何保障这些使命的完成、角色的实现呢？换句话说，国家治理和社会发展的实施尚未主动自觉地将志愿服务考虑进来，而这并不是为了保护志愿服务的独立性（在志愿服务刚刚起步的阶段谈及独立本身就是一个伪问题，就如让完全无民事行为能力人完全自治一样），而是压根儿就没有太大的指望。

综上所述，志愿服务的法律适用，在目前的法律框架的安排下，《志愿服务条例》成为调整志愿服务中政府促进志愿服务事业发展、保障志愿者权益的特别法，在与《慈善法》发生竞合之时，理当优先适用。在关于一般的志愿服务组织（以志愿服务活动为宗旨的民间非营利组织）的设立、组织机构、组织的变更终止、财产、财务和会计以及监督管理等组织立法方面，则应当适用《慈善法》；当然，《志愿服务条例》若有特别的补充性规定（比如，设立党的组织），则应同时予以适用。

五、余论

《慈善法》采用统一立法模式的尝试值得肯定。这样可以加速我国《公益事业捐赠法》、《基金会管理条例》、《社会团体登记管理条例》、《民办非企业单位登记管理暂行条例》等多部法律规定的完善，进而终结多法并存、资源分散、相互重复、且过多的耗费立法执法资源等问题，开启民间与政府共同为社会筑底的时代。① 尽管如此，集组织法、行为法、促进法为一身的《慈善法》也依然无法全面涵盖志愿服务所涉及的核心内容。换句话说，有了《慈善法》，志愿服务立法依然十分必要和迫切。然而，令人遗憾的是，处于行政法规位阶的《志愿服务条例》，在内容上过多地重复《慈善法》的规定，尚未突出志愿服务立法所需解决的核心问题，并未真正成为志愿服务领域的基本法，亦未能充分发挥法治的力量来为志愿服务事业的发展创造良好的法律政策环境。

其实争议大慈善、小志愿，还是大志愿、小慈善，抑或是强慈善、弱志愿，还是弱慈善、强志愿并不重要，关键是能够理顺二者的关系，通过建立健全完善的社会公益事业法律体系，为慈善和志愿服务保驾护航，最大限度地促进社会公益事业的健康发展。目前《慈善法》已经制定并实施，许多配套立法也在井然有序的推进之中。《志愿服务条例》仅仅是全国志愿服务立法的第一次尝试，这次尝试表明了对慈善、志愿服务关系的思考与探索，也初步显示了我国对慈善、志愿服务立法模式选择的一种倾向性，尽管不尽如人意，但却意义深远。路在脚下，既已出发，还愁不达吗？

---

① 金锦萍：《慈善法开启民间与政府共同为社会筑底的时代》，《人民日报》2016 年 3 月 21 日。

| 第三章 | **新时代志愿服务发展的**
新模式研究

第一节　新时代志愿服务发展模式概述

一、志愿服务发展模式研究概述

　　志愿服务作为一种社会活动和精神理念，在我国传统文化中有着深厚的土壤。"老吾老以及人之老，幼吾幼以及人之幼"（孟子）"守望相助"（孟子）、"兼相爱"（墨子）等都体现了志愿的精神。在北齐年间就已经有了提供灾害救济的"义仓"，明清和民国时期，以救灾助困为主要内容的民间慈善活动已经十分普遍。但是，现代意义的志愿服务发端于20世纪80年代——在1983年2月，宣武区大栅栏街道发起"综合包户"学雷锋活动，辖区单位与孤寡老人签订"综合包户"协议，青年人组织起来为老人提供接力帮扶。在短短的三十多年的时间里，现代志愿服务事业飞速发展，经历了从雏形到蓬勃发展再到全面提升的多个阶段，也呈现出了与我国实际相适应的发展特点。

　　社会学的研究中，"模式"通常用来描述不同地区、社会、阶段的不同发展特点，同时模式也必然是一种动态的过程。① 无论是费孝通先生的"中国经济发展模式"研究，或者"中国模式"研究，还是其他种种模式研究，都留下了丰富深厚的学术遗产，启迪并深深影响着一代又一代的理论研究者。我国学者也对志愿服务进行了模式研究。比如说，清华大学公共管理学院非政府组织研究所的邓国胜老师曾将中国志愿服务的发展划分为三种不同的模式："自下而上发起，自上而下推广"、"自上而下发起并推广"和"自下而上发起，自下而上扩展。"② "自下而上发起，自上而下推广"的典型代表即社区志愿服务，通常由社区基层自发组织起来提供志愿服务，随后政府通过健全的网络体系和政府的职能优势迅速在全国范围内推广。"自上而下发起并推广"的典型代表为青年志愿服务，"自下而上发起，自下而上扩展"则为草根组织开展的志愿服务。总之，无论是"自下而上发起，自上而下推广"，还是"自上而下发起并推广"，都统称为自上而下的模式，"自下而上发起，自下而上扩展"则称为自下而上的模式。与此同时，北京志愿服务发展研究会从地域发展特色的角度，总结出了各自的发展模式，比如北京的政府推动型、上海的精神文明创建模式、四川的危机管理模式、天津的城乡联动模式、湖北的邻里守望模式、贵州的外引内联模式等。

二、志愿服务发展的两种基本模式

结合以上两种模式的分类和研究方法，以及国内外志愿服务发展实践，认为我国志愿服务发展模式主要有两种：一种是自上而下的模式，另

---

① 陆士桢主编：《北京志愿服务模式研究》，北京出版社 2009 年版，第 3 页。
② 邓国胜：《中国志愿服务发展的模式》，《社会科学研究》2002 年第 2 期。

一种是自下而上的模式。

（一）自下而上模式

自下而上型志愿服务模式，是指民间力量在志愿服务事业的发展中起主要的推动作用，志愿服务活动、志愿服务项目由民间力量发动组织开展，运作管理由民间组织进行自我管理和治理，志愿服务组织的成立与发展、志愿者的动员与招募主要由民间力量进行的模式。当然，在这种模式中，并不是要完全否定其他力量或者因素的重要作用，比如说政府，只不过相对而言，凸显出民间力量、民间组织对志愿服务发展的作用。与此同时，政府的规划、引导、鼓励、支持和管理等作用的侧重点都是为民间力量自下而上地推进志愿服务事业铺平道路、保驾护航。

自下而上型志愿服务具有以下基本特征：第一，从发展动力来看，主要依靠民间力量，而非党政力量自上而下的推动。其实，志愿服务最初的萌芽或者说发端，无论是北京、广东，还是天津，都是来自基层，来自民众。随着志愿服务的不断发展，或者说在推进志愿服务发展的过程中，不同地方的政府、市场和社会力量介入程度不一、作用大小各异，从而分化出不同的动力模式。自下而上型模式中民间力量的动力因素最为显著和持久。第二，民间志愿者团队和志愿服务组织成为志愿服务事业管理和发展的生力军或者说核心力量。比如，深圳市义工联的高层管理人士由资深的志愿者担任，广州市青年志愿者协会的高层管理人员面向社会热心人士公开招聘，这些组织的"高管"都不是来自体制内，与典型"自上而下"型志愿服务模式中的组织大为不同。民间力量始终在志愿服务事业中占据着重要的地位，起到至关重要的作用。第三，志愿服务事业投入的资金来源多样化，民间资本占据主要或者说相当大的比重。据统计，在 2007 年前后广州一些市、县，民间资本与公共财政对志愿服务的资金支持比例为 2∶1 或 3∶1。

（二）自上而下模式

自上而下型志愿服务模式，与自下而上型相对，是指政府力量在志愿服务事业的发展中起主要的推动作用，政府通过设立志愿服务组织、投入志愿服务资金、发起、组织并管理志愿服务活动、志愿服务项目等方式来推动志愿服务发展的模式。当然，实践中较多的方式是由政府发起志愿服务项目，通过购买服务的方式交由民间志愿服务力量来进行具体组织和运行。当然，在这种模式中，并不是要完全否定其他力量或者因素的重要作用，比如非营利组织，只不过相对而言，凸显出政府对志愿服务发展的主导作用。

自下而上型志愿服务具有以下基本特征：第一，从发展动力来看，主要依靠党政力量，而非民间力量自下而上的推动。其实，志愿服务的发展通常都会经由个人志愿服务行为到有组织的志愿服务。我国长期以来形成的大政府小社会格局，在志愿服务领域以政府推动型志愿服务的模式表现出来。"党委领导，政府主责，基层发动，全员参与"已成为我国志愿服务模式的一大特色。第二，党政领导下的志愿者团队和志愿服务组织成为志愿服务事业管理的核心力量。比如，北京市志愿服务联合会的 200 多个理事成员，90% 以上为政府机构，其代表人在政府机构供职，而会长、副会长以及秘书长更是 100% 为政府公务员担任。党政力量始终在志愿服务事业中占据着重要的地位，起到至关重要的作用。第三，党政对于志愿服务事业投入的资金占据主要或者说相当大的比重。比如，北京市每年财政专项投入 1000 万，政府购买志愿服务组织服务以及委托志愿服务组织承接政府职能等均超过 1000 万。

（三）两种基本模式之间的关系

从整体发展而言，我国志愿服务主要还是依靠政府力量进行推动，以自下而上型为主。这一模式与现代西方国家的志愿服务发展模式不同，与我国现阶段的基本国情以及志愿服务发展水平和阶段相适应，具有较浓的中国特色。但是这种模式下容易导致"服务"偏离"志愿"的本意，也容易遭到不同程度的批评意见。与此同时，自下而上的模式也有一席之地，并展现出旺盛的生命力。这种模式与西方志愿服务的发展模式最为接近，志愿服务组织具有较强的自治性，有较好的群众基础，公众的参与热情较高。值得一提的是，这两个志愿服务发展模式对我国未来志愿服务事业都具有重要作用。自上而下的模式将会在较长的一段时间内依然起到关键作用，肩负着重要使命。自下而上的模式伴随着新时代良好的法律政策环境，也将会进一步发展和成熟，逐渐在我国志愿服务事业发展中占据更加重要的作用。因此，处理好这种模式之间的关系十分重要。

处理好二者之间的关系，首先，要根据实际情况，选择合适的模式来进行。一个国家、一个省市、一个地区采用何种模式，很大程度上取决于其经济发展水平、先天自然资源和人力资源禀赋等实际情况。各种模式自身并无优劣之分，而是要最大限度地符合当地的志愿服务事业发展需要。其次，无论是自上而下模式，还是自下而上模式，本身都不具有排他性，都是根据实际情况所作的备选模式之一。从实践上看，我国各地各级也基本上不可能完全依赖单独一种模式来推动本地区的志愿服务工作，一般都是根据实际工作需要，特别是根据服务领域和形式所需，针对不同时间不同对象，在特定场合下采用以一种模式为主、另一种模式为辅的组合模式形式。比如，我国广东省主要是自下而上模式，但是政府力量也依然发挥了重要作用；我国北京主要是自上而下的模式，但是民间力量也是其发展的重要因素。最后，要充分发挥各种模式的优势，尽量防止和避免各种模式的不利因素可能引发的不良后果。

值得一提的是，一则自上而下模式在上文提及较多，二则从志愿服务发达成熟的国家和地区来看，最终志愿服务的发展更多的是依赖自下而上的模式，因此，下文将主要探讨自下而上的模式。

三、志愿服务发展的其他模式

如果说，两种主要模式侧重从政治、经济等角度来分析我国志愿服务的发展特点的话，文化交流等其他因素同样在志愿服务发展的过程中扮演着重要的角色。世界各国、各地区都有现代意义上的志愿服务。受到社会发展水平、政治制度、社会保障制度、政策选择的内在逻辑等多种因素的影响，世界各国、各地区的志愿服务会出现不同时和不同步的状况，也会呈现出不同的特点和模式。但是志愿服务的价值伦理和运行规律却是相通的。志愿服务的这种特性，为世界范围内各国、各地区之间开展交流与合作奠定了基础。事实上，志愿服务的跨地区、跨国别的交流也是非常普遍的，比如，北京市志愿服务联合会与联合国志愿人员组织、英国海外志愿服务社、澳大利亚国际志愿者组织等开展项目合作。在交流与合作中，具有相同文化背景的地区和国家之间的互动更为频繁和深入，而且对双方志愿服务事业的发展都大有裨益，也影响和铸就了志愿服务的发展模式。下面就简单介绍这种文化交流主导因素下的志愿服务发展模式。值得注意的是，这里探讨在相同文化背景之下，尤其是同根同源文化背景下，不同地区甚至国家之间通过交流与合作积极推进志愿服务事业发展的模式；不讨论不具有相同文化背景的国家和地区之间的文化互动型志愿服务模式。

（一）文化互动型志愿服务模式的界定

文化互动型志愿服务模式，是指具有同根同源文化背景的不同地区或国家，通过交流与合作，相互学习和借鉴，共同致力于推动志愿服务事业发展的模式。就我国目前志愿服务的实践来看，主要有大陆与台湾、香港等地区之间的志愿服务互动。特别需要指出的是，尽管是"互动"，但介绍的落脚点和重心仍然是我国大陆地区自身的志愿服务发展，是将互动作为一种积极推进我国大陆地区志愿服务事业发展的方式来介绍。这种借助互动来推进志愿服务事业发展的模式在福建省表现尤为突出，因此，本章将主要以福建省志愿服务借助与台湾地区进行互动的力量来积极发展为蓝本加以考察。

文化互动型志愿服务模式，具有以下特点：相同文化背景的特点。在这种志愿服务模式中，互动的主体之间具有相同的文化背景，为各种"互动"提供便利。"互动"的特点。简单地说，其实就是"1+1>2"的特点。通过对对方志愿者、志愿服务组织的支持和扶持、志愿服务活动和项目的交流、签订志愿服务战略合作协议等互动形式，实现互动各方共赢，促进各方志愿服务事业的发展。比如说，厦门海沧积极探索，通过闽台联动，搭建志愿服务平台，通过台胞引入台湾地区优秀志工经验，促进民间交流，推动志愿服务互学共促、共同发展。最后，这种模式最为突出的特点，是体现了志愿服务强大的包容性，尤其是在具有相同文化背景的主体之间，在促进民心相通方面具有积极作用和重大意义。

（二）文化互动型志愿服务模式的发展

1. 产生背景

我国文化互动型志愿服务模式，以福建省最为突出和典型，其发端也是在福建省，尔后逐渐扩展。因此，这里主要以福建省为例，来分析其产生的历史背景。总体来看，主要包括以下四个方面：

一是闽台两地源远流长的"五缘"优势（这也是最为关键的背景之一）。福建和台湾同根同源，两岸关系源远流长。两岸这种密切的关系，早在十多年前就由福建省委书记卢展工，用闽台两地"五缘"的概念加以概括并诠释。"五缘"，具体是指地缘相近、血缘相亲、文缘相连、商缘相通、法缘相系。福建和台湾一水之隔，在语言文化、风俗习惯、宗教信仰等方面都几乎一致。百分之八十以上的台湾同胞的祖籍地都在福建。福建和台湾两地商业贸易往来频繁密切。福建在历史上很长一段时间曾管辖台湾。近年来，福建省还发现了不少关于"五缘"的文物资料。① 正是具备了以上的五缘优势，文化互动型志愿服务模式才有了深厚的历史基础和社会基础，得以在福建省发芽生根，蓬勃发展。

二是闽台两地共同的乐善好施的慈善文化传统。2011 年 11 月中共福建省委书记孙春兰同志在省第九次党代会上第一次明确提出了"爱国爱乡、海纳百川、乐善好施、敢拼会赢"的福建精神。其中"乐善好施"作为福建精神精髓之一，也是闽台两地共同的历史悠久的文化传统。乐善好施正是现代志愿精神（奉献、友爱、互助、进步）的体现，为志愿服务事业提供了丰厚的慈善文化传统。自古以来，闽台两地人民在各个历史时期社会各阶

---

① 《新闻背景：闽台"五缘"》中国新闻网 2009 年 5 月 15 日，参见 http://www.chinanews.com/tw/tw-lajl/news/2009/05-15/1694412.shtml。

层互相关爱、扶贫济困，形成了良好的志愿服务风尚和文化基础。"乐善好施"精神凝聚了闽台人民的精神财富，是志愿服务文化品牌，是志愿服务文化传承，是推动文化互动型志愿服务模式的重要力量和优势。

三是改革开放过程中两岸经贸合作的积极推动。大陆全面深化改革和扩大对外开放，为两岸经济合作带来强劲动力和有利条件。① 2010 年 6 月海协会和台湾海基会签署了《海峡两岸经济合作框架协议》(ECFA)，2012 年 8 月两岸签署了《海峡两岸投资保护和促进协议》，2013 年 6 月签署了《海峡两岸服务贸易协议》，2015 年两岸货物贸易协议商谈取得了积极进展，两岸争端解决机制协议的商谈也一直都在积极的推进之中。此外，自 2008 年国际金融危机以来，中国大陆先后采取了一系列的对台惠民措施，涉及领域多，涵盖范围广，开放力度大，既促进了台湾经济发展，也惠及台湾基层民众的民生需求。经济融合不仅有利于两岸互利双赢，经贸合作的加深也为文化互动型志愿服务模式提供了经济基础和现实动力。

四是祖国大统一进程中两岸合作的积极推动。福建省不仅是改革开放的前沿阵地，也是祖国大统一的前沿平台。近些年来，中央和福建省当地为了加快海峡西岸经济区建设，加强两岸交流合作，推进祖国和平统一大业的战略部署，相继出台和批准了《国务院关于支持福建省加快建设海峡西岸经济区的若干意见》(国发〔2009〕24 号)、《福建省贯彻落实〈国务院关于支持福建省加快建设海峡西岸经济区的若干意见〉的实施意见》等政策，来推动福建实现又快又好的发展，促进福建成为两岸人民交流合作的先行区。正是在国家和地方层面都积极推进两岸交流合作的有利背景之下，文化互动

---

① 《人民日报》2014 年 5 月 8 日。

型志愿服务得以快速发展。

2. 运行机制

提起文化互动型志愿服务组织的运行，就不得不提全国首个两岸义工联盟——海沧两岸义工联盟。这个志愿服务组织极具代表性，可以说，是文化互动型志愿服务组织运行的典范。下文将以其为例，详细描述这一模式下的志愿服务组织运行情况。

海沧两岸义工联盟于2014年正式授旗成立，是福建省文明办、省志愿者协会评审确定的首批十大重点培育品牌志愿服务队，也是中央文明办全国"4个100"最佳志愿服务组织。作为全国首个两岸志愿服务交流合作平台，海沧两岸义工联盟在朝着"两岸一家亲·共建新家园"的目标迈进，积极探索将台湾志工文化精神和"奉献、友爱、互助、进步"的志愿服务精神相融合，值得关注。

（1）海沧两岸义工联盟的"前世"——长庚志工服务队

长庚志工服务队在2009年由施素娥为首的几个台商太太在海沧的长庚医院自发组建。海沧区是台商投资区，有不少台胞来海沧工作、安家。台商们忙于在外打拼，台属台眷们比较有闲暇的时间，又很乐意做志愿服务。厦门长庚医院是台塑集团在大陆投资的第一家医院。在台湾各大医院都有志工的身影。这样，台属台眷们有提供志愿服务的愿望、需求和条件，厦门长庚医院也受到台湾医院志愿服务文化的影响和熏陶，也有为患者及其家属提供志愿服务的意愿。双方的想法不谋而合，于是乎，长庚医院志工服务队顺利成立。

服务队最一开始，只有施素娥和其他几位台商太太。她们身穿黄背心、戴着蓝口罩，轮流在长庚医院的门诊大厅提供咨询、引导，带着行动不便的病患进诊室、办手续等，帮助来看病的人。渐渐地，她们的服务引起了越来越多人的关注，不少公众也愿意加入到服务队中来，服务队也积极吸收这些新鲜血液，但是在招募吸纳新队员时，明确提出每人每周至少服务3个小时的要求。就这样，长庚志工服务队队伍不断壮大。目前，服务队发展至近300人，队员既有台商台属，也有很多厦门市民的加入，包括大学教授、公务员、白领以及很多海沧的爱心人士。现在，长庚志工服务队已经逐渐发展成为两岸义工在医院帮助患者及其家属的代名词。

长庚志工服务队的成立，引入了台湾志工服务理念，在"美丽厦门·活力海沧"的热土上播撒下志工服务的爱心种子。从此，海沧志愿服务从无到有、从小到大、从少到多，不断弥漫渗透到民众日常生活和工作的方方面面。

（2）海沧两岸义工联盟

2014年10月12日，在海沧区阿罗海城市广场，由海沧区志愿者协会牵头，厦门白鹭志愿联盟、君龙人寿保险有限公司志愿服务队、厦门沁心泉社会工作事务中心等单位共同发起的海沧两岸义工联盟正式授旗成立。联盟成立的宗旨是以"两岸一家亲·共建新家园"为目标，凝聚两岸志愿服务力量形成合力，促进两岸志愿服务组织深度交流合作，实现两岸志愿服务资源共享，筑起两岸志愿服务事业的桥梁，进一步做大、做亮海沧区志愿服务品牌，推动志愿服务制度化、常态化发展。

两岸义工联盟汇集起两岸所有关心志愿服务的社会力量，为志愿服务打造了一支数量庞大的志愿服务生力军。目前，两岸义工联盟的成员单位有来自海峡两岸的公益组织、社会组织、台企、志愿服务队等25家，志愿服务队伍20余支，志愿者共计4万余人，其中包含不少台湾志工。联盟是一个开放的平台，一直处在不断发展壮大的过程中。联盟成立后，积极开展志愿服务活动，尤其是为社会关注的空巢老人、残障人士、寄养孤儿等重点人群送出关爱。成立至今，联盟共计开展了 400 多场次活动，惠及服务对象超过上万人，获得了广泛的社会影响。联盟十分注重服务品质，积极打造项目品牌。其中，"两岸义工志愿行"项目先后荣获"2013 年政府创新中国十佳经验"、第二届"全国十大优秀志愿服务项目"二等奖等国家级奖项；"我是小袋鼠，垃圾不落地"青少年环保志愿服务项目跻身于全国最佳志愿服务项目。

海沧两岸义工联盟的管理制度的创新——实行联盟主席轮值制度。主席轮值制，是指由加入联盟的每个成员单位来轮流当主席，负责联盟日常活动、组织运转。主席任期为半年，半年内由该单位牵头组织执行项目、开展活动。此外，联盟还整合了所有志愿服务队资源，每周由各个志愿服务队轮流组织一个活动。随后根据实际发展的需要，联盟在组织架构上又增加了常务主席、副主席等常设职位。总之，辅之以常务主席的轮值制度，一方面体现了志愿服务"平等"原则，使得所有成员单位都有机会成为负责单位，充分发挥各个成员单位的优势和积极性，为志愿服务源源不断地注入新鲜活力；另一方面又兼顾了管理所需的稳定性和前后承接性，使得志愿服务能够平稳、长久地发展。此外，海沧两岸义工联盟在组织运行过程中，逐渐形成了"台胞志工+社工+义工"的三联模式。

海沧两岸义工联盟积极搭建服务平台——联盟"爱心驿站"。联盟"爱心驿站"选择人流密集场所搭建，比如，在广场、码头、海沧行政服务中心、涉台法庭、儿童公园等处搭建义工轮值台等。联盟"爱心驿站"引入长庚医院志愿轮值制度，由两岸义工负责轮值管理。联盟爱心驿站定位广、服务面大。在管理上,"爱心驿站"由两岸义工负责日常管理。在服务上,"爱心驿站"以环卫工人、公交司机等为主要关爱对象,为他们提供最贴心的服务、最暖心的关怀,同时也为广大市民提供便民利民服务。在功能上,"爱心驿站"也是一个志愿服务供需双向对接平台。一方面,志愿服务对象或者说需求方在"爱心驿站"提出接受志愿服务的具体需求,由两岸义工收集整理,依托相关组织和部门通过提供爱心款项和物资,或是提供服务等方式,来满足服务对象的真切需求;另一方面,广大市民、台商台属们也可以通过"爱心驿站"积极参与志愿服务。

从海沧两岸义工联盟这个个案,可以发现文化互动型志愿服务模式下的组织运行的一些显著特点:首先,志愿服务组织的发起与成立是由互动主体双方的人员来完成的,具体而言可能是台胞和内地志愿者。其次,志愿服务组织的管理会结合互动主体各方的经验和需求,共同实施,比如说上述案例中提到的志愿轮值制度等。最后,志愿服务组织的宗旨或目标的实现,不只是有利于一方的互动主体,而是双方互赢,尤其是大陆内地。

(三)文化互动型模式的现实意义

1. 积极促进全面互动交流

文化互动型志愿服务丰富了两岸三地的交流合作的形式、拓展了交流合作的渠道,积极促进了两岸三地的和平发展。

志愿服务组织是开展志愿服务活动的重要载体和重要力量。随着两岸三地志愿服务的互动,社会组织层面的交流大大增强。比如说,2013 年 11 月18 日在厦门市民政局的大力支持和推动下成立了全国首家旨在加强两岸社会组织交流合作的社会团体——"厦门市两岸社会组织交流协会"。该交流协会由 72 个来自各行业的社会团体和民办非企业单位作为协会首批单位会员，开展交流合作。目前，台湾地区在厦门市登记注册的社会组织已超过 10 家，并有不断增加的趋势，厦门已有 100 多家社会组织开展了对台交流合作。在当前两岸政治环境中，社会组织的合作交流最具优势、阻力最小，通过减少政治因素，两岸社会组织搭建交流平台、建立良好互动关系，有助于发挥各自优势、达成共识，推动实现两岸交往之间的互惠互利。①

志愿服务的互动，不仅是包括志愿服务组织在内的社会组织的互动，更是两岸三地广大志愿者的互动。无论是台湾、香港等志工与内地志愿者通过志愿服务组织、志愿服务活动、行为或者项目融合在一起，还是各个组织、各个领域、各个界别群体的台湾、香港等志工与大陆志愿者之间就志愿服务事业的研讨交流对话分享，两岸三地的志愿者，也意味着两岸三地的普通民众共同在志愿精神的引领下，进行心与心的沟通，在这个献爱心的过程中，实现民心相通。

2. 促进我国内地志愿服务发展

文化互动型志愿服务为内地借鉴吸收先进的、符合我国特色的现代志愿服务经验提供了一条成本低、风险小的路径，有力地促进了内地志愿服务事业的快速、稳定发展。

正如工业化和社会现代化是全球现象一样，现代意义上的志愿服务也是一种世界现象，没有哪个国家能够免受其影响。就现代意义的志愿服务事业而言，相对于欧美先行国家，我国属于起步较晚的。此时此刻，学习、借鉴先行国家和地区的经验，显得十分重要。然而，志愿服务事业与各国的基本

---

① 余昌颖：《新时期福建省社会组织发展研究》，博士学位论文，华侨大学公共管理学院，2015 年，第 79 页。

国情，尤其是历史传统文化密不可分，完全照搬先行国家的经验未必可行。

台湾、香港等地与内地有着相同文化背景，其志愿服务发端较早，取得了较好的效果，积累了较多的经验。比如说，台湾地区民众志愿参与意识很强，专业化程度很高。据台湾"内政部"的调查数据显示，86%的青少年认为把时间花在志工服务活动上，对社会、对个人都很重要。"遍地是志工"是台湾志愿服务最好的写照。在台湾，做志工是一种风潮，更成为一种精神，一种骄傲。人们都很尊敬志工。①

因此，学习和借鉴台湾、香港等地的志愿服务经验是内地不错的选择之一。比如说，通过"两岸义工联盟"活动，在"台胞志工+社工+义工"的志愿服务模式下，广大志愿者成为社会治理与服务的主体，不仅改变了以往"被志愿"的状态，还找到了归属感和自豪感。

3. 传播我国内地志愿服务的影响力

文化互动型志愿服务通过两岸三地的互动，也传播了我国内地特色志愿服务的影响力。通过互动交流，内地不仅可以吸收学习台湾、香港等地的志愿服务文化和经验，也向台湾、香港等地的志愿者、志愿服务组织展示了内地志愿服务的发展情况、基本特点和特色。比如说，通过"两岸青年公益文化交流团"活动，台湾志愿者们感慨道，"起初觉得大陆发展社区服务比较晚，还在起步阶段。但几天的交流活动令我的看法彻底改观。大陆的社区服务项目全面，对象广泛，加之大型公益机构推动公益活动运行，为志愿者招募提供了良好的平台，这是台湾需要借鉴的地方。"②

---

① 黄玮：《台湾海峡两岸志愿服务的比较及启示》，《当代青年研究》2012 年第 2 期。
② 《台湾青年交流团大陆行：公益架起两岸青年间桥梁》，2014 年 7 月 22 日，见 http://www.chinanews.com/tw/2014/07-22/6409674.shtml。

第二节　自下而上志愿服务模式分析

一、自下而上模式的理论依据——马斯洛的需求层次理论

1943 年，美国著名心理学家马斯洛在《人类动机理论》一文中提出了"需要层次"的理论，以此来解释人的行为的内在动力。[①] 不同于弗洛伊德将人类行为视为在很大程度上是由无意识、本能以及自私冲动所决定的，也不同于行为主义者将人类行为看作对刺激和结果的反应，马斯洛认为人类行为是由动机引起的，动机起源于人的需要，而人的需要是以层次的形式出现的。马斯洛的需求层次理论强调人类自身的力量源泉以及希望拥有爱、亲近自然、寻求生命意义、富有创造性、渴望自由和尊严等积极品质。马斯洛的这一需求层次理论，成为自下而上型志愿服务的主要理论依据。

马斯洛将人类的需求分为七个层次，（1）生理需求，指维持生存及延续种族的需求；（2）安全需求，指希望受到保护与免于遭受威胁从而获得安全的需求；（3）隶属与爱的需求，指被人接纳、爱护、关注、鼓励及支持等的需求；（4）自尊需求，指获取并维护个人自尊心的一切需求；（5）认知的需求，指对己对人对事物变化有所理解的需求；（6）美的需求，指对美好事物欣赏并希望周遭事物有秩序、有结构、顺自然、循真理等心理需求；（7）自我实现需求，指在精神上臻于真善美合一人生境界的需求，亦即个人所有需求或理想全部实现的需求。

---

① 王民忠、狄涛：《基于需要理论的大学生志愿服务动机研究》，《思想教育研究》2013 年第 10 期。

按照马斯洛的解释，各种需求层次之间存在着关联：（1）各层次需求之间不但有高低之分，而且有前后顺序之别，但仍然有可能出现意外，如：有些人的创造驱力比任何其他需要都更为强烈；（2）七层需求分为两大类，较低的前四层次称为基本需求，又称匮乏性需求，较高的后三层次称为成长需求；（3）较高层次的需求是后来才发展出来的，就像生物的进化一样；（4）需求的层次愈高，就越容易消失；（5）生活在高需求层次的人意味着其物质性的事物较充分，较长寿，较少生病，睡得较好，胃口较佳；（6）高层次的需求强度较弱；（7）高层次需求得来的满足是较为主观的，如非常幸福，心情十分平稳，内在生活非常富裕等；（8）当个人的环境（经济、教育等环境）较好时，个人较易满足高层次的需求；（9）当个人满足其高层次需求之后，个人愈可能接近自我实现的目标。

根据马斯洛的需求层次理论，个人人格获得充分发展的理想境界是自我实现，因此，自我实现就是人性本质的终极目的。在自我实现的过程中，人们会经历欣喜感、完美感及幸福感等顶峰体验，更重要的是人们在体验过程中培养起了一种洞察能力和反思能力，而正是这种洞察与反思培养了一种生活超越观。

志愿服务既为人们提供了体验自尊、正义、意义、掌控、关爱他人的机会，也为人们提供了经历高峰、低谷及高原体验的机会，也就是说，志愿服务能使人们体验自我实现和自我超越。广大志愿者在参与志愿服务的实践中，在"互助、助人"的同时也得到了服务对象和社会的认可、接纳、尊重，提升了自我实现感和幸福满足感等。因此，志愿服务的过程，既是"助人"的过程，同时也是"自助"的过程，参与者既帮助了服务对象，也提升了自己的道德素养和人格特质；在组织志愿服务的过程中，组织者不仅要确保他们的生理及安全需要得到满足，也要帮助志愿者反思他们的经验、提升其自我超越的洞察力。①

二、产生背景：改革开放创造的"供与需"催生其发展

自改革开放以来，经济体制与政治体制的转型与发展，为自下而上型模式的产生奠定了经济基础和制度空间，而快速发展过程中出现的经济产业更新换代、城乡一体化、全民共同富裕等种种社会问题，又为志愿服务发挥其强大社会资本功能、参与社会经济发展及解决社会问题等提供了宽广的舞台。正是在这样的社会背景之下，自下而上型志愿服务应运而生。广东省是中国改革开放的"排头兵"和试验点，下面将结合广东省来分析我国自下而上型模式的产生背景。

（一）改革开放创造的"供"

自 1978 年改革开放以来，广东成为"对内改革，对外开放"政策的最大贡献者和受益者。自 1979 年以来，广东省生产总值快速增长，广东人民的生活水平也逐渐提高，居民储蓄余额在全国各省市处于绝对领先地位，社会保障体系建设积极推进，城镇就业形势保持稳定。以 2016 年为例，广东省实现地区生产总值（GDP）79512.05 亿元，比上年增长 7.5%；全年广东居民人均可支配收入 30295.8 元，比上年增长 8.7%，扣除物价因素实际增长 6.3%；全年农村常住居民人均可支配收入 14512.2 元，比上年增长

---

① 北京志愿服务发展研究会：《中国志愿服务大辞典》，中国大百科全书出版社 2014 年版，第 241 页。

8.6%，扣除价格因素实际增长 6.5%；全年城镇常住居民人均可支配收入37684.3 元，比上年增长 8.4%，扣除价格因素实际增长 5.9%。①

完成经济转型后，中国面临第二次转型，从以经济建设为中心到以制度建设为中心，"即实现国家基本制度现代化，并实行'良治'，确保国家利益最大化，全体人民福利最大化。"② 广东省在这次转型中，积极探索行政体制改革，深圳、广州、顺德、珠海、阳江作为广东行政体制改革试点，其探索为全省乃至全国的行政体制改革起到了示范作用。这些试验都表明，广州在朝一个"小政府大社会"的方向发展，最终形成以政府为主导，政府、市场和社会多元治理的格局。③ 以顺德为例，行政审批制度改革、农村体制改革、社会管理体制改革，三大改革以一月一大改的速度依次推出。一个"小政府""大社会"的顺德模式雏形已现。④

（二）改革开放创造的"需"

产业结构转型和经济体制变革导致企业员工生活状况变化巨大。广东省面临双重的经济结构调整需要：一是传统产业和传统经济的调整，要改变对传统农业、工业和计划经济的依赖；另一个是外向型经济和加工产业的调整，加工产业向自主产业转型、劳动密集型产业向资金和科技附加值高的产业转型、资源消耗型产业向环境和资源保护型产业的转型。这样一来，原来

① 《2016 年广东国民经济和社会发展统计公报》，2017 年 3 月 6 日，见 http://www.gdstats.gov.cn/tjzl/tjgb/201703/t20170308_358320.html。

② 胡鞍钢等：《第二次转型国家制度建设》，清华大学出版社 2003 年版，第 4 页。

③ 徐滔：《广东正迈向小政府大社会》，2012 年 5 月 10 日，见 http://politics.people.com.cn/GB/70731/17854111.html。

④ 《还权实现"小政府"改革成就"大社会"》，《南方日报》2011 年 12 月 30 日。

的农业生产者、企事业单位员工和加工产业所容纳的大量员工，都面临着失业和重新择业的境遇。此时，志愿服务无论是通过"同病相怜"的企业员工之间的相互帮助，还是通过其他社会力量的帮助、扶助，都能够在下岗失业人员最困难的时候给予力所能及的财力、物力和人力支持，帮助他们渡过难关，重新寻找就业机会，还能够在下岗失业人员最苦闷、痛苦的时候，关心、鼓励和引导他们，减少抵触情绪，化解不良情绪，使得相应问题获得及时、理性的解决。

农村城市化导致城乡居民生活急剧变化。广东省经济的强劲高速发展，实现了发达国家用了二百年走过的从工业化初级阶段到中级阶段的巨大飞跃，促使农村城市化的进程加快。广东省的农村经历了先向小城镇转变，再由小城镇向中等或大城市的辖区转变的过程，农民也经历了由农民转变为居民，转变为现代都市居民的过程。正是在这样一个飞速发展的过程中，人们态度的认可，心理的接受、环境的适应和融入等方面都面临着一定的挑战。此时，志愿服务活动能够为农民、居民们提供热情、贴心和实际的帮助，解决他们各种生活上的困难，帮助他们逐渐适应城市化带来的种种变化，积极接纳和融入城市化的生活，消化、转达、传递他们的心声和需求，通过合法合理的途径解决他们反映的问题。

外来务工人员和流动人口的管理服务极具挑战性。广东省的经济发展离不开数以千万计的外来务工人员的辛苦努力和巨大贡献。一方面，外来务工人员在谋生和发展过程中遇到各种困难；另一方面，外来人口素质参差不齐，加上部分本地基层机构、本地人员对外来人员的偏见和歧视，常常引发种种矛盾和问题。无论是解决外来人员的困境，还是外来人员与本地人员的和谐发展问题，志愿服务都大有可为。通过外来人口之间的互助或他助，既可以成为彼此心灵的慰藉，也可以切实的解决生活就业中的问题，帮助他们谋生和发展；通过同一辖区或同一单位等存在"相邻关系"的外来人口与本地人口之间的志愿服务，可以让双方重新认识，打开心扉，消除偏见和误解，从而帮助外来人口融入本地生活，本地人员消除隔阂，接纳外来人员，实现和谐。①

广东省作为改革开放的前沿阵地，伴随着经济的腾飞，也带来了新的思想观念，不同思想观念之间的融合成为自下而上型志愿服务产生的另一背景。比如说，1982 年深圳提出的"时间就是金钱，效率就是生命"的口号引起了社会轩然大波，直到 1984 年邓小平第一次南巡，对这句标语表示了肯定，争议才得以平息。总之，一些传统的观念与改革开放后涌进的思潮处于激烈的碰撞中，不仅为社会所关注和争执，更是让在这一环境下出生和成长的青少年陷入一种迷茫。1987 年"中学生心声热线"电话的志愿服务在广州风靡一时就是最好的例证。现代志愿服务与传统的"学雷锋、做好事"相结合，既是对传统文化的弘扬与传承，又融入了鲜明的时代特征与国际特色，成为新时期加强和促进精神文明建设的重要载体，是培育践行社会主义核心价值观的生动实践。

可见，改革开放一方面为自下而上型志愿服务的产生提供了利好的经济和政治基础，一方面又亟须通过志愿服务功能的发挥来解决其面临的种种问题。

三、自下而上模式的运行机理——以广东为例

自下而上型志愿服务模式在运行机理上，突出表现为志愿者的内在需求

---

① 谭建光：《中国广东志愿服务发展报告》，广东人民出版社 2005 年版，第 9 页。

成为推动志愿服务的强大动力，鼓励、支持的法律政策和完善、创新的体制机制起到了积极的推进作用，组织运行中社团管理、自主运作的特征十分明显。

（一）志愿者的内在需求成为强大动力

志愿服务的需求，是志愿服务赖以存在和发展的原始动力。志愿服务提供方的需求和志愿服务接受方的需求融合在一起，在一定程度上影响了和决定着志愿服务的发展模式。在自下而上型模式中，志愿服务提供方的内在需求具有显著的特征，成为推动自下而上型模式的强大动力。当然，这一模式下的志愿服务提供方也具有其他模式下共性的需求特征，限于篇幅，这里着重讲述其最为明显的特点。

第一，公民参与社会治理需求的体现。公民都有参与社会公共事务的权利和促进社会发展进步的能力；同样，公民也都肩负积极参与社会治理、促进社会繁荣进步的义务及责任。对于自下而上型志愿服务模式中的志愿者而言，参与志愿服务正是实现自身参与社会治理需求的一种积极有效的形式和途径。比如说，由妇女问题专家王行娟女士牵头在 1988 年 10 月成立的北京红枫妇女心理咨询服务中心就是一个很好的组织例证。该组织是一家非营利性民间妇女组织，组织成员主要是同王行娟女士一样热心于妇女事业的知识女性，她们自愿利用各自的专业知识在空闲时间里无偿为社会提供相关的服务、奉献自己的爱心，为促进和谐社会的建设积极努力。该组织的服务对象为城乡的妇女、儿童与家庭，服务内容和形式主要包括提供心理咨询与社会服务，开展社会性别和以人为本的研究与政策倡导等。在开展志愿服务活动过程中，志愿者通过心理咨询、社会服务和社会性别研究等志愿服务行为，满足了自身参与社会公共事务（促进社会男女平等）的自我需求。

第二，个人自我实现的需要。在自下而上型的志愿服务模式中，志愿者们提供志愿服务是发自内心的自主选择，其内在动机在于实现自我价值，比如人道主义和理想主义的实现、奉献社会的满足、寻求情感上的慰藉和觉得自己有益于社会、被人需要等等。志愿者在提供志愿服务的过程中，不是为了某种经济利益的满足，也不单单为了获得知识和技能，更重要的是希望通过提供利他的服务来体现自己的社会价值。志愿者在服务他人、服务社会的同时，精神和心灵得到满足，实现自我。

比如，在 20 世纪中叶，美国许多好莱坞著名演艺人员经常深更半夜打电话获取心理学家史塔勒的心理咨询帮助。因此，当史塔勒发现女演员奥黛丽·赫本从未看过心理医生时，便开始了饶有兴趣的研究。经过研究发现，奥黛丽·赫本曾做过 67 次亲善大使，在 1956 年到 1963 年间，几乎每月都去监狱、黑人社区、码头做义工，为此，还曾经谢绝过贝尔公司每小时高达 5 万美元报酬的庆典邀请。史塔勒认为这正是她不需要看心理医生的重要原因，因此他就向其他的咨询者介绍和推荐了这一做法，也取得了不错的效果。最后，他提出了史塔勒公理：一个人付出的没有金钱和物质回报的劳动等于得到的精神和心理方面的补偿。因此，从这种角度来看，与其说志愿者是在服务他人，不如说志愿者在服务自己、服务自己人性最高层次的需求。

当然，这里需要特别指出的是，在我国现阶段，某些自下而上的志愿服务中，依然存在着志愿者们自发的、互助式的开展志愿服务的情形。比如说，每逢农忙时节，地处贵州省黔东南州剑河县的山区农户们都会自发组织起来，组成农忙"互助帮"团队，邻里之间相互免费帮忙，一起插秧打谷，一起干农活，既抓住农时完成生产任务，又增进了邻里之间的情谊，有效解决了山区农忙季节缺乏劳动力的问题。

第三，充实自我、丰富生活体验和人生经历的需求。在自下而上型的志愿服务中，充分强调志愿者的自主、自愿和自觉，充分尊重志愿者的主体地位和自主意识，志愿服务从单向付出到双向受益，满足广大志愿者开阔眼界、充实自我和实现自我价值的需求。随着科技的发展社会的进步，人们将拥有越来越多的业余时间。学习、工作之余，通过自主地参与不同形式、自身感兴趣的志愿服务，志愿者们可以结识不同领域、不同社会背景的志愿者朋友，扩大自身的社交生活圈，接触更多的新事物、新观念，丰富自身的生活体验和人生经历。比如，西部计划志愿者北京大学第十五届研究生支教团青海分团宋文轩这样分享自己的服务经历，"人生中真的很难有这种完全脱离原有'情境'，看到更大的世界，看到与自己完全不同的人生的机会。"

第四，提升自我、完善自我、促进自身发展的需求。在成熟的自下而上型的志愿服务模式运行中，通过招募、筛选、培训、管理、激励、保障、监控及评估等一系列体制机制的保障，将志愿者的作用发挥到最大。也正是在这样的过程中，志愿者们能够增长个人知识，学习团队其他成员的优点，培养自己的组织、协调、交流和领导能力，掌握解决实际问题的工作方法，提高自身素质。有调查显示，在曾经独生子女的政策下，许多独生子女经常感到一定程度上的社交孤立，他们渴望通过志愿服务建立家庭以外的社会关系，提高交流技能和社会技能，将自己转化为一个全新的、有竞争力的人。比如，有志愿者曾在接受访谈中谈到，"最初我是想帮助他人，可是做过几次志愿服务以后，我发现自己能帮到一些小忙，但是反过来，我却从志愿服务中得到了很多帮助。它使我交到了新朋友，从一个性格比较内向的人变得更加积极主动，懂得如何跟人交流。志愿服务还使我意识到自身很多知识不足，促使我更加努力的学习。"①

（二）鼓励、支持的法律政策环境推动发展

应该说，整体而言，对于志愿服务，国家的法律政策层面是统一的，是一致的。因此，在这里，不在于全面介绍我国志愿服务的法律政策，而在于介绍有利于催生自下而上型志愿服务模式并有利于其发展的法律政策。在自下而上型志愿服务模式中，国家法律政策层面的顶层设计呈现出"轻管制、重扶持、促发展"的特点。

1. 法律法规

在我国法律语境中，"志愿服务"大致涉及三个领域：志愿服务、非营利（非政府）组织和慈善行业。为什么得出这样的结论呢？简要的看，志愿服务是开展慈善的一种活动形式，为非营利（非政府）组织提供了赖以存在的人力资源，而另一方面，慈善事业也为志愿服务的发展提供了资金来源，非营利（非政府）组织设计、组织、开展和从事着大量的志愿服务。当然，志愿服务不仅仅是慈善活动的方式，还有大型活动、政策倡导、环境保护等活动。志愿服务的资金来源也不仅仅依赖捐赠，也包括政府投入、经营性收入等。志愿服务也并非仅由社会组织开展，也包括国家机关、企业事业单位、基层群众自治组织、"草根"志愿者组织及其团队等等。比如说，我国《慈善法》第一条，开宗明义提出"保护慈善组织、捐赠人、志愿者、受益人等慈善活动参与者的合法权益"，在第七章"慈善服务"中，多次提

---

① ［哥］弗雷德里克·弗莱舍尔：《自我技术、权力技术：在中国广州，志愿服务是一种邂逅》，董艳春译，《青年探索》2015 年第 6 期。

及志愿服务与志愿者等等。因此，下面从这三个领域来简单介绍自下而上型志愿服务模式在法律层面的一些特点。

（1）志愿服务领域①

从全国总体情况来看，我国已经有了第一部行政法规——《志愿服务条例》。该法规于 2016 年由民政部起草，2017 年 6 月 8 日经国务院常务会审议通过、9 月 7 日总理李克强签署国务院令通过、12 月 1 日正式实施。从地方层面来看，目前全国共有 52 个省市地区制定了当地的志愿服务法律规定。尤其值得一提的是，1999 年广东省出台了全国首部地方性法规《广东省青年志愿服务条例》，开启了法治为志愿服务护航的探索。在这些法律规定中，大都强调政府、第三部门以及全社会促进志愿服务的发展。下面将以《广东省志愿服务条例》为例，具体说明：

第一，强调政府、社会以及所有相关主体对志愿服务的促进。首先是各级政府及其工作部门对志愿服务的引导、支持、保障和促进。比如说，第四条、第三十二条、第三十三条和第三十四条等分别规定和倡导了县级以上人民政府及其工作部门、教育主管部门以及学校、其他社会主体包括新闻媒体、社会团体、企业事业单位和其他组织等的责任。

第二，明确了志愿者和志愿服务组织的权利、义务和责任，注重对志愿者权益的保障。《广东省志愿服务条例》承认了志愿服务组织负责志愿者的招募、注册、培训、考核和激励等工作，要求志愿服务组织为志愿者提供必要的帮助，建立注册制度、志愿服务时间累计和绩效评价制度，并建立志愿服务档案，为志愿者出具志愿服务证明等。

---

① 这里的志愿服务，是以上三个领域之一。

第三，倡导签订志愿服务协议。志愿服务协议是志愿服务所涉志愿者、志愿服务组织、志愿服务对象三方主体之间，就具体志愿服务事项所签订的书面协议，体现了双方的平等和意思自治，也是自下而上模式的一种体现。《广东省志愿服务条例》第二十一条对此进行了明确的规定。

（2）非营利（非政府）组织

应该说，我国的非营利（非政府）组织起步较晚，发展较慢。法律层面的规定虽不少，比如《社会团体登记管理条例》、《事业单位登记管理条例》（2014 年修订）、《民办非企业登记管理条例》（现改名为《社会服务机构登记管理条例（草案）》正处在修订过程中）、《基金会管理条例》、《红十字会法》（2017 年修订）和《民办教育促进法》（2016 年修订）等，但是整体而言，对于自下而上的志愿服务模式发展的催生和促进作用并不明显。但值得庆幸的是，从近几年以上法律法规的修订频次来看，这个领域正在快速发展和变化之中，一些法律规定刚刚修订，一些即将修订，而且整体都朝着更加有利于第三部门的发展，有助于自下而上志愿服务发展的方向进行。

值得一提的是，在社会组织的法律法规层面，广东省也进行了积极的探索，大胆革新，为支持和发展志愿服务组织创造了良好的法律环境。从 2006 年起，广东省以及广州市陆续发布《广东省行业协会条例》和相关配套政策等规定①，以行业协会直接登记为突破口，逐步并最终实现社会组织全面直接登记，并且打破社会组织垄断化格局，鼓励社会组织有序竞争，极大激发社会组织发展热情。正是在这些法律法规的保障下，广东的志愿服务组织得到了极大的发展。据统计 2010 年 3 月，全省共有社会组织 23261 个；

①　比如，《关于进一步深化社会组织登记改革　助推社会组织发展的通知》等规定。

到 2015 年年底增加到 54475 个，增长了 134%。其中，在"广东志愿者网"注册的志愿组织 39730 个（含在民政部门登记注册和在志愿服务信息系统注册）。而社会组织的繁荣与发展为志愿服务组织成为志愿服务事业管理和发展的生力军或者说核心力量奠定了社会基础。

（3）慈善

在慈善领域，我国出台的法律法规主要包括《中华人民共和国公益事业捐赠法》和 2016 年的《慈善法》。特别值得注意的是，2016 年的《慈善法》引起了社会各界的广泛热议，也必将对自下而上志愿服务模式的发展起到很好的推动作用。《慈善法》首次降低了慈善组织及其公募资格的门槛，积极拥抱和融入创新科技，承认了网络公募的合法地位。在此之前，并没有统一的关于慈善组织主体地位的认证和向社会公众公开募捐资格的法律规定，使得一些需要募集资金、又能够募集到管理好使用好的组织难以开展公募。《慈善法》的制定则很好地解决了这一问题。

（4）其他

其实，除了以上三大领域之外，其他的法律也为自下而上型志愿服务模式的产生和发展发挥了一定的作用。比如，2017 年《民法总则》中关于法人制度的规定将对志愿服务组织产生深远的影响，再比如说在《环境保护法》、《老年人权益保障法》中都将志愿服务融入环保和老年人权益保护的事业之中，倡导通过志愿服务来推进各个领域的发展。

2. 政策意见

早在 1996 年，党和国家从精神文明建设方面明确提出过"志愿者"、"志愿者活动"。1996 年 3 月《国民经济和社会发展"九五"计划和 2010 年远景目标纲要》中明确提出："提倡社会志愿者活动和社会互助活动"。同年 10 月 10 日《中共中央关于加强社会主义精神文明建设若干重要问题的决议》中指出："充分发挥共青团、少先队团结和引导广大青少年进步的重要作用，深入开展'希望工程'、'青年志愿者'和'手拉手'等活动，发扬互相关心、助人为乐的精神。"此后，党和国家在政策层面出台了大量的文件，来鼓励、促进志愿服务的发展，正是这样的鼓励和促进，使得自下而上型志愿服务模式获得发展的春天。下面将重点介绍全国尤其是广东省出台的有利于自下而上模式发展的主要政策。

第一，大力支持和促进志愿服务组织的发展。2016 年中共中央宣传部、中央文明办、民政部、教育部、财政部、全国总工会、共青团中央、全国妇联印发《关于支持和发展志愿服务组织的意见》。文件指出要积极扶持发展志愿服务组织，把支持和发展志愿服务组织纳入全面建成小康社会、全面深化改革、全面推进依法治国、全面从严治党大局，注重服务与管理并举，有效发挥志愿服务组织作用。2017 年广东省政府出台了《关于支持和发展志愿服务组织的实施意见》，该意见十分重视孵化机制的健全和专业孵化基地的建设，为广东省志愿服务组织的发展规划目标，明确保障措施。

第二，为志愿者提供良好的保障和激励。2015 年中央文明办、民政部、教育部、共青团中央联合下发《关于规范志愿服务记录证明工作的指导意见》，对志愿服务记录以及建立在记录基础之上的证明和激励政策都有详细的规定，而且极具操作性。尤其值得一提的是，在 2016 年，共青团广东省委联合广东省发改委等 54 家省直和中央驻粤单位，共同发布"志愿广东 信用南粤"广东志愿者守信联合激励计划，率先在全国出台省级守信联合激励措施。首批激励措施中，党委政府有关单位出台的激励政策共计 42 条，相关企事业单位和社会组织针对优秀志愿者提供的激励措施共计 37 条，对在"广东志愿者"信息管理服务平台登记注册、有完整良好的志愿服务记录、连续三年无不良信用记录的志愿者，在教育、就业创业、文化旅游、社会保障、金融等方面提供便利和优惠，个人志愿服务记录在升学、就业、晋升、贷款时将被作为重要参考。五星志愿者更可享受积分入户加分，优先纳入公租房、廉租房保障和经济适用房申请范围等。①

3. 体制机制

建立完善的体制机制，充分发挥各方力量，对志愿服务的规划、协调、指导和沟通起到积极作用，是自下而上型志愿服务得以推广和发展的重要因素。下面将以广东省为例，来具体介绍自下而上型志愿服务模式中体制机制的基本特点。

（1）"一委两会三中心"

广东省志愿服务发端于民间，在发展过程中得到了党和政府的大力倡导和推动，形成了"一委两会三中心"的体制机制模式。"一委"，指的是广东省发展志愿服务事业指导委员会，是省委省政府成立的统筹领导机构。"两会"，一会是广东省志愿者联合会，一会是广东省志愿者事业发展基金会。"三中心"包括广东省志愿者事业指导中心、广东省志愿服务研究中心和广东省志愿服务培训中心。这样，在省级机构的统筹和推动下，市、县（区）、镇（街）、村（社区）建立四级志愿组织网络。党政兴办的志愿社团、大量民间成立的志愿社团、境外机构进入的志愿者队伍、公民自发的志愿群体等，共同积极推进志愿服务事业的发展。这里着重介绍一下"两会"。

---

① 《关于实施广东志愿者守信联合激励　加快推进青年信用体系建设的行动计划》，粤发改信息［2017］23号。

广东省志愿者联合会于 2008 年 12 月 4 日在广东省民间组织管理局注册成立，由广东省青年联合会、广东省红十字会志愿工作委员会、广东省青年志愿者协会、广东省青年科学家协会、广东省学生联合会、广东省青年企业家协会、广东省青年商会、广东省志愿者事业发展基金会、广东省青少年犯罪研究会等九个社团共同发起成立。联合会接受广东省发展志愿服务事业指导委员会的统一领导，主管单位为共青团广东省委，业务上接受省民政厅指导和监督。此外，根据《广东省志愿服务条例》的规定，广东省志愿者联合会指导和协调本省行政区域内的志愿服务活动，市、县（区）志愿者联合会（协会）或者义工联合会（协会）指导和协调本行政区域内的志愿服务活动。换句话说，建立了由联合会来配合党政机关、来负责行业的指导和协调工作，而不是由政府机关来进行，这样的管理体制有利于自下而上型志愿服务模式的发展。

值得一提的是，广东省志愿者联合会的非政府背景人士比例和位置靠前，充满浓浓的民间"味道"。比如说，广州黄振龙凉茶有限公司副董事长黄昌伟担任联合会执行会长。再比如说，在 2015 年，广东省志愿者联合会第二次会员代表大会选举产生了 187 名理事，其中社会组织代表达到 94 名，超过半数。这一特点在广州市义务工作者联合会、深圳市义工联合会等组织中都有体现。

为了解决志愿服务发展的资金需求问题，2007 年 6 月广东省率先成立了全国第一个地方志愿服务基金会——广东省志愿者事业发展基金会。基金会由共青团广东省委倡导，广东省青年联合会、广东省青年志愿者协会、广东省青年企业家协会、广东省青年商会、广东省青年科学家协会等五家青年社团共同发起，是在广东省民政厅正式注册登记成立的独立社团法人。基金会的收入来源包括：组织募捐的收入；自然人、法人或其他组织的自愿捐赠；投资收益和其他合法收入。基金会公益活动的业务范围包括：筹集资金，接受捐赠；管理基金，运作基金；资助志愿服务项目、志愿文化培育、志愿理念宣传、志愿者事业研究、志愿服务推广；资助志愿者培训、志愿者表彰、志愿者权益保障等；资助其他与志愿者事业发展有关的项目。广东省志愿者事业发展基金会的成立，为广东省志愿者事业的长远、可持续发展提供了物质保障。

（2）引入市场经济领域经验探索志愿服务行业管理机理——志交会

广州处于改革开放前沿地，成熟的市场经济不仅激活了社会组织特别是志愿服务组织的发展活力，也为志愿服务行业管理的创新提供了机遇。市场经济领域的成功经验可否改造、提升、转化为社会管理领域的新思路呢？志交会便是这一问题的大胆尝试和最好答案。

在 2011 年，共青团广州市委从每年举办的广交会（中国进出口商品交易会）获得启发，尝试引入市场经济领域的管理经验，探索志愿服务行业管理的机理，通过举办志交会，来破解志愿服务"三要素"（志愿者、项目、资源）不对称的难题。"志交会"基于志愿者在线管理大数据系统——"志愿时"网络智慧枢纽，运用"ERP"管理思想，集成志愿服务人力流、资源流、项目流、信息流于一体的志愿服务产品供需市场双向选择平台，通过致力推动按社会需求配置志愿服务来倒逼志愿服务组织能力提升。① 截至 2013 年已成功举办三届，共筹集社会资源 3507 万元，资助了 749 个社会组织的 1058 个优秀项目。自 2014 年起，志愿服务广州交流会从区域性志愿服

---

① http：//cpc. people. com. cn/n/2013/1211/c83083-23807152. html.

务交流活动升级为全国性的青年志愿服务活动，大会同时举办"中国青年志愿服务项目大赛"，拟从全国参赛项目中评选出精品项目现场参展参会。

永不落幕的志交会。近年来，越来越多的志愿服务项目在羊城不断涌现，而志交会一年举办一届，这样的频率已经无法满足项目对接资源的需求，迫切需要出现一个常态化的交流、对接、展示平台，定期举行项目路演，持续有基金投入支持。于是乎，共青团广州市委一边在线上持续扩大"志愿时"的影响力，一边在线下创新打造广州青年社会服务项目交易所作为志愿服务项目接受孵化、对接资源的常态化综合服务平台，拓展青年社会组织孵化培育阵地版图，不断完善广州青年社会服务生态系统，从而推动青年社会服务项目孵化常态化、管理专业化，以及爱心资源筹措社会化，真正打造了永不落幕的志交会。

（三）组织运行凸显社团管理、自主运作

1. 志愿服务组织的发起与成立

具体而言，组织在发起成立时，注重取得独立的法律地位，这样在开展志愿服务活动时，能够以法人的身份对内对外平等的进行；此外，组织在发起设立之时，往往基于相同的兴趣爱好，或者共同的美好愿景，或者共同的利益诉求等，志愿者们从社会实际需求出发，结合自身需求，发起成立志愿服务团体。下面将结合广东省的志愿服务组织情况进行介绍。

（1）注重取得法人的身份从而独立、平等的开展志愿服务

改革开放后，新中国第一个正式注册的志愿服务团体诞生在经济特区深圳市。1990年深圳市义务工作者联合会正式在民政局注册成立。应该说，在20世纪80年代后期，内地陆续建立了不少的志愿服务组织，但都只是进

行了挂牌、宣传，没有正式注册登记，成为独立的法人。比如说 1988 年天津市和平区新兴街朝阳里居委会的 13 位积极分子自发组织起来，成立了为民服务志愿者小组，无偿为孤寡老人、病残和特殊困难户提供服务。1989 年 3 月新兴街建立了第一个街级的社区服务志愿者协会，但也没有进行注册登记。应该说，进行了注册登记，取得了独立的民事主体法律地位，为志愿服务组织能够独立、平等的开展志愿服务提供了强有力的法律保障，也凸显了自下而上型志愿服务模式的一个重要特征。

广东省的志愿服务组织不仅在我国志愿服务发展的初期就"超前"的认识到注重"法人"身份的重要意义，而且在近些年的发展中，一直也都在积极探索和创新，在成立发起之时，就有意识的注重自身独立、平等的品性，广东社会公益企业的蓬勃发展就是最好的例证。

（2）"自下而上"的志愿者自组织发展孵化

在志愿服务组织这个层面，自下而上型志愿服务模式的特征表现得较为突出，大量的"自下而上"的志愿服务团体发起成立、并不断地发展与完善。广州市各级各领域，都存在一定数量的自主性志愿服务团队，根据实际需求，自主设计和开展服务活动，受到社会各界的欢迎。下面结合"依托党群、自发运作、规范发展、服务社会"的广州市启智服务总队、平安广州志愿服务总队的发展孵化加以说明。

广州青年志愿者协会启智服务总队。广州市启智服务总队由十多名队员自发成立于 1995 年，挂靠在广州市青年志愿者协会。对于总队，广州市青年志愿者协会积极提供便利条件让其挂靠并给予扶持，但决不控制和干预志愿团队的自主发展，而是给予科学指导和正确的引导。具体管理方法是每月召集队长开一次会，了解总队服务情况，对非常不适合社会需求或者超越社会条件的活动，及时予以劝阻；对于特别有社会意义、受到社会大力欢迎的项目或活动，适当予以支持；对于其他一般性的活动或项目，进行一般性提醒注意事项或者指导取得更好效果。通过这些灵活多样的管理方式，使得团队健康发展，积极为志愿服务事业做出贡献。

启智服务总队是广州地区最为活跃的志愿者团体之一，每周组织志愿者前往福利院、老人院、智障活动中心、残疾人康复中心、街道社区等机构帮助孤儿、独居老人、弱能人士、残疾人、下岗贫困家庭等弱势群体，总注册会员超过 8 万人，下属专业志愿服务分队达 30 支，常态化志愿服务项目 35 个，服务领域覆盖广州全市 11 个区。每周提供超过 800 个志愿者服务岗位供志愿者网上报名参加，累计服务智障人士超过 5000 人、服务残障人士超过 8000 人，服务老人超过 1 万人，每年提供各类志愿服务超过 15 万小时。启智服务总队开展志愿者服务超过二十年时间，积累了丰富的志愿者管理经验，形成了星级认证等志愿服务激励模式，创新了"启智模式"志愿文化体系，建立了"互联网+"志愿者管理服务平台，先后培育出"全国助残先进个人"陈美璃等数百名省、市、区优秀志愿者领袖（骨干）。①

平安广州志愿服务总队。2007 年，广州的一群热血青年创建了一个"广州义务反扒 QQ 群"，业余时间就相约上街有组织地反扒。"只有让大家都知道面对危险时应该怎么处理，社会才会更安全。"邓跃晖带着这个想法，在广青协的指导下牵头组建了长治久安服务总队，鼓励反扒队员们参与各种形式的专业安全教育志愿服务活动。随着越来越多的人加入，2013 年长治久安服务总队已发展为平安广州志愿服务总队，继续为建设干净整洁平

---

① http://www.gzyoung.net/.

安有序城市环境贡献力量。目前平安广州志愿服务总队有注册会员总计3000多人、活跃队员近300人、核心成员30人、安全专业教官20人。

平安广州志愿服务总队在志愿服务实践中逐步探索出了既符合组织性质又具特色的品牌活动，形成了诸多核心特色主题活动项目，如早期的"安全站台"、"平安驿站"和"义务巡逻"等服务式活动；持续开展的"个人安全课堂"、"社区安全宣传"、"高校安全应急社团"和"平安校园建设"等宣传培训类项目；及创新开设的"穿越火线"、"铸鹰计划"和"冲出毒阵"等安全教育品牌项目。其中"穿越火线"体验式消防实练活动更是在广州市各中、小学和社区广泛开展，为无数青少年及社区居民提供体验式消防安全演练与教育，经过一次次的实践，提高了大众的安全逃生意识，增强了百姓的逃生本领。平安广州志愿服务总队取得了一系列的荣誉。

2. 志愿服务组织的管理

自下而上型志愿服务组织的管理突出的特点就是自愿参与、自主运作、民主管理、高度自治。在成立之初，因为特定的目标和宗旨、共同的信念和志趣将志愿者们凝聚在一起，不管是采取松散的团体形式，还是后来发展至成熟的、高度组织化的模式，鲜明的组织目标与宗旨是招募志愿者、开展志愿服务活动的核心要素。在组织的运行和管理过程中，通过不断的招募吸纳志愿者，随着组织自身的发展，逐渐形成了一整套的规范的内部管理制度。下面将结合广东狮子会的管理运行加以简要说明。

广东狮子会自2002年成立以来，遵循"自主建会、独立运作、坚持宗旨、依法办事"的办会原则，经过全体会员的共同努力，目前已经形成了具有中国特色的办会机制，建立了符合中国国情的组织管理体系和服务活动方式。从组织架构来看，狮子会由会员代表大会、理事会和监事会组成。会员代表大会是组织的最高决策机构，负责制定和修改章程、选举和罢免会长、副会长、理事、监事及向业务主管单位提交罢免秘书长、财务长报告、审议理事会的工作报告和财务报告等等重大事项。理事会为本会的执行机构，经会员代表大会选举产生。在会员代表大会闭会期间领导本会开展日常工作，对会员代表大会负责，执行会员代表大会的决议。董事会负责筹备召开会员代表大会，向会员代表大会报告工作和财务状况，决定会员的吸收或除名，决定设立办事机构、分支机构、代表机构和实体机构，领导各机构开展工作和制定内部管理制度等。监事会为本会的监督机构，接受会员代表大会领导。从内部管理制度来看，狮子会有完善的组织章程、工作规则、会员手册、财务制度、理事会决议制度，等等。

当然，更多的自下而上型志愿服务组织处于志愿服务做得有声有色、正在不断探索、逐渐提高并最终实现完善的管理运行制度的过程之中。比如说，中国移动广东公司志愿者服务总队。中国移动广东公司志愿者服务总队目前拥有志愿者 1.3 万余名，自 2008 年成立以来，在大型活动、扶贫济困、敬老爱幼、青少年教育、绿色环保、文化传播等领域积极开展志愿服务活动，服务近 50 万群众，累计志愿服务时长达 31.2 万小时，取得良好的成效与社会反响。志愿者服务总队以打造具有移动特色的志愿服务品牌，优化构建系统化的志愿服务管理体系为目标，定期组织志愿者开展多样化的活动，如走进"全球合作伙伴大会"，提供展示、讲解、引导等大型赛会服务；走进扶贫村贫困地区，开展"假日工程师"、"和你在一起"等关怀贫困儿童、资助弱势群体的扶贫助弱服务；走进校园，开展"JA 执教计划"为大中学生搭设商业教育桥梁；以及带领员工子女走进社区，向"小小志愿者"们传递志愿服务理念，鼓励他们帮助他人、回馈社会。

此外，自下而上型志愿服务组织自身的管理与完善同党、政府、其他社会组织等提供的良好的社会环境与条件密不可分。成立之后，处理好组织自身发展与媒体、政府、国际组织和行业支持型组织乃至社会公众之间的关系至关重要。良好的互动与合作关系，有助于获得社会广泛的支持，从而促进自身的蓬勃发展。

3. 志愿服务组织的筹资

自下而上型模式中的志愿服务组织在筹资方面最为突出的特征是社会化，甚至商业化的可持续性的资金募集方式，而不仅仅依赖政府通过服务购买、岗位购买或者补贴等筹资方式。下面将结合典型案例来介绍社会化筹资和商业化筹资的方式。社会化筹资运作选取了广州市越秀区齐志社会工作服务中心的案例，商业化筹资运作选取了贵州省同心思源助残促进会的心语工程和广州慧灵智障人士服务机构的"麦子烘焙坊"等案例。

广州市越秀区齐志社会工作服务中心在 2014 年注册成立，是一家致力于改善弱势儿童福祉的民间非营利机构。服务中心的业务范围有开展青少年助学活动，社会公益服务项目研发、推介与管理。该中心打造了"公益旅游+志愿服务"的模式，通过公益游的形式帮扶山区，持续的教育、管理、帮扶弱势儿童，广泛动员社会力量，开展了大量富有实效的志愿服务工作。目前该中心的合作企业有滴滴出行、香港安植集团、工银安盛集团广州营业部、太平洋保险集团广州天河营业部、省实中学，碧桂园学校中国部小学等等。该中心的理事长，也是创始人，曾详细介绍这种创新的服务模式：

在注册之前，我一直都有参与组织助学活动，当时只是作为一个业余爱好。在助学活动中，我能参与的环节又不多，往往是一群人把物资送到山区学校再合个影便要匆匆忙忙赶回广州，一天下来人累瘫了，效果却很一般，而且每次的助学都只能等到有企业赞助才能举行，很被动。

那时候我就想啊，做公益不能只是单纯地赠送物资，还要有实实在在的参与和体验，才可以触动他们的心灵，对于受助者来说，单纯的一次两次物资捐赠并不能从根本上改变他们的现状，我们可以做的其实还有很多。比如可以组织志愿者去周边的景点游玩或是农家体验生活，还可以通过购买农产品来帮扶贫困家庭，这样的模式才更具有持续性。

在 2008 年 5 月，我把这个想法付诸了行动，通过 AA 自筹的模式筹集物资，还组织大家第二天去周边的旅游景点游玩，一边旅游，一边做公益的公益旅游模式，受到了很多家庭的欢迎，参与的积极性高了很多。这就开启了齐志助学的萌芽期。在这一时期，主要创建了爱心书包品牌和爱心校服项目。我们去山区助学的时候，看到孩子们的书包都是破破烂烂的，所以就想为他们定制统一的新书包，里面有水壶、饭盒以及零食包等，都是孩子们非常喜欢的。6 年来我们累计送出 4000 多套爱心书包。2010 年，我们获得腾讯微爱计划的资助，为广东省的 6 所学校送出了 1000 多套爱心校服，当时在全国还没有哪个公益机构为学生定制统一的爱心校服，我们是哪里有需要就去哪里，贵州天柱，湖南新晃、平江，广西凤山等地都留下了我们的足迹。每次的捐赠物资基本都保持在 1 万—2 万，活动频率基本保持在 3 个月两次助学活动。

那时候其实我是有工作的，在一个家庭综合服务中心做社工助理，利用业余时间组织助学活动对活动开展和工作都产生了影响，所筹集的资金也非常有限。几次活动下来，我们便蠢蠢欲动，想着自己是不是可以"单干"。后来在几个志愿骨干和众多爱心人士的支持下，2014 年 2 月，我终于鼓起勇气在越秀区民政局注册了齐志社会工作服务中心。有了正式合法的身份，又向民政局申请了募捐许可证，我们率先在腾讯乐捐注册并筹款，筹集款项和举行活动效果都比没注册之前好了很多。三年累计送出爱心书包 2500 套，爱心校服 1200 套，援建齐志公益书屋 15 间。捐赠的资金更多，每次的捐赠物资基本都保持在 3 万—5 万，最高的单次捐赠达到 18 万元（包含企业捐赠物资）。而且开始有学校和企业找我们合作，共同开展助学活动了。比如说爱心企业晟启能源、香港安植集团、奥翼科技、唯品会等爱心企业也多次参与赞助和冠名支持齐志的助学活动。这样就进入了齐志助学的发展期。

这个个案可以清晰地揭示志愿服务组织筹资的发展轨迹：AA 自筹、边旅游边公益、成立专门的服务组织合法的进行募捐扩大资金来源，逐渐的从寻找社会资金到社会资金主动寻求合作，不断增强了自身的造血功能，从而妥善解决志愿服务运营成本问题。

与主要依靠社会筹资的方式不同，同心思源助残促进会致力于用商业模式构建可持续助残生态空间。2014 年 12 月 3 日，贵州省市残联、团省委和团市委、贵阳市和云岩区人力资源和社会保障局、贵阳同心思源助残促进会共同建立贵阳"心语工程"。"心语工程"通过发挥无声残障人士"双手灵动、心灵纯净、执行缜密"的优势，以"侗医头疗"的技术专利为支撑，对有劳动意愿、自强不息的聋哑人，进行就业培训。该工程对所有来侗医头疗店学习的聋哑人实行"五包"政策：包吃、包住、包培训、包（执业资格）认证、包上岗。目前，贵阳已有 70 多名聋哑人在"心语工程"侗医头疗店就业，包吃包住后，月均工资达 3000 元。促进会还建立了"心语壹计划"基金，消费者在侗医头疗每消费一次，促进会将从中提取 1 元存入基金，用于促进听障人士的就业和发展。

广州慧灵智障人士服务机构是一个非政府、非营利的草根机构，成立于1990年。从2011年开始，该机构就有开办一个面包坊的计划，希望以"社会企业"的形式，通过培训智障人士制作面包技能，让智障人士用自己的双手创造财富。该项目先是得到芬兰Keymedia基金会的大力支持，他们全额资助了面包坊的装修、设备以及人员培训。2012年麦子烘焙坊正式进入筹建阶段，还先后得到日内瓦环球基金、广州从兴电子开发公司和社会各界人士的资助。2013年门店正式对外营业。慧灵麦子烘焙坊作为一家在工商局正式登记注册的社会企业，也必须兼顾经营目标和社会目标。一方面，它必须通过商业经营让自己存活并盈利；另一方面，这些盈利不能用于分红，而须继续投入智障人士就业支持、康复训练等。

从这两个案例中，可以看出志愿服务组织为了增强自身的造血功能而采用商业运营模式的一种探索。先期通过党政（贵州心语工程）或民间（广州麦子烘焙坊）资金的注入，为项目的启动、企业的设立提供了原始的资金支持，尔后依靠企业的商业经营，使得企业能够生存、发展和赢利，从而为项目的持续发展提供源源不断的累积资金。

四、自下而上模式的未来发展

不论是从国际志愿服务发展的历史经验来看，还是结合我国地方志愿服务发展的实际水平和未来发展方向而言，自下而上型志愿服务模式都有重要的作用和意义。与此同时，在复制或者说发展自下而上型模式时，也需要注意一些问题。

（一）未来发展的重要意义

为了建立一个和谐的社会，为了克服在推动社会进步与融合中面对的问题，需要从草根的层次上开展工作，倡导公众参与不仅是可持续发展战略的一部分，也是中国国家战略的一部分。希望通过倡导志愿精神和开展志愿服务活动来作为社会资本建设的重要组成部分。① 自下而上型模式对弘扬志愿服务精神、传播志愿服务文化有着重要意义。宣传或者是教育对于文化传播、精神传承的作用是不言而喻的。但是，在宣传教育之外，实践感悟的功效更加显著。外在的、或者说自上而下的宣贯固然有效，但是内在的、或者说自下而上的实践感悟和身边熟人的示范效仿更加能够打动人心，而且更直接、更长久。尤其是在经济全球化、价值多元化的今天，在网络无限、自由共享的世界里，在错综复杂的国际情势下、在"扶与不扶"的社会诚信危机中，自下而上型模式中来自基层、民间力量会让志愿信仰、志愿精神、志愿文化深入人心并发扬光大。

自下而上型模式中，通过志愿者、志愿团体和志愿服务组织以共同目标、宗旨为导向，通过自愿、多元、公开、平等、竞争、独立自治的机制，满足社会公益或者互益需求，在功能上具有类似政府部门的公共责任，在机制上却具有类似私人部门的运作方式，能够有效应对"政府失灵"和"市场失灵"。② 正是这股浓厚的民间色彩，使得志愿服务可以逐渐与行政权力相剥离，而不是成为行政权力的附属，否则无法发挥第三部门在社会建设中的积极作用。

志愿服务事业在我国现阶段的发展取得了很多的成就，比如说，注册志

---

① 丁元竹：《建设健康和谐社会》，中国经济出版社 2005 年版，第 301 页。
② 王名、刘培峰：《民间组织通论》，时事出版社 2004 年版，第 20 页。

愿者人数大幅增加，但也面临一些问题，比如说，志愿服务参与率、活跃度不高。自下而上型模式的优势就在于志愿服务组织具有较强的自治性、灵活性和多样性，有较好的群众基础，公众的参与热情较高。因此，推进自下而上型模式是一把解决我国志愿服务发展现状中的一些瓶颈问题的钥匙，是促进志愿服务事业向前发展的一条重要路径。

其实，从国际志愿服务事业的发展进程来看，各国政府都曾扮演过重要角色。然而，当志愿服务发展到一定阶段、到达一定水平之后，志愿服务活动几乎家喻户晓，志愿服务意识为大多数公民所接受，参加志愿服务活动已成为广大公民的自觉行动，成为人们的一种生活方式。志愿服务的发展主要由民间力量推动，志愿服务组织具有较强的自治性。申言之，志愿服务事业获得持久的动力和源泉，志愿服务的未来发展趋势，更多的、更重要的是发挥民间力量的作用。

（二）未来发展值得注意的问题

尽管自下而上型模式有着一定的优势，但从调查的情况看，自下而上型模式在中国的发展较为缓慢。这一方面与中国现行的法律法规有关，另一方面也与当前中国的文化、体制环境等因素有关。① 要复制或者说发展自下而上型模式，需要注意以下问题：

要处理好政府与志愿服务的关系。志愿服务的理论研究和实践经验都表明，认为志愿服务应当免予政府干预的观点是站不住脚的。对于志愿服务事业的发展，政府肩负着义不容辞的责任。联合国志愿人员组织在《2011 年

---

① 邓国胜：《中国志愿服务发展的模式》，《社会科学研究》2002 年第 2 期。

世界志愿服务状况报告》中指出，"政府应当恰到好处地为促进所有类型的志愿服务的发展创造好的条件和环境……挑战在于如何将政府和其他利益相关方的行动与民间的志愿行为进行融合，来互动加强行动效能，强调合作和互补。"对于自下而上的模式，政府依然要发挥好鼓励、保障、促进等作用，而不要在不经意之间扼杀了民间志愿服务的动力。比如说，自下而上型模式的发展，离不开成熟的第三部门，政府应该运用法律政策等来营造和培育促进志愿服务组织发展的良好社会环境。

要处理好民间力量与志愿服务的关系。第三部门发达、自下而上模式先行的西方国家的经验表明，志愿服务也会存在失灵的问题。① 美国学者萨拉蒙教授认为志愿失灵主要是由四个方面的原因造成的：第一，非营利组织资源不足。第二，非营利组织的特殊性。志愿组织所服务的对象一般是某些特定的社会群体，无法覆盖所有处于需要状态的亚群体，从而再次加剧社会的不平等。第三，非营利组织的父权心态。在志愿组织中，那些控制着资源、掌握组织经济命脉的人员对如何使用资源具有很大的发言权，内部决策过程会出现非民主化和非透明化的倾向，最后甚至富人偏好取代了社会需求。第四，非营利组织的业余性。对于穷人、残障人士等特殊群体的照顾需要经过训练的专业人员，然而，志愿组织受资金的限制难以吸引专业人员的加入，这就不可避免地影响到志愿服务的效率与质量。这些方面在我国未来自下而上模式的发展过程中要予以重视，使得民间力量推动志愿服务发展时能够自觉地降低、避免志愿失灵出现的风险和几率。

---

① 胡德平：《志愿失灵：组织理论视角的分析与治理》，《理论与现代化》2007 年第2 期。

第四章

**新时代专业志愿
服务研究**

第一节　新时代专业志愿服务研究

一、新时代专业志愿服务的理论探索

专业志愿服务是志愿服务细化分工与专业协作的产物，是伴随着志愿服务事业不断发展壮大而出现的产物。在现代志愿服务发展较早的国家和地区，专业志愿服务十分发达。近几年来，随着我国志愿服务事业的发展，专业志愿服务也越来越受到重视。我国《志愿服务条例》第二十三条提出"国家鼓励和支持国家机关、企业事业单位、人民团体、社会组织等成立志愿服务队伍开展专业志愿服务活动，鼓励和支持具备专业知识、技能的志愿者提供专业志愿服务。"相形之下，专业志愿服务的理论研究并未走志愿服务研究的前沿，从而提供理论指导和精神动力。在以"专业志愿服务"为关键词进行文献检索时发现，除了零星的报道性、介绍性报刊文章外，尚无专门的期刊论文；在众多志愿服务的理论专著中，提及专业志愿服务的也是凤毛麟角。

何谓专业志愿服务？从词源来看，专业志愿服务是舶来品。Pro bono publico（简称为 ProBono），英译为 for the public good，专业志愿服务是其中文翻译。ProBono publico 为拉丁语，意指专业人士利用专业技能自愿且无偿地为无力购买的对象提供服务。

从概念界定来看，我国实务界对专业志愿服务的界定包括："是指专业人士利用自己的时间、专业技能、智慧经验和社会资源，为社会提供无偿、非职业化的专业援助行为。"① 专业志愿服务与传统志愿服务的区别在于，"首先，它具备职业精神，医生、工程师、互联网技术人员等群体，其职业技能与职业精神不仅可用于工作岗位，还可以用来服务社会；其次，它是创新的、解决社会问题的志愿服务，而非简单的行善；再者，专业志愿服务是团队性行为，也是跨界性行为。"② 北京博能志愿公益基金会在《中国专业志愿服务发展报告 2017》中提出，"专业志愿服务是专业人士自愿、无偿地为社会公益提供的专业服务。"专业志愿服务对象可以是社会弱势群体、社区、公益组织和公益项目等，其服务目标是运用专业技能解决社会问题。专业志愿服务具有公益性、无偿性、自愿性、组织性、专业性。其中，专业性是本质属性，这种专业性既有来自职业分工所形成的不同职业之间的差别，也有志愿服务管理优化意义上的专业性概念。

我国理论研究界人士有过以下界定："用专业知识技能无偿帮助公益组织开展项目，提供咨询、培训和教练的服务。"比如为公益组织提供市场营销解决方案，为社区服务管理提供软件开发，开发人力资源薪资与考核体系设计实施方案等。随着社会的发展，社会组织对专业服务的需求与日俱增，

---

① 彭迪：《ProBono 以专业志愿力量促进社会创新》，《社会与公益》2014 年第 1 期。
② http：//epaper. rmzxb. com. cn/detail. aspx？id＝412520.

提供免费的人力资源、市场营销、战略规划、项目管理、IT 应用、法律咨询等专业志愿服务应运而生。① "专业志愿服务是来自企业、高校、专业服务组织等各领域具有某方面专业技能的志愿者，以个人或团队的形式，在专业机构的指导和帮助下，为那些具有某方面需求的公益组织提供相应的专业技术服务捐赠，帮助其更好地实现组织使命。" ② "专业志愿服务指运用专业知识和技能进行的公益志愿服务，主要面向公益慈善类的社会组织和弱势群体。" ③

对比分析这两种界定，可以发现相同之处主要是：在行为主体上，概念都非常强调提供专业志愿服务的是"专业人士"；在服务内容上，一定是运用专业技能的服务，而不是一般的服务。而这些界定的不同之处，主要在于服务对象上，有的仅提及公益组织，有的还提及弱势群体，更为广泛的还包括社区乃至公益项目。当然，在"专业人士"上，仔细区分也稍有差别，有的仅指职业人士，有的则包括具有某方面专业技能的高校志愿者（主要是大学生群体）。有的还特别强调服务方式"个人或团队"。

需要特别指出的是，由于各个国家和地区的志愿服务发展阶段和发展整体水平不一，对专业志愿服务的界定也非常不同，有的相对宽松，有的十分"苛刻"，范围很窄。比如说在专业志愿服务较为普及的美国，其主根基金会（Taproot 基金会）这样界定："当一位专业人士捐赠了一个与他专业相关

① 北京志愿服务发展研究会：《中国志愿服务大辞典》，中国大百科全书出版社 2014 年版，第 3 页。
② 黄冠：《试论我国专业志愿服务模式及其发展道路》，邹文开主编：《社会服务研究（第三辑）》，社会科学文献出版社 2016 年版，第 81 页。
③ 何辉：《面向社会组织的专业志愿服务：一种初步的分析》，黄晓勇主编：《中国社会组织报告（2016~2017）》，社会科学文献出版社 2017 年版，第 76 页。

的无偿服务，而且就像对待收费服务一样，这就是专业志愿服务。"而且还特别强调，该项服务通过"组织"——专业志愿者所在公司做出的正式承诺，运用本职专长，服务对象必须是正式注册的公益慈善机构。无论是概念界定还是其他有关专业志愿服务的理论探讨，都应当与各国的实际情况相结合，本着符合实际，有利于专业志愿服务发展的方向努力。

鉴于此，在分析现有概念的基础之上，结合我国志愿服务发展的实际情况，给专业志愿服务的定义为：专业人士自愿、无偿地向社会或者他人提供的公益专业服务。具体而言，专业志愿服务具有以下六个要素：第一，行为主体为专业人士。这里的专业人士做扩大解释，既包括来自职场的职业人士，也包括来自高校等在某方面具有一定专业技能的专业人士。第二，服务内容为专业服务，也就是利用专业知识、技能所提供的服务，而不仅是简单的体力等劳动服务。第三，服务对象是他人及社会。服务对象也采广义理解，包括社会公益组织在内的所有的专业服务接收者。另外三个要素则为自愿性、无偿性和公益性。

二、专业志愿服务的实践探索

（一）专业志愿服务的现实需求

专业志愿服务逐渐在我国志愿服务实践中得到关注。实践关注专业志愿服务主要基于以下两个现实需求：一个是丰富志愿服务形式、提高志愿服务水平和质量的需求，另一个是满足社会组织发展的迫切需求。

无论是志愿服务提供方，还是接受方，都对丰富志愿服务形式、提高志愿服务水平和质量有着共同的需求，发展专业志愿服务是满足这些需求的现实回应。志愿服务在我国经过了 30 多年的发展，已经不再为公众所陌生。比如，走出家门，就能看到为社区平安站岗的巡逻红袖标治安志愿者；上班路上等公交坐地铁，有帮忙维持秩序的文明引导员和地铁志愿者；在公园、参观博物馆，有提供服务的公园志愿者、博物馆志愿者。在医院、敬老院、农民工子弟学校，也都有奉献爱心的志愿者；在重大活动中，志愿者更是一道靓丽的风景线。然而，志愿服务发展到今天，人们已经不再满足于简单的、单一的"扫大街、看老人、做表演"的服务形式了。有一名企业员工曾这样说道，"公司组织的员工志愿服务活动，大多是去敬老院看望老人、去公园捡垃圾、帮孩子过马路等活动，虽然也要去参加，但说实话，我对此兴趣不大，我觉得自己在财务方面的能力或许可以发挥更大的作用，却找不到与公益结合的切入点。"或许这能够代表很多人的心声。与此同时，服务对象对志愿者的服务水平和质量也会有着一定的要求。比如，年轻志愿者为老人提供服务时，如果不懂得如何与老年人相处，服务效果将会大打折扣。换句话说，志愿服务是无偿的，但是无偿并不意味着低质；志愿服务是奉献，但也应当符合相应的标准；志愿者是热情的，但是也应当具有相应的素质和技能。正是在这样的背景下，鼓励专业志愿服务的发展尤为重要。

伴随着志愿服务事业的蓬勃发展，我国的志愿服务组织等社会组织也在发展壮大之中。在发展过程中，几乎所有的社会组织都面临着共同的难题：人力资源普遍缺乏。根据 2017 年《广州市社会组织发展需求调研成果》的结果显示，社会组织在团队管理、项目管理、人力资源管理、财务管理、品牌传播、资源募集等方面存在着一定的欠缺，而存在这些问题的根本原因在于专业人力资源欠缺。比如说，在品牌传播上，社会组织的品牌工作多数由行政人员或项目成员兼职，大都是非专业人员，缺乏品牌意识及品牌推广实战操作经验；在团队管理上，社会组织工作者多数身兼数职，存在"情怀式"工作态度，工作内容存在大量交叉，内部治理不规范；在财务管理上，多数社会组织其财务人员多由兼职会计负责或者来自外包财务单位，组织的行政和财务常常一并管理，缺乏专业财务人才。应该说，这一社会调查反映了目前我国社会组织发展的真实困境。而专业志愿服务正是解决这一困境、满足社会组织需求的"钥匙"。其实，从某种程度上来讲，"纯之又纯"的专业志愿服务通常就是指为非营利组织提供专业服务。因此，专业志愿服务的发展对于我国志愿服务组织的发展至关重要。

（二）我国开展的专业志愿服务

开展专业志愿服务是国内外发展的必然趋势。我国的专业志愿服务也在积极发展过程之中。具体而言，有以党政力量为主导推动的专业志愿服务，也有以民间力量为主导推动的专业志愿服务。

以党政力量为主导的专业志愿服务。目前，在党委的领导和政府的大力推动下，我国已建立了文化教育、医疗卫生、科学技术、法律援助、环境保护、应急救援、助老助残等门类齐全的专业志愿服务队伍，开展了涵盖社会生活的方方面面的专业志愿服务活动或项目，取得了一定的成绩。比如，2009 年在司法部和共青团中央的号召下，中国法律援助基金会会同司法部律师公证工作指导司、法律援助工作司、法律援助中心、团中央青年志愿者工作部、中华全国律师协会联合开展"1+1"中国法律援助志愿者行动。该项目旨在整合社会资源，通过行业互助和招募志愿者的形式，每年动员一批律师和法学院校毕业的优秀学子到全国无律师县或中西部律师人才短缺地区开展志愿服务，以促进这些地区法律援助事业的发展，推动当地法律援助人才队伍建设。截至 2017 年年底，该项目已经向中西部地区的 392 个县（区）派出了 1300 多人次法律援助志愿者，共办理法律援助案件 5.4 万余件，开展普法宣传和法治讲座超过 1.8 万场，为上百万困难群众提供了优质的法律服务，化解了上万起群体性矛盾纠纷，直接受益群众达 1570 万余人，为受援群众挽回经济损失近 30 亿元。

以民间力量为主导推动的专业志愿服务。专业志愿服务往往与企业的社会责任密切相关，爱立信中国社会责任总监赵峻曾表示，"企业参与专业志愿服务不仅仅是履行社会责任，也是企业战略和技术创新、员工能力提升和自身可持续发展的重要策略。"正是在这样的理念指导下，我国一些企业积极投身于专业志愿服务之中，成为专业志愿服务的有生力量。比如说，2011年，在北京惠泽人和英特尔公司倡议下，爱立信、百度、IBM、AMD 等知名企业联合创建了"ICT 专业志愿者联盟"，推动中国专业志愿服务的发展。2014 年，ICT 专业志愿者联盟又联合了一些基金会和社会组织成立了"中国专业志愿联益会"，力图搭建专业人士与公益组织之间的对接与匹配平台，为公益组织输送专业的志愿者，解决专业人士的志愿服务需求和公益组织的发展需求。在此基础之上，北京博能志愿公益基金会于 2016 年 12 月 6 日注册成立，该基金会是中国大陆地区首家致力于推动专业志愿服务的非公募基金会，秉承专业志善、服务社会的宗旨，将"引领专业力量，推动跨界合作，实践社会责任，促进社会创新，共创美好社会"作为其使命。

第二节　新时代科技志愿服务研究

正如上文所言，专业志愿服务在我国已有一定的发展。为了更加深入地剖析专业志愿服务的发展脉络和规律，本节专门选取了科技领域作为代表，进行全面聚焦，以求为研究新时代专业志愿服务提供一个行业、领域或门类的样本。

一、新时代科技志愿服务的理论探讨

（一）科技志愿服务的概念内涵

将科技作为专业志愿服务的一个门类和一个重要组成部分，是随着我国志愿服务事业的发展和建设创新型国家的重大战略思想的推进而出现的。实践中，较常见的称谓有"科普志愿服务"，比如在志愿北京官网上，专门提出一个服务门类即"科普服务"。近年来随着建设创新型国家战略的实施和推进，上海等科技创新和志愿服务工作先行地区开始率先使用"科技创新志愿服务"的称谓，比如上海科技创新志愿服务联盟即以"科技创新志愿服务"冠名。此外，也有使用"科技志愿服务"称谓的，比如说首都科技志愿服务联合会以"科技志愿服务"冠名。那么，实践中这些不同的称谓之间是什么关系呢？与科技志愿服务又有何种关系呢？

"科普志愿服务"是使用最早、流传最广的用语，是在新中国成立初期以科学普及为主要任务的时代背景下所使用的概念。2002 年我国《科学技术普及法》提到，为了实施科教兴国战略和可持续发展战略，要加强科学技术普及工作，提高公民的科学文化素质，从而推动经济发展和社会进步。科普的烙印十分深刻。"科技创新志愿服务"则是在近几年强调科技创新和技术转化应用，尤其是党的十九大提出了加快建设创新型国家的重大任务之后，为了更好地发挥志愿服务对建设创新型国家的重要作用而使用的概念。

"科技创新志愿服务"突出单个科技方面的内容,即科技创新创业领域。相形之下,"科技志愿服务"较为全面,具有更大的包容性。它既可以包括最开始最基础的科普志愿服务,也可以包括新时代下重点发展的科技创新志愿服务。鉴于此,这里采用科技志愿服务的称谓,而科普志愿服务和科技创新(创业)志愿服务则作为其二级下位概念使用。那么,到底该如何界定科技志愿服务呢?

在学理探讨上,如果说专业志愿服务尚有蛛丝马迹可寻,那么科技志愿服务真的是人迹罕至了。曾有一个这样的界定,"科技志愿服务是指运用系统性的科学技术知识为推动社会进步而提供的志愿服务;提供科技志愿服务的人员,称之为科技志愿者。"① 遗憾的是,这一开创性的概念也并未进一步对其内涵与外延加以深入而系统的阐述。

在综合考量我国科技志愿服务的历史传统和发展现状的基础上,结合对专业志愿服务的界定,认为科技志愿服务是指广大科技志愿者运用现代科学技术知识、理念和技能,以提高全民科学素质为基础内容,以助力科技创新创业为重点领域,以促进社会文明进步为根本目标而提供的专业性公益服务。具体而言,从主体来看,科技志愿服务的主体是具有科技知识和技能的科技专业人士,可以称之为"科技志愿者",包括科学家、科研人员、具有良好科学素养的大学生、其他科技领域理论和实务界的专业人士。从服务内容来看,是提供科学技术知识和技能的服务,是科技密集型、智力密集型的专业志愿服务。

科技志愿服务是我国志愿服务中的一个重要门类,主要由科普和科创两

① 邓大胜等:《关于建立我国科技志愿服务体系的思考》,《中国科技论坛》2011年第4期。

个领域组成。需要强调的是，在全球科技创新加速发展、我国创新型国家战略强力推进的背景下，新时代新形势下开展科技志愿服务工作，需要兼顾传统优势领域和未来发展方向，坚持促进创新创业与普及科学技术相结合，其中开展科普志愿服务是基础，服务创新创业是重点和发展趋势。

科普志愿服务，是指以提高全民科学素质为目的，以社会公众为服务对象，开展的弘扬科学精神、普及科学知识、传播科学思想和科学方法的有组织的公益性活动。科普志愿服务的兴起和发展是和我国科学技术普及事业紧密联系在一起的，为中国的科学技术普及工作发挥了不可或缺的重要作用。中国科学技术协会是我国科普志愿服务工作的主要领导机构和主导推动力量，在中国的科技发展传播中起着重要的作用。科普志愿队伍体系和科普志愿服务整体工作是中国科学技术协会的核心工作之一。中国科学技术协会将蒲公英定为科普志愿者的标志，蒲公英象征着科学的传播。

科技创新（创业）志愿服务，是指以助力创新创业为目标，以创新创业人群为对象而开展的有组织的公益性活动。随着 2015 年北京、上海等城市科技志愿服务支持型组织的相继成立，首都科技创新志愿服务团、首都创业导师志愿服务团、首都高校大学生志愿服务团、上海科技青年志愿者协会、上海科技馆志愿者总队、上海市科技创业志愿服务总队等科技志愿服务团队的服务创新创业意识不断提升，创新创业科技志愿服务正方兴未艾，焕发着勃勃生机，必将为我国创新型国家战略的顺利实施发挥重要的作用。

（二）科技志愿服务的根本目标

思想观念是实践行动的先导。发展科技志愿服务，需要提高对科技志愿服务的理论认知，厘清发展科技志愿服务的根本目标。

首先，科技志愿服务根本目标的发展定位应当立足于科技，植根于科技自身使命和事业的土壤。以志愿服务为例，尽管不同的主体对于志愿服务的认识不尽相同，但所有主体无一例外地都将其融入了自身使命事业或个人的自我发展之中。比如说，联合国侧重通过志愿服务来促进可持续发展目标的实现。我国党和政府一致将志愿服务定位为"践行社会主义核心价值观、弘扬中华民族传统美德的重要载体，建设服务型党组织、巩固深化党的群众路线教育活动的重要平台，党和政府引导公民参与社会治理的重要途径"。我国社会公众有将其定位为现代国家公民的社会责任的，有认为是自我成长和自我实现的客观需要的，还有认为是崇高无上的美德的，等等。

其次，科技志愿服务的发展，尤其是科创志愿服务的根本发展目标，应当立足于志愿服务，植根于志愿服务的社会治理创新的重大功能。志愿服务作为一种社会活动和精神理念在中国有着深厚的传统。现代意义上的志愿服务在20世纪80年代引入我国，到目前不过三十多年时间。[1] 在这三十多年的时间里，志愿服务通过参与者与他人及社会的互助，挖掘、动员、整合了群众中蕴藏的建设美好和谐家园的巨大能量，激发了社会活力，改善了社会救助及公共服务，推动了社会的综合治理与建设。[2] 开展志愿服务，是创新社会治理的有效途径，对于形成党委领导、政府负责、社会协同、公众参与的社会治理格局具有重要作用。[3]

总而言之，科技志愿服务发展的根本目标，应当将科技与志愿二者兼

---

① 参见：张萍、杨祖婵：《中国志愿服务事业的发展历程》，《当代中国史研究》2013年第3期。

② 陆士桢、张晓红、郭新保：《北京志愿服务模式研究》，北京出版社2009年版，第4页。

③ 陈麟辉、管晓玲：《以志愿服务创新社会治理》，《解放日报》2014年12月18日。

顾，互为目标，互为手段，相互融合，共同促进。一方面将科技（创新）力量融入志愿服务，来推进专业志愿服务的发展，发挥志愿服务对于社会治理创新的作用；另一方面将志愿服务的社会资本、社会关系网络建设功能融入科技创新，来助力首都科技创新事业，促进国家科创中心的建设。比如说，上海科技联盟发展科技志愿服务的根本目标便是围绕志愿服务的"精神文明建设"宗旨和创建国际科技创新中心这两大目标来进行，从而取得了较好的成效。当以"科技"为核心时，发展科技志愿服务的出发点往往是关注科技创新中的痛点，比如说，培育科创人力资本等，再比如说首都科技志愿服务联合会开展的服务老科学家、科技创新能力提升、科学精神传承分享、科技创新实践、京津冀协调发展创新等项目则是借力志愿服务，助推国家科创中心建设目标的积极探索。当以"志愿"为核心时，发展科技志愿服务的出发点往往是关注社会民生需求的痛点，找准民生需求，运用互联网等科技力量或者科创力量面向社会来提供社会服务，实现社会治理创新。比如说电商扶贫，再比如说波音公司曾委托友成基金会在边远乡村地区推广航空科普课程，深入展开针对乡村教师航空（科学）教学实践的培训，为项目教师提供航空科普课程培训、持续专家支持、课程教材及航模耗材支持。

　　此外，值得一提的是，针对实践中新兴的科技创新创业志愿服务，业内人士有一些困惑，提出过这样的问题，"仅仅针对'高端人群'的服务，与志愿服务的公益特征是否相符呢？"在我国目前志愿服务主要服务对象为残疾人、未成年人、老年人、失业人员和其他有困难需要帮助的社会群体和个人，重点服务领域为扶贫、济困、扶老、救孤、恤病、助残、救灾、助医、助学和大型社会活动，服务阵地主要是社区和学校，服务方式主要是基础志愿服务的现实情况和发展阶段下，科技志愿服务，尤其是专业性强的科创志愿服务引发这些疑惑或是担忧不难理解。因此，建议在未来的发展中，既要继续坚定不移、踏踏实实地做好"科创+志愿"，还要通过跨界多交流、多沟通、多研究等方式传播科创志愿服务文化，影响和引领志愿服务行业以及社会大众对科创志愿服务的理解和认知，提升科创志愿服务的社会公信力。

（三）科技志愿服务的社会价值

科技志愿服务具有其他志愿服务共同的价值功能，在此不作赘述，仅关注其特有的价值功能。具体而言，表现在提升科学素质和助力创新创业两个方面。

1. 提升科学素质

科技志愿服务的基本功能在于提高全民科学素质。科学素质一般特指公民应具备的科学素质，主要包括了解必要的科技知识，掌握基本的科学方法，树立科学思想、崇尚科学精神，并具有一定应用和参与公共事务的能力。科学素质是决定公民的思维方式和行为方式、实现美好生活的前提，是实施创新驱动发展战略和全面建成小康社会的群众基础和社会基础，是国家综合国力的重要体现。2006 年国务院颁布实施了《全民科学素质行动计划纲要（2006—2010—2020 年）》，《纲要》指出："提高公民科学素质，对于增强公民获取和运用科技知识的能力、改善生活质量、实现全面发展，对于提高国家自主创新能力、建设创新型国家、实现经济社会全面协调可持续发展、构建社会主义和谐社会，都具有十分重要的意义。"①

进入 21 世纪以来，现代科学技术迅猛发展，新的科技革命正在孕育和

---

① 《中华人民共和国国务院全民科学素质行动计划纲要（2006—2010—2020 年）》，2012 年 11 月 8 日，见 http：//www. gov. cn/jrzg/2006－03/20/content＿231610. htm，2006-3-20/2012-11-08。

兴起。科学技术逐渐成为经济社会发展的主导力量。一个国家的科技竞争力决定了其在国际竞争中的地位和前途，而科技的发展又依赖于全民科学素养的提升。2015 年我国具备科学素质的公民比例为 6.2%，相当于发达国家 20 世纪 80 年代末的水平。相关数据显示，2008 年美国公民科学素质比例达到 28%，而北欧的瑞典公民具有科学素质的比例在 2005 年就已达到 35%。虽然各国统计标准不尽相同，但我国目前公民科学素质与发达国家相比仍然偏低是不争的事实。

当前，全民科学素质行动已成为国家发展战略重要组成部分。2016 年 2 月国务院办公厅印发《全民科学素质行动计划纲要实施方案（2016—2020 年）》，确定了到 2020 年公民具备科学素质的比例超过 10% 的发展目标。科技志愿服务职能部门、社会组织、志愿者都应该确立提高全民科学素质的自觉意识，围绕节约能源资源、保护生态环境、保障安全健康、促进创新创造等主题，结合青少年科学素质行动、农民科学素质行动、城镇劳动者科学素质行动、领导干部和公务员科学素质行动、社区科普益民工程等工作有针对性地设计实施科技志愿服务项目，切实为提升国民科学素质目标贡献力量。

2. 助力创新创业

在 2014 年 9 月的夏季达沃斯论坛上，李克强总理提出要在 960 万平方公里土地上掀起"大众创业""草根创业"的新浪潮，形成"万众创新""人人创新"的新态势。2015 年李克强总理在政府工作报告中正式提出"大众创业、万众创新"的概念；5 月 7 日，李克强在中国科学院和北京中关村创业大街考察调研时强调，推动大众创业、万众创新是充分激发亿万群众智慧和创造力的重大改革举措，是实现国家强盛、人民富裕的重要途径，要坚决消除各种束缚和桎梏，让创业创新成为时代潮流，汇聚起经济社会发展的强大新动能。2015 年 6 月 11 日，国务院以国发〔2015〕32 号文件印发《关于大力推进大众创业万众创新若干政策措施的意见》。为贯彻落实相关精神，共同推进大众创业万众创新蓬勃发展，国务院成立了由发展改革委牵头的推进大众创业万众创新部际联席会议制度，在国务院领导下统筹协调推进大众创业万众创新相关工作。

科技志愿服务是推动创新创业，激发全社会创造活力的助推剂。科技志愿服务要确立服务创新创业的意识，走近研究人员和创业者，走进众创空间、创业孵化机构，了解创新型小微企业及研究项目在初创和发展过程中的困难和需要，善于用专业化、规范化的志愿服务项目协同科技行政部门、研究机构、高等学校、科技企业等资源为创新主体和创业主体提供服务。科技行政部门和科技志愿服务组织要积极开展工作，推动创客文化进学校，设立创新创业课程，鼓励学生动手、实践、创业，开展品牌性创客志愿服务项目；服务企业员工参与工艺改进和产品设计，鼓励一切有益的微创新、微创业和小发明、小改进。

二、我国科技志愿服务发展的基本情况

（一）我国科技志愿服务队伍

1. 大学生志愿者是我国科技志愿服务的重要生力军

在校的本科生、硕士生、博士生是志愿者群体中最朝气蓬勃的群体，他们活跃在农村、社区、中小学和科技馆、博物馆等科技志愿服务的前沿阵地，成为推动我国科技志愿服务事业发展的重要生力军。高校开展青年科技志愿工作具有得天独厚的资源优势和体制机制优势。首先，高校科技人才资

源充沛，教师是各行各业的知识精英，学生具有良好的科学技术素养和充沛的体力精力，有投身科技志愿服务实践并从中得到教育成长的热情和积极性；其次，高校有充足的场地和条件为社会开展科学技术宣传普及活动；最后，高校科技志愿者具有一定的确定性和稳定性，便于通过校院党团工作及学生自治组织加以管理动员，有利于科技志愿服务活动的组织化开展。

上海市的"科学商店"连锁模式是我国高校探索大学生科技志愿服务工作创新的成功范例。作为国家重点支持的国际科技创新中心建设城市之一，上海市在大力推进创新体系建设的总体框架下，建立了行之有效的科学技术教育普及工作体制机制，在科技志愿服务工作方面做出了积极探索。早在2006年颁布实施的《上海市科普事业"十一五"规划》中，上海市就提出要建立大学生科普志愿者服务社，要求高校结合自身特点开展学生创新实践活动，建立以大学生为主体、创新实践为载体、园区和社区为服务对象的服务机构，通过校区、园区、社区联动，为中小企业和社区居民提供创新和科普服务，增强大学生创新实践能力，提升大学生整体科学素质。在实践层面，上海市在全国率先开展"科学商店"的实践探索工作，试点"政府支持、科协提出项目需求"、"高校及科研机构承办，高校师生具体实施"的建设模式，系统地探索了科学商店的运行机制，并在科学服务、科普工作中得到社会各方的广泛认可。

科学商店扎根于社区，为大学生志愿者开展科普服务和其他形式的科技志愿服务活动提供场地，大学生科普志愿者通过科学商店为居民提供免费或超低价的咨询、服务，解答居民的科学问题，对具有代表性的课题进行深入研究，提供合理的解决方案，明确学校与社区之间的定点服务。上海市科普工作联席会议办公室为方便各高校大学生志愿者科普服务交流，批准成立了上海大学生科学商店总店，它是由上海市各高校大学生科学商店自愿发起成立的，是协助管理、促进科普志愿服务交流、沟通和协调各高校科学商店成员单位的服务性、非营利性机构。截至 2011 年 7 月，华东师范大学、上海海洋大学、东华大学、同济大学、华东理工大学、上海中医药大学、上海电力学院、上海电机学院、上海交通大学、上海交通大学医学院、上海工程技术大学等共 12 所大学建立了"科学商店"，形成了遍及全上海 17 个区县 100 余个社区的 67 个服务门店组成的"连锁体系"，全年立项课题 145 项，开展科普讲座 200 余次，参与课题研究、科普活动师生近万人，受益社区人群达 10 万余人。上海高校通过建立"科学商店"连锁体系模式，其大学生科技志愿服务工作走在了全国的前列，值得在全国加以推广应用。

作为中国首都，北京市科技资源具有得天独厚的优势，有高校近 100 所，科研院所 200 多家，科技基础资源全国领先，而且科普专业策划人才和团体众多，为在京高校推动科技志愿服务工作提供了良好的支撑。2008 年北京举办了举世瞩目的奥运会，北京高校大学生志愿者踊跃报名参与奥运会志愿服务，志愿服务的传统在北京大学生群体中深深扎根。奥运会结束后，2009 年北京市委、市政府颁布《关于进一步加强和改进志愿者服务的意见》，明确提出要抓住有利契机，积极转化北京奥运志愿者工作成果，以通用志愿者为基础、专业志愿者为骨干，建立起一支规模宏大、门类齐全、组织严密、高效有序的志愿者队伍。2011 年颁布的《北京市"十二五"科学技术普及发展规划纲要》指出要完善科普志愿者队伍建设，依托高等院校、科研院所、行业部门，建立百支科普志愿者小分队，解答市民生产生活中遇到的科学问题。

在此背景下，首都各高校将大学生志愿服务工作作为立德树人、服务首都发展的重要载体，极大地推动了首都青年科技志愿服务工作的开展。一方面，北京高校极为重视大学生科技志愿服务工作的文化营造和制度建设。2008年北京奥运会后，在京高校加大了大学生志愿服务工作的力度，并在志愿服务课程化方面开展了实践探索，例如，北京大学倡导"零学分必修课"理念并将志愿服务贯穿于课堂教学与社会实践之中，北京科技大学将《志愿服务与公益劳动》纳入本科生必修课，规定36学时，并加强学生志愿服务工作的课题研究，为开展志愿服务活动提供理论指导和咨询。另一方面，北京高校重视青年科技志愿服务的工作机制建设和队伍建设。北京高校中成立了校级科协部门的有北京大学、北方工业大学、北京航空航天大学、北京邮电大学、北京理工大学、北京农学院、北京联合大学、北京工业大学、北京科技大学共9所，其他多数学校都成立了学生科协，负责科技志愿服务项目的开展实施。2010年12月，北京科普志愿服务总队由北京市科协牵头成立，通过总队下设的北京科普志愿者工作团直属队、高校科协科普志愿者团队，在首都各个高校招募组建若干大学生专业科普志愿者小分队，开展专业科普志愿服务。

首都高校大学生志愿者依托在京科技馆、大中小学、社区等阵地，以社会实践活动的形式积极投身于科学普及和创新志愿服务。近年来具有广泛影响的活动有"四进社区"社会实践活动、暑期文化科技卫生"三下乡"社会实践活动、大学生志愿者"千乡万村环保科普行动"等。其中，为了进一步贯彻落实《中共中央国务院关于进一步加强和改进大学生思想政治教育的意见》精神，首都高校开展了大学生志愿者文体、科技、法律、卫生"四进社区"社会实践活动，鼓励大学生在实践中了解社会，增长才干，进一步提高思想政治水平和综合素质，受到了社区群众的热烈欢迎。另外，

2007年由中国环境科学学会主办的大学生志愿者"千乡万村环保科普行动"中，北京大学城市与环境学院赴山东泰安环境教育小分队等14支队伍获得了"2007年大学生志愿者千乡万村环保科普行动优秀小分队"的荣誉称号，充分展示了北京高校科技志愿者的良好形象。

除了上海和北京，东北地区的哈尔滨市在推进高校大学生科技服务工作方面也做出了积极探索，一个好的经验是，通过成立高校科普志愿者协会联合会加强各高校大学生科技服务志愿者互动交流，增强志愿者开展科技志愿服务的能力。

2. 科研院所日渐成为我国科技志愿服务的重要推动力量

中国科学院也是中国科普工作和科技志愿服务工作的重要机构之一。为充分发挥自身智力和设施资源的优势，及时有效地向社会普及中科院最新科技成果，中国科学院成立了科普工作领导小组和中科院科普办公室，负责中国科学院的科普工作和各种形式的科技志愿服务活动，并于2015年制定颁发了《中国科学院科学技术部关于加强中国科学院科普工作的若干意见》，为科研院所科技志愿服务模式的探索构建奠定了制度保障。

近年来，中国科学院充分发挥高科技人才密集、科研设施先进的优势，加强各科研机构和科技工作者与社会公众的联系，动员和组织广大科学家和科技工作者以多种形式宣传科技知识，推动有条件的科研单位面向社会开放研究实验室，通过举办讲座、组织参观等多种方式开展多种形式的科技志愿服务活动。

例如，2016年3月14日，中科院福建物构所团委组织青年科研骨干服务队赴莆田中科华宇公司、中科万邦公司等高新技术企业开展学雷锋科技志愿服务活动，深入企业生产一线，为企业提供技术咨询和指导。服务队先后深入两家企业的生产车间，实地了解企业的发展情况，详细询问企业技术需求，并尽可能运用自己掌握的知识和技术，现场帮企业解决一些生产中较为常见的技术问题。服务队还分别与两家企业的领导、技术主管、生产工人进行座谈，了解企业生产过程中面临的技术新问题，为科研工作提供新的研究方向。再比如，2017 年 5 月 27 日下午，中国科学院合肥物质科学研究院团委组织的蒲公英科学传播志愿服务队走进合肥双岗小学，中科院安徽光学精密机械研究所大气光学中心博士梅海平为孩子们带去了专题科普报告《湍流》，引导小学生们走进湍流知识的科学殿堂，感受科学之美。

3. 企业科技志愿服务成为我国科技志愿服务新的发展趋势

以企业为主体开展的科技志愿服务越来越成为我国科技志愿服务实践新的发展趋势。近年来，履行社会责任逐渐成为企业的广泛共识，加上品牌提升、业务推广等因素驱动，国内外许多知名企业利用自身资源优势参与科技志愿服务工作，涵盖农村科普、青少年科普及围绕各行业领域工作主题等方面，开展大量的工作和探索，取得了促进科技创新普及、科技服务社会的良好效果，其中，"华硕大学生科普志愿者行动"就是一个很好的案例。

"华硕大学生科普志愿者行动"是中国科协与华硕集团 2007 年共建"华硕科普图书室"项目的延伸。2007 年，为改善乡村科技信息匮乏的状况，华硕与中国科协共同筹建"华硕科普图书室"。第一年以每个图书馆5000 套图书、2 台电脑的标准共筹建 100 所图书室。很快华硕发现，配好的电脑却无人会用。此时，正值国家鼓励"家电下乡"，农村市场调研反馈的最大的问题不是因为缺钱而导致的电脑匮乏，而是无人会用。因此，华硕开始尝试发动客服团队下乡开展农村 IT 科普，但是各地分公司竭尽全力每年也仅能做几十场，服务数百个乡村。此时，华硕想到了大学生志愿者。

为响应国家有关电脑下乡、信息下乡的政策，在工业和信息化部、中国科学院科学普及领导小组等部门的推动下，2009 年 5 月，华硕公司与英特尔公司主办，《电脑爱好者》杂志社承办的"2009 华硕英特尔 IT 讲师培训计划"启动，计划以"你的行动中国的未来"为口号，在全国 14 个省市、300 多所高校共选拔 1451 名大学生 IT 讲师，通过培训和指导推广方案，帮助大学生 IT 讲师制定实践计划并鼓励他们利用暑期返乡时间，积极地为家乡普及电脑知识贡献力量，助力农村信息化建设。最终，IT 讲师们在 1000 多个村落开展了多种形式的培训活动，通过面对面的电脑知识讲授及操作辅导，5 万余名农民朋友受益，活动获得良好的社会反响和好评。

2010 年，华硕电脑再度携手中国科协科普部等单位将"IT 讲师培训计划"更名为"华硕大学生 IT 科普志愿者行动"。号召广大学子关注家乡信息化建设，返乡进行电脑知识的普及，为家乡父老开启数字化生活的新契机，从而助力科普惠农，推动农村信息化建设与发展。2015 年"互联网+""创客"成为两会热点，国家政策进一步扶持大众创业、激励万众创新，中国科协科普部和华硕集团响应"互联网+""创客"等国家战略，将"华硕大学生 IT 科普志愿者行动"升级为"华硕新青年 e 创志愿者行动"。

"华硕大学生科普志愿者行动"启动以来，已累计培育优秀志愿者 1500 余名，足迹遍布全国 31 个省、市、自治区的 5000 余个村庄，累计开展近两万场电脑知识讲座，50 余万人直接参与培训，惠及群众超过 300 余万人。该项目以大学生志愿者为主体，以志愿者家乡人民受益为根本，广泛联系高校开展农村科普活动，旨在鼓励当代大学生积极投身于社会公益，通过 IT 及互联网科技等创新手段缩小城乡数字鸿沟，为加快城镇一体化建设贡献力量，逐步探索出一个企业、志愿者与服务对象共赢的科技志愿服务活动模式。

(二) 我国科技志愿服务内容和形式

经过这些年的发展，我国的科技志愿服务从主要面对大众开展科学普及活动开始，服务对象日渐多元，服务类型日益丰富，逐步形成了以一般公众为主要对象的科普类志愿服务、以特殊困难群体为主要对象的民生类科技志愿服务、以创新创业人群为主要对象的双创类科技志愿服务、以科技人才为主要对象的科技志愿者发展类项目。

1. 以一般公众为主要对象的科普类志愿服务

如前所述，科技志愿服务的基本目标在于通过科学普及志愿服务项目提升公民科学素质，所以，科技志愿服务常态性工作是围绕全民科学素质行动计划纲要的深入实施，针对一般公众开展科学普及服务，实现到 2020 年我国公民具备科学素质比例超过 10% 的目标，切实提升全民科学素质整体水平。

当然，这里把公众作为科普志愿服务的一般对象，只是强调科技志愿服务的普惠性、公平性，而并非指在服务具体目标、服务内容、服务形式上千篇一律而不加以区分，事实上，在现实情境中设计科普志愿服务项目时，还是要强调针对性，尤其要抓住科普志愿服务的"少数关键"，例如，要特别重视将青少年、农民、城镇劳动者、领导干部和公务员等作为科普志愿服务的重点对象人群提供服务。科普类志愿服务主要以科技场馆、各类学校、居民社区、企事业单位为服务场所，多采取科普报告、讲座、培训、咨询、讲解等形式开展活动。

大众科学普及是我国科技志愿服务的传统领域，已经积累了丰富的经验，开创了一些服务品牌。比如，广州市科协党员科普志愿服务支队主要利用周末参与系列科普活动，为市民提供科学知识普及宣传、科普讲解、活动指引、资料派发及秩序维持等服务，逐步打造了"科普畅游·志愿同行"的服务品牌，推进志愿服务建设常态化、常规化。一是组织开展"广州科普一日游"党员志愿服务。每月组织至少 10 名党员科普志愿者（全年 120 人次）服务于活动市民，全程提供科普活动咨询和指引。二是开展科普大篷车主题巡展志愿服务。党员科普志愿者跟随大篷车在社区、学校、企业开展经常性、群众性、广覆盖的科普巡展展览活动，把科普教育资源机动、灵活、主动地"送出去"，活动每年 60 场次以上，受众近万人。三是参与"全国科普日"、"中国创新创业成果交易会"、市直机关"红棉关爱"系列服务等活动，发挥自身职能。总的来说，在密切联系群众服务基层方面，支队取得一定效果，获"2013 年度广州机关党员志愿服务先进集体"、2016 年广州市学雷锋志愿服务"四个一批"先进典型"最佳志愿服务项目"的称号。

2. 以特殊困难群体为主要对象的民生类科技志愿服务

老年人、残疾人、下岗失业人员、农民（工）是科技志愿服务需要重点关注的主要服务对象。和其他类型和行业的志愿服务一样，科技志愿服务也承担着扶危济困的功能，在社会主义市场经济条件下发挥着弥补市场失灵、提供公共福利产品和服务的重要作用。一方面，无类何种性质、哪个发展阶段的社会中，必然存在残疾、贫困、高龄等客观困难群体；另一方面，社会主义市场经济的发展激发了我国社会的创造力，却也造成我国城乡之间、地区之间、不同社会群体之间的收入差距明显拉大的现实局面，产生下岗、失业等结构性困难人群。

对于老年人、残疾人、下岗失业人员、农民（工）等特殊困难群体，科技志愿服务一方面可以充分利用科技手段和服务缓解乃至解决生理性和社会性障碍，提高其生活质量，更为重要的是，作为现代社会的第一生产力，科学技术可以为下岗失业人员再就业提供充分的技术条件和技能提升，从而为缓解社会矛盾、保持社会和谐稳定发挥积极的作用。比如，"夕阳再晨科技助老志愿服务计划"，以老年科技普及与体验为服务核心，主要教授智能手机教学、电脑教学、高科技适老产品体验、便民自助缴费终端；助餐、助行、助购、助医、助浴、助洁、助急服务。此外，发展至今，夕阳再晨以社区为平台，致力于打造一个集老人健康、休闲、养生、娱乐、家政、怀旧、购物、出游、教育、亲子、科技体验等服务于一体的老年社区俱乐部。服务内容从开始依托科技体验核心服务，拓展了健康咨询类服务、精神文化类服务、怀旧人生类服务、特色项目培育。再比如，美丽中国和京东公益共同关注到：在云南省大理白族自治州宾川县鸡足山镇，有这样一群孩子，他们大多从年幼时就开始住校，得到的家庭关怀相对较少，卫生习惯需要进一步培养，学习成绩也位于班级下游。为此，美丽中国在京东公益平台上发起了"守梦天使寻找之旅"公益项目，该项目在全国率先应用区块链技术进行物资公益捐赠流程追溯的尝试，保证流程信息的不可篡改性，并且实现了全程可追溯，爱心人士可以追踪到自己赠送给孩子的每一份礼物的去向。该项目不到五小时就完成了物资募集目标，实现了公益的高效、透明、公开，既是科技创新的成果，也是专业志愿服务创新的成就。

3. 以创新创业人群为主要对象的双创类科技志愿服务

为大学生开展创新创业提供课程教育、实习实践、政策帮扶是科技志愿服务的重要形式。政府职能部门和科技志愿服务组织可以通过正规性及非正规性的课程类项目开展大学生创新创业教育，培育在校大学生的创新创业意识、创新创业精神和创新创业能力，帮助大学生了解国家和地方创新创业方针政策和创新创业流程，进而达到增强大学生创业意愿，提高大学生创业技能的目的。大学生创新创业类科技志愿服务可以采用设置创新创业课程、举办创新创业大赛、提供创新创业实践机会、配备创新创业导师（顾问）等形式开展。

科技型中小微企业创业人员是科技志愿服务的另一类新兴服务对象。科技志愿服务要走进科学城、科学园、众创空间，依托移动互联网、大数据、云计算等现代信息技术，为初创型、成长型小微企业提供科技查新、标准制定、环评服务、工程及技术方案评审、成果转化、法律、文化、金融、展览等各个领域的专业服务，为中小微科技型企业在研究开发、技术转移和融资、知识产权服务、第三方检验检测认证、质量标准、科技咨询各个方面提供助力。

在服务创业科技志愿服务方面，北京、上海等地都进行积极探索。比如，首都科技志愿服务联合会开展的"首都科技创新创业志愿服务"项目。该项目是以首都科技志愿服务站为活动主体，由首都科技志愿服务联合会将首都科技志愿服务资源与科技创新创业需求有效对接，重点开展服务创新型企业和高校大学生，长期跟踪，定期对接，有针对性地开展指导与咨询服务。项目有助于全面提高科技服务站的创新创业素养和能力，充分发挥首都科技志愿服务平台作用，探索科技志愿服务新模式和新机制，推动首都科技资源向社会开放共享，助推大众创业万众创新。2017 年 6 月 14 日，北京印刷学院"科技名家校园行"大学生创新创业系列讲座启动，"工业设计之父"柳冠中教授作首场讲座。柳冠中围绕设计事理学、服务系统设计、共享服务设计等设计理论、方法和观点，辅以形象生动的典型设计和实践案例进行讲述和说明。柳冠中建议设计应从设计"物"到设计"事"，"事"是塑造、制约、限定"物"的外部因素，设计的过程应是"实事—求是"，要探索人在不同环境、时间、空间中的需求，提倡个人使用而不是个人占有，并倡导"适可而止"的可持续设计观，这将有效促进学校学生创新创业意识培养和创新创业能力提升。

4. 以科技人才为主要对象的科技志愿者发展类项目

与其他类型的志愿服务活动相比，科技志愿服务的特别之处在于：科技人才既是高层次的科技志愿者，同时也是科技志愿服务活动的特殊服务对象，科技志愿者自身的职业发展和身心健康需要科技志愿服务给予特殊的关注。包括两院院士、老科学家、中青年科研人员在内的科技人才是科学实践活动的主体，也是建设创新型国家的中坚力量。与其他社会实践活动相比，科学实践活动是复杂的智力活动，需要提供充足的科研基础设施和辅助人员保障才能完成。这就需要将以科技人才为主要对象的科技志愿者发展类项目作为特殊的科技志愿服务类型重点发展。例如，为科学家和海归青年科研人员的研究项目配备大学生科研助手，为老科学家、老院士配备行政助理或生活助理，等等。

中科院过程工程研究所开展的院士专家志愿服务活动就是一个很好的以科技人才为主要对象的科技志愿者发展类项目案例。该项目源于 2004 年年初中科院离退休干部工作局到研究所调研时，一些老院士、专家参加座谈时反映，因为子女在国外而不在身边，形成"空巢"家庭，虽然物质生活比较丰富，但精神方面感到孤独，日常生活中多有不便，非常希望得到一些帮助。与此同时，很多年轻人特别是研究生有很高的意愿参加服务老科学家的志愿服务活动，从调查情况看，不少年轻人愿意担当志愿者，为老院士、专家奉献一份爱心，表达一份敬意，同时自己也得到锻炼。为此，在所党委的倡导下，所工会、研究生会、所团委、老干办共同努力，中国科学院过程工程研究所以研究生为主体组建了院士、专家志愿服务团，开展经常性的对口服务活动，首批确定了 6 位老同志作为服务对象，对应成立了 6 个志愿者服务小组，为老院士、专家提供志愿服务。该项目不仅受到老院士、专家的欢迎，年青志愿者们通过志愿服务也受益匪浅。

再比如，首都科技志愿服务联合会开展的"志愿服务老科学家"项目。该项目不同于日常所见的为老科学家提供日常生活关爱，而是以深层次关爱为主，动员老科学家继续发挥余光余热，真正将科学家精神传递给青少年。为切实服务好首都老科学家，首科志联搭建志愿服务平台，通过请出来、走进去的方式探索性开展了一系列双向志愿服务活动。一是举办院士科技传承和分享交流会，邀请我国表面工程领域的奠基人、86 岁高龄的徐滨士院士在市总工会职工大学服务站举办技术沙龙；二是举行科技名家进校园、进企业系列活动，邀请清华美院工业设计名家柳冠中、石振宇与大学生、高技能人才分享了工业设计的理念；三是拜访探望老科学家，组织志愿者拜访探望两院院士、空间技术专家、神舟号飞船总设计师戚发轫和我国著名空气动力学专家李素循。这既丰富了老科学家的退休生活，又真正发挥了老科学家的价值，也打通了首科科技志愿服务的专家资源，可谓一举多得。

（三）新时代我国"科创"志愿服务组织——以北京上海为例

志愿服务组织是汇聚社会资源、传递社会关爱、弘扬社会正气的重要载体，是形成向上向善、诚信互助社会风尚的重要力量，对促进志愿服务活动广泛开展、推进精神文明建设、推动社会治理创新、维护社会和谐稳定发挥了重要作用。可以说，志愿服务组织是志愿服务发展的中坚力量，志愿服务组织的发展事关志愿服务事业的未来。近年来，科技志愿服务组织的发展出现了新的趋势，即关注科技创新创业的志愿服务组织逐渐崭露头角，下面将以北京和上海为例专门介绍这类肩负"新使命"的组织。

1. 首都科技志愿服务联合会

科技创新中心是党中央赋予北京的新定位，是对北京提出的新要求。2013年9月30日，中共中央政治局以实施创新驱动发展战略为主题举行第九次集体学习，首次将"课堂"搬到红墙外，在中关村"顶层设计"推动创新驱动发展战略。在2014年2月视察北京工作时的重要讲话中，习近平总书记明确了在北京建设国家科技创新中心，这既是对北京发展方向的定位，也是布局推动创新驱动发展战略的重要战略节点。北京作为全国科技创新中心，具备坚实的基础。截至2015年年底，在京两院院士766人，约占全国的1/2。各类科研院所412家，位居全国首位。国家重点实验室120余家，国家工程技术研究中心近70家，分别约占全国的1/3和1/5。国家高新技术企业超过1.2万家，约占全国的1/6。创业投资和股权投资管理机构3800家，管理资金总量约1.6万亿元人民币。2015年，研究与试验发展（R&D）经费投入占北京地区生产总值的比重达到5.95%，位居全球领先水平。① 丰富的科技智力资源，再加上北京浓厚的志愿服务氛围，使得科技志愿服务在北京迅速生根发芽，成为志愿服务的一个重要领域。

---

① 资料来源：中华人民共和国科学技术部网站，http://www.most.gov.cn/。

为服务首都科技创新发展，规范和促进首都科技志愿服务工作，弘扬奉献、友爱、互助、进步的志愿服务精神，2015 年首都科技志愿服务联合会成立。这是我国科技志愿服务领域首个以服务创新创业为宗旨的省级地方枢纽型专业志愿服务组织。作为科技领域的专业志愿服务组织，首都科技志愿服务联合会秉承"求真务实，勇于创新"的科学精神，不求规模宏大、但求效益最好，坚持没有最终模式、只有最优模式的理念，积极探索志愿服务推进科技创新创业发展的新模式，在试错、调整、发展中完善新模式，为科技志愿服务发展贡献成功的启示。

自成立以来，在组织建设、服务内容、志愿者队伍和制度建设等方面首科志联进行了大胆的尝试，取得了初步成效。

第一，组织建设上创新——独特的供需精准对接组织体系与运行方式。

以精准匹配供给侧和需求侧为出发点和落脚点，来积极构建首都科技志愿服务组织体系。以首科志联丰富的志愿者资源为志愿服务提供方，以首都科技志愿服务站（以下简称"服务站"）为特色志愿服务需求收集方，逐渐建立起覆盖首都创新创业重点群体的两级组织网络，实现供需的精准对接。首都科技志愿服务联合会先后于 2016 年 5 月 14 日、2017 年 5 月 20 日在北京科技周开幕式后授牌建设第一批北大科技园、北京林业大学科技园、北京联合大学团委 3 个服务站，第二批中关村领创空间、市总工会职工大学、北京科技大学科技园、北京印刷学院团委 4 个服务站，即将建立的第三批北京首钢建设投资有限公司、观典防务技术股份有限公司 2 个服务站。通过 9 个服务站的建设，初步搭建起了辐射高校、科技园区、创新空间、高技能人才创新工作室、创新企业等的科技志愿服务网络，形成了服务大学生、创新型企业、高技能人才等的科技志愿服务格局。

在组织运行上，以首科志联为中心，以服务站点为纽带，逐渐形成了创新创业志愿服务的生态链条，实现首科志联与服务站点以及站点之间志愿服务供需资源的良性循环。从首科志联邀请中国工程院院士、我国著名的维修工程、表面工程和再制造工程专家徐滨士在市总工会职工大学志愿服务站举行"院士技术沙龙"，到首都科技志愿服务站北大科技园负责人杨洁在北科大科技园志愿服务站举行"融资及策略"主题交流会，创新创业发展中志愿服务的供给与需求在首科志联与服务站点和各个服务站点之间形成了良好的生态链条。

第二，服务内容上创新——志愿助力科技创新创业。

在志愿服务内容上，科普志愿、科技下乡等服务较为普遍。在我国创新型国家战略下，尤其是北京加强全国科技创新中心建设的背景下，首科志联积极开始了以助力创新创业为目标，以创新创业人群为对象的服务内容的探索。

围绕这一新的服务内容，首科志联先后发起运行了"首都创新创业志愿服务"、"京津冀协同创新科技志愿服务行"等特色项目。首都创新创业志愿服务项目以提升高校在校大学生、科技园区入住创新型企业等的创新创业能力为目标，通过邀请知名科学家、企业家等志愿者开展创新创业大讲堂、导师指导、分享交流会等形式，扎扎实实地提供创新创业志愿服务。"京津冀协同创新科技志愿服务行"项目，通过组织开展科技专家进校园、科技创新领域交流会、科技型企业需求调研及座谈交流等形式，对接京津冀科技型企业、高校等机构服务需求，建设京津冀协同创新志愿服务平台，优化科技创新创业环境。

第三，志愿者队伍建设创新——做好志愿者的二次方。

志愿者是重要的人力资源。能力超群的志愿者更是宝贵的人力资源。首科志联就有一批这样的"国宝级"的铁杆志愿者：中国工程院院士徐滨士、戚发轫、臧克茂，中国科学院院士解思深、地球物理学专家徐文耀、工业设计专家柳冠中、人工智能专家赵晓光等。如何组织好、安排好、规划好高素质、高水平、高技能的高精尖人才的专业志愿者参与志愿服务，对于任何一家志愿服务组织而言，都是一件极富挑战性的工作，这也是中外志愿服务事业未来发展面临的一个共同难题。比如说，美国著名志愿服务专家苏珊·J.埃利斯在其名著《自上而下——成功的志愿活动与高层管理者的角色》中特别强调这一问题。面对这样的"志愿大礼"，首科志联不想错失良机，通过与有天赋的志愿者们的沟通、反复多次走访调研，积极探索最佳的解决路径，终于慢慢碰撞出了一点奇思妙想——一定要做好志愿者的二次方。

首科志联的这群可爱的志愿者们最为在意的事情就是实现自我价值——找到一个合适的岗位来匹配他们的专业技能。因此，在做好志愿者的基本权益的保障基础之上，首当其冲的是要通过项目的合理设置、流程的精细管理、活动的周密安排，在每一场志愿活动、每一次指导分享、每一轮座谈交流中，都能让志愿者的服务价值最大化，让服务受众受益最大化。

如果说奉献爱心是所有志愿者们共同的心愿，那么这群可爱的科学家志愿者们还有另一个心心念念的期待——科学家热爱祖国、默默坚守、无私奉献投身于科技创新的精神的传承和发扬。这也就是这群志愿者的最大需要。为此，首科志联发起了"服务老科学家"项目，发挥老科学家优势，面向创新创业人群开展科学精神传承分享交流。年近 80 高龄的航天遥感器专家、国际宇航科学院杨秉新院士志愿者面对年轻一代的科技人才饱含激情地回顾了我国航天相机研制技术的研制历程，分享了在当时艰苦条件下，研制团队自力更生，不断探索的故事，特别讲述了在我国第二颗人造地球卫星发射时的欣喜场景。我国著名空气动力学专家李素循志愿者与大学生们分享了自己的成长历程和所研究的空气动力学专业，并寄语大学生要珍惜当下幸福生活，学会欣赏他人、欣赏生活，敢于尝试，大学时期为进入社会做好充分准备。清华美院责任教授、中国工业设计协会荣誉副会长柳冠中柳教授志愿者语重心长地告诉大学生们，耳听为虚，眼见也不一定为实，要用"脑"思考，用"心"体会，把握窍要，走出一条中国特色的设计之路。正是这一次又一次面对面的交流，老科学家们身上的科技精神和满满期盼以"润物细无声"的方式浸入年轻一代科技创新事业的传承人的心中、脑中，令我们的老科学家志愿者们倍感欣慰，也让更多的老科学家们愿意做志愿，科技志愿服务队伍不断扩大和发展。

第四，制度建设的创新——科技志愿服务纳入科技行业发展。

党的十九大提出"创新是引领发展的第一动力"。科技志愿服务是科学普及、科技创新、科技应用的桥梁，有力地支撑着国家创新驱动发展战略实施。党的十九大对志愿服务还提出了"制度化"的新要求。我国科技志愿服务以科普志愿服务为基础，目前在政策法规等制度建设方面，也主要是围绕科普志愿服务，比如《科学技术普及法》、国务院颁布实施的《全民科学素质行动计划纲要（2006—2010—2020年)》、中国科学技术协会制定的《关于开展中国科普志愿者队伍建设工作的通知》等涉及科普志愿服务的政策法规，而在科技创新创业志愿服务方面的制度相对不足。首都科技志愿服务联合会作为科技志愿服务的重要行业组织、重点关注科技创新创业志愿服务的重要力量，在科技志愿服务的政策制度建设，尤其是科技创新创业志愿服务制度建设方面发挥了积极作用，比如，在2017年年底制定了《首都科技志愿服务工作手册（试行)》，积极探索科技志愿服务制度建设，迈出了将创新创业志愿服务纳入整个科技行业发展、营造有利于科技志愿服务发展的友好政策环境的第一步。

2. 上海科技创新志愿服务联盟

2014 年 5 月 24 日，习近平总书记在上海考察调研时对上海提出了"加快向具有全球影响力的科技创新中心进军"的全新要求，强调上海"要牢牢把握科技进步大方向，瞄准世界科技前沿领域和顶尖水平，力争在基础科技领域有大的创新，在关键核心技术领域取得大的突破"，"要牢牢把握产业革命大趋势，围绕产业链部署创新链，把科技创新真正落到产业发展上"，"要牢牢把握集聚人才大举措，加强科研院所和高等院校创新条件建设，完善知识产权运用和保护机制，让各类人才的创新智慧竞相迸发"①。为了加快向具有全球影响力的科技创新中心进军，在上海科技党委的领导下，上海市坚持文化引领、典型示范，积极统筹科技志愿服务资源，加快构建科技志愿服务大格局，注重培育科技志愿服务文化，上海科技志愿服务呈现出高度协同之下的百花齐放状态。

为了联合上海科技系统的所有志愿服务力量，发挥思想引领的作用，保证上海科技志愿服务在理念更新、思维创新、路径出新方面的一致性，2015 年 7 月，由上海市科技党委发起、市科技系统各单位 60 多家志愿服务组织广泛参与的上海科技创新志愿服务联盟正式成立。上海科技创新志愿服务联盟按照创新志愿服务、创业志愿服务、科普志愿服务和社会公益服务四大板块服务内容，分别成立四个板块工作组，打造特色志愿服务。创新志愿服务板块主要包括专家咨询、公益培训、技术对接、知识产权服务等形式。创业

---

① 资料来源：http://www.shanghai.gov.cn/shanghai/node2314/n32792/n32874/。

志愿服务板块主要包括创业导师服务、创新教育服务、创业沙龙活动等形式。科学普及服务板块主要包括科普场馆服务、科普讲座、科普宣传、科普进课堂进社区等形式。社会公益服务板块主要包括学雷锋活动、敬老服务、社区服务等形式。

三、我国科技志愿服务发展的展望

（一）大力发展支持型科技志愿服务组织

1. 志愿服务组织的相关理论分析

伴随着中国特色社会主义历史进程，我国志愿服务事业快速发展，志愿服务组织不断涌现，志愿服务组织的发展进入细分时代。一般而言，志愿服务组织可以分为操作型和支持型两大类，前者是指为服务对象直接开展志愿服务活动提供服务的组织，后者是指与操作型社会组织相对应，不直接服务于目标人群，而以提供活动、经费、公益需求信息、能力培训、政策咨询等方式服务于另一些中小型社会组织、草根社会组织的一类组织。①

在我国，支持型组织发展刚刚起步，但其重要的支持作用受到党政和社会各界的关注和重视。比如，2008 年北京市委社会建设工作委员会在《关于加快推进社会组织改革与发展的意见》中提出了"枢纽型社会组织"概念，并在《关于构建市级"枢纽型"社会组织工作体系的暂行办法》中指出，"枢纽型社会组织是指由负责社会建设的有关部门认定，在对同类别、

---

① 周秀平、刘求实：《以社管社：创新社会组织管理制度》，《中国非营利评论》2011年第 2 期。

同性质、同领域社会组织的发展、服务、管理工作中，在政治上发挥桥梁纽带作用、在业务上处于龙头地位、在管理上承担业务主管职能的联合性社会组织。"上海浦东公益组织发展中心、南京爱德社会组织培育中心等公益组织孵化器（NPO 孵化器）① 等往往成为"南派"支持型组织的典型代表，在志愿服务组织培育等方面发挥了不可替代的重要作用。②

国外社会组织发展较为发达，体系较为完善，支持型组织的强大功能受到了很大的重视，也得到了长足发展。比如，有美国实务工作者提出，政府和国际资助组织在寻求提升 NGO 组织能力有效方法的过程中，支持型组织在组织论坛、提供服务、加强政府与 NGO 之间的合作关系和向 NGO 项目分配捐赠基金等方面发挥着重要作用。③ 还有学者指出，支持型组织在地方组织建设、创建组织横向联系、提升草根组织对政策制定的影响力、传播新视角和组织创新等方面发挥着重要的作用，尤其是桥梁型组织较少受到市场主导或政府主导型发展模式的固有缺陷的影响，在新兴的跨部门发展模式中起到核心作用。④

综上所述，无论是国内还是国际志愿服务，支持型组织对于优化志愿服务组织格局、构建志愿服务组织体系发挥着举足轻重的作用，是志愿服务事业的中坚力量，关系到志愿服务事业的整体发展水平。因此，大力发展支持型科技志愿服务组织，充分发挥其强大的不可替代的"支持"作用，对我

---

① "NPO 孵化器"的概念在 2005 年由中山大学公民与社会发展研究中心首次提出。
② 吴津、毛力雄：《公益组织培育新机制——公益组织孵化器研究》，《兰州学刊》2011 年第 6 期。
③ Carolyn Stremlau, "NGO coordinating bodies in Africa, Asia, and Latin America", *World Development*, Vol. 15, Supplement 1（Autumn 1987）, pp. 213-225.
④ Brown, L. David, "Bridging Organizations and Sustainable Development", *Human Relations* Vol. 44, No. 8（August 1991）, pp. 807-831.

国科技志愿服务事业意义重大。正如《中国专业志愿服务发展报告（2017）》中指出的一样，我国不缺乏专业人士的志愿者，志愿服务需求也大量存在，最为缺乏的便是支持型组织。

2. 注重发挥支持型科技志愿服务组织的支持功能

首先，最大限度地汇集、整合、统筹和优化科技志愿服务资源。让不同的人（包括科技服务的供需双方）跨界、跨部门、跨地区和跨阶层地共同投入科技志愿服务事业之中，鼓励科技工作者积极而有序地参与社会治理，促进社会融合与包容性发展。比如，深圳市科普志愿者协会建立了科技志愿服务项目库、载体库、志愿者库，聚集了深圳市的科技志愿服务力量；上海科技联盟在大党委制的背景下统筹上海市辖区内所有科技志愿服务力量；首都科技志愿服务联合会通过设立志愿服务站点聚集首都科技志愿服务力量。在此基础之上，积极发挥全面协调功能，疏通渠道，搭建起能凝聚志愿者力量、常态就近开展活动、实现志愿服务供需对接的有效平台。可见，科技志愿服务要求支持型的科技志愿服务组织能够协调汇集党政群团等多方力量，为志愿服务的整体发展争取政策、物资资金和人力等支持，与此同时疏通跨界别、跨部门、跨地区和跨阶层之间的沟通渠道，建立起有效的协调机制。这便是作为支持型组织的首要功能。

其次，注重科技志愿服务的整体规划、文化引领和社会宣传，为科技志愿服务组织、项目、志愿者等提供全方位的支持。比如说，首科联积极引入北京志愿服务发展研究会的智库外脑，为首都科技志愿服务的整体发展提供理论支持；当然还可以通过发布年度科技志愿服务发展报告的形式来引领行业发展。上海科技党委注重科技志愿服务文化培育，面向社会积极宣传科志愿活动和成果，扩大科技志愿服务的社会影响力。再比如说，北京市海淀区志愿服务联合会通过定期评选明星志愿者来鼓励、表彰本区的优秀志愿者，通过咨询、培训、物资、资金等方式对优秀团队和志愿项目予以支持等。

当然，成为支持型组织，还需要有可支持的对象。比如，贵州师范大学"阳光使者"青年志愿者联合会经过十多年的服务经验积累，带动了一大批青年学生成为志愿者、一些志愿服务团队积极开展志愿服务，为全校的青年志愿服务打下了较好的基础之后，意识到培育、支持新生志愿服务组织的重要意义，从而将组织的工作重心从直接提供志愿服务转向支持各青分会开展志愿服务活动。因此，操作型的基础带动、培育服务依然十分重要。

3. 不断完善支持型科技志愿服务组织的组织形式

政府、市场、社会是推动经济社会发展的"三驾马车"，实践证明，三者分工配合、适度平衡是实现社会良性运行的基本保证，志愿机制是政府机制和市场机制的有效补充。志愿服务组织在创新社会治理、激发社会活力、回应社会需求和增进民生福祉等方面能够起到政府、市场力量以外的不可替代的重要作用。党的十八大以来，党中央对社会组织改革作出一系列决策部署，明确提出要加快形成政社分开、权责明确、依法自治的现代社会组织体制。志愿服务组织是社会组织的重要组成部分。2016年中共中央宣传部、中央文明办、民政部、教育部、财政部、全国总工会、共青团中央、全国妇联联合印发的《关于支持和发展志愿服务组织的意见》中明确指出"推进志愿服务组织依法登记"。

实践中，我国绝大多数枢纽型志愿服务组织的发展轨迹，都经历了从挂牌成立到实体注册成立，从与发起单位高度一体化到发起单位与运营实体适度分离的过程，来顺应党和政府对发展社会组织及社会组织改革的要求。比如，北京市志愿服务联合会的前身为北京志愿者协会，由团市委发起并管理。随着北京志愿服务事业的发展，逐渐形成了北京市志愿服务指导中心、北京市志愿服务联合会、北京志愿服务基金会、北京志愿服务发展研究会的"三会一中心"的模式。北京市志愿服务指导中心是北京市团市委发起成立的事业单位，其他的都为非营利性社会团体、基金会等，北京市志愿服务指导中心具体承担北京市志愿服务联合会等"三会"的秘书处工作。

不论是政府主导型的支持型组织，还是民间力量推动型的支持型组织，独立的法人身份对其长远发展至关重要。因此，建议支持型科技志愿服务组织逐渐朝着实体化的方向，成为依法注册的社会团体法人，也成为连接党政与其他科技志愿服务力量的纽带和桥梁。"实体化"后的组织，在组织机构、内部治理上可以不断完善，提高社会公信力，从而更好地联络、团结、凝聚首都热心科技志愿服务事业的社会各界人士和力量，统筹推进科技志愿服务工作。

（二）完善科技志愿服务项目运行机制

不仅科技志愿服务组织的运行需要制度的保障，科技志愿服务的项目化发展也需要制度支持。由偶尔为之的志愿服务活动、到常态化的志愿服务项目，再到优质、品牌化的志愿服务项目，离不开项目扶持制度。

第一，深度挖掘、找准社会需求，开发一批受欢迎、得民心、可长期开展的志愿服务精品项目，按照标准进行规范化建设，逐步建立与政府服务、市场服务相衔接，多层面、宽领域、广覆盖、开放式的科技志愿服务项目体系，并可以进行优秀科技志愿服务项目的评优评选。

第二，重视志愿服务项目的创新，并通过项目，带动志愿者队伍建设，扩大志愿服务在社会上的影响力，推动志愿服务整体发展。比如，深圳科普志愿服务者协会开展的福田区"科普志愿者 e 站"进学校项目，打造了"科普志愿者 e 站进校园"平台，建立了项目库、载体库、志愿者库，衍生出了青少年科普游、科幻动漫影视周、VR 进课堂等科普志愿服务活动。再比如，首都科技志愿服务联合会发起了"京津冀协同创新科技志愿服务行"项目，依托北大科技园在北京、天津、石家庄三地园区进行跨地域科技志愿服务协同，将优质的科技资源引入天津、石家庄。

第三，启动专项资金，设立科技志愿服务项目扶持计划。项目扶持计划的宗旨在于通过积极发现、大力支持、鼓励科技志愿服务项目，推进科技志愿服务项目化运作和品牌化发展。扶持对象既包括覆盖人群小、所需资金少的小型和微型科技志愿服务项目，也包括有一定基础和规模、有望发展成为品牌的科技志愿服务项目。扶持的形式采取面向社会公开发布扶持计划，依托第三方进行科技志愿服务项目的征集、评审、培训、指导以及评估等。

（三）建立和完善科技志愿服务保障体系

1. 重视科创志愿服务文化培育

文化是根、文化是魂、文化是力。志愿服务文化是现代社会的一个必备基础，是慈善文化的基本内容之一①，是驱动志愿服务制度化、常态化发展的内在动力。以北京市志愿服务文化建设为例，通过 30 年左右的发展，凝练了内容丰富、特色鲜明的志愿文化体系，具体包括：弘扬"奉献、友爱、互助、进步"的志愿精神和"行善立德"的志愿理念、在实践中总结凝练出北京志愿服务文化共识和打造了志愿蓝、志愿标、志愿帆、志愿者誓词等

---

① 王振耀：《让志愿服务文化根植厚土》，《中国红十字报》2017 年 4 月 11 日。

志愿文化载体。正是植根于这样的志愿服务文化之中，北京志愿服务事业的发展获得了持续的智力支持、精神动力和思想保证。

现代志愿服务在我国发展时间不长，专业志愿服务的发展则更为滞后，而科技志愿服务中的科创志愿服务才刚刚起步。正是在这样的特殊背景下，科创志愿文化培育显得尤为重要。一方面，通过文化培育，使得越来越多的专业人士愿意积极参与到科创志愿服务中来，建立良好的科创志愿服务队伍，汇集越来越多的科创志愿服务资源；另一方面，科创志愿服务文化的培育、建设和繁荣使得社会公众逐渐认知、理解科创志愿服务，为科创志愿服务未来的发展提供良好的社会环境。

科创志愿服务文化的培育，建议可从以下三个方面着手。首先，凝练并传播科创志愿服务的基本理念和精神。在"奉献、友爱、互助、进步"、"行善立德"等通用志愿服务的志愿精神和理念的基础之上，结合科创志愿服务的实践和专业特殊性，逐渐发展并概括出科创志愿服务的独特理念和文化，既丰富志愿服务的文化内涵，又彰显科创志愿服务的独特精髓和魅力。其次，积极打造科技志愿服务文化载体，比如科技志愿服务组织的形象标志、科创志愿服务口号、科创志愿者标识等。最后，充分发挥包括网络在内的科技志愿服务平台在营造浓厚的创新创业志愿服务氛围方面的强大功能，通过积极展示、宣传科技志愿者、科技志愿服务组织及自组织参与科创志愿服务活动、开展志愿服务项目的风采，来引导科创志愿服务队伍建设，来激励科创志愿服务的发展。

2. 加强科技志愿服务制度保障

党的十九大报告中明确指出，要"推进诚信建设和志愿服务制度化，强化社会责任意识、规则意识、奉献意识"。2017 年 12 月 1 日我国《志愿服务条例》正式施行，标志着我国志愿服务制度建设前进了一大步。与此同时，北京市也积极启动了《北京市志愿服务促进条例》的修订工作。在全国、地方志愿服务法律制度日趋完善的背景之下，科技志愿服务作为志愿服务的重要分支、专业志愿服务的重要组成部分，也应积极完善科技志愿服务政策和标准体系，为科技志愿服务行业的发展提供政策依据。

正如上文所提到的，我国科技志愿服务以科普志愿服务为基础，目前在政策法规建设方面，也主要是围绕科普志愿服务，比如《科学技术普及法》、国务院颁布实施的《全民科学素质行动计划纲要（2006—2010—2020年）》、中国科学技术协会制定的《关于开展中国科普志愿者队伍建设工作的通知》等涉及科普志愿服务的政策法规，而在科技创新创业志愿服务方面的政策法规相对不足。当然，这与我国科技创新创业的实践发展阶段有着密不可分的关系。因此，在科技创新创业志愿服务领域，也应当注重政策制度建设，鼓励将科技创新创业志愿服务纳入整个科技行业发展之中，形成有利于科技志愿服务发展的政策导向。

3. 加大科技志愿服务资源投入

志愿服务是无偿的，但是志愿服务的运营是需要成本，这已成为志愿服务行业发展的共识。《志愿服务条例》第 30 条规定，"各级人民政府及其有关部门可以依法通过购买服务等方式，支持志愿服务运营管理，并依照国家有关规定向社会公开购买服务的项目目录、服务标准、资金预算等相关情况。"科技志愿服务的发展，尤其是科技创新创业志愿服务处于起步阶段，加大资源投入十分必要。加大对科技志愿服务组织及科技创新创业项目等的资金、人力资源等方面的支持力度，积极引入社会投入，使得国家投入与社会投入一起形成合力，让科技创新创业志愿服务发挥最大效益。

| 第五章 | **新时代志愿服务支持型
组织发展模式研究**

  志愿服务支持型组织是我国志愿服务实践发展到一定阶段后出现的产物，对于优化志愿服务组织格局、构建完善的志愿服务组织体系发挥着举足轻重的作用。研究以产生背景、组织形式、支持功能、资金来源、组织运行等核心要素及其内在逻辑和相互关系为分析框架和影响因子，通过对北京、广州、贵州等省市支持型组织的实地调查，发现我国支持型组织存在三种典型的发展模式：政府主导型、民间（公益）创业型和其他社会力量推进型。这三种模式的可持续发展既离不开政府创新管理的支持，也需要支持型组织不断增强自身的社会公信力和自主发展能力。

第一节　新时代志愿服务支持型组织理论研究

一、研究的缘起

  在社会学的研究中，"模式"通常用来描述不同地区、社会、阶段的不同发展特点，同时模式也必然是一种动态的过程。① 无论是费孝通先生的"中国经济发展模式"研究，还是"中国模式"研究，或者其他种种模式研究，都留下了丰富深厚的学术遗产，启迪并深深影响着一代又一代的理论研究者。志愿服务组织作为社会组织、第三部门的一个重要分支，一直是理论界重点关注的研究对象。然而，有关其发展模式的研究，尤其是支持型组织发展模式的研究，则相对较少。因此，研究志愿服务组织在我国的发展模式，对社会学、志愿服务特色理论体系研究的重要意义自不待言。

2016 年 7 月 11 日，为了解决我国志愿服务组织在总体上还存在的数量不足、能力不强、发展环境有待优化等问题，中共中央宣传部、中央文明办、民政部、教育部、财政部、全国总工会、共青团中央、全国妇联印发《关于支持和发展志愿服务组织的意见》。《意见》要求，到 2020 年，基本建成与经济社会发展相适应，布局合理、管理规范、服务完善、充满活力的志愿服务组织体系。志愿服务支持型组织作为我国志愿服务实践发展到一定阶段后必然出现的产物，对于优化志愿服务组织格局、构建完善的志愿服务组织体系发挥着举足轻重的作用。因此，研究志愿服务支持型组织具有非常重要的现实意义。

二、志愿服务支持型组织发展模式的基本概念与特征

（一）志愿服务支持型组织的概念梳理

相对于历史悠久的志愿服务组织而言，支持型组织的出现较晚。截至目

---

① 陆士桢主编：《北京志愿服务模式研究》，北京出版社 2009 年版，第 3 页。

前，中外理论与实践界中尚未形成统一的称谓，其内涵与外延既有重合之处，也有一定差异。

在我国，支持型组织的提法和发展刚刚起步。在理论界，我国学者一致侧重其"支持"功能，在是否强调"独立性"上稍有区别。比如，有学者将其界定为，"制度上独立于政府和企业，致力于调动资源和信息，培养社会组织及其成员的能力，促使其在社会中建立横向和纵向联盟的民间组织。"[1] 也有学者界定为，"与操作型社会组织相对应，不直接服务于目标人群，而以提供活动、经费、公益需求信息、能力培训、政策咨询等方式服务于另一些中小型社会组织、草根社会组织的一类组织。"[2] 在实践中，使用称谓各不相同，有提支持型组织，有提枢纽型社会组织，也有提公益组织孵化器等。比如，上海浦东公益组织发展中心、南京爱德社会组织培育中心等公益组织孵化器（NPO 孵化器）等往往成为支持型组织的典型代表。[3] 再比如，2008 年北京市委社会建设工作委员会在《关于加快推进社会组织改革与发展的意见》中则提出了"枢纽型社会组织"概念，并在《关于构建市级"枢纽型"社会组织工作体系的暂行办法》中界定，"枢纽型社会组织是指由负责社会建设的有关部门认定，在对同类别、同性质、同领域社会组织的发展、服务、管理工作中，在政治上发挥桥梁纽带作用、在业务上处于龙头地位、在管理上承担业务主管职能的联合性社会组织。"

---

[1] 葛亮、朱力：《非制度性依赖：中国支持型社会组织与政府关系探索》，《学习与实践》2012 年第 12 期。

[2] 周秀平、刘求实：《以社管社：创新社会组织管理制度》，《中国非营利评论》2011 年第 7 期。

[3] 吴津、毛力雄：《公益组织培育新机制——公益组织孵化器研究》，《兰州学刊》2011 年第 6 期。

国外社会组织发展较为发达，体系较为完善，关于支持型组织也有一定的研究。从称谓上看，有 NGO coordinating body （NGO 协调组织）、Bridging Organization （桥梁型组织）、Support Organization （支持型组织）、intermediary Organization （中介性社会组织）①、Umbrella Organization （伞形组织） （比如，瑞士的国际志愿服务组织 Unité） 等等。在概念界定上，都非常强调其强大的 "支持功能"。比如，有美国实务工作者提出，政府和国际资助组织在寻求提升 NGO 组织能力有效方法的过程中， "协调组织" 在组织论坛、提供服务、加强政府与 NGO 之间的合作关系和向 NGO 项目分配捐赠基金等方面发挥着重要作用。② 还有学者指出， "桥梁型组织" 在地方组织建设、创建组织横向联系、提升草根组织对政策制定的影响力、传播新视角和组织创新等方面发挥着重要的作用，尤其是桥梁型组织较少受到市场主导或政府主导型发展模式的固有缺陷的影响，在新兴的跨部门发展模式中起到核心作用。③

鉴于上文分析，将志愿服务支持型组织定义为：与直接开展志愿服务活动的组织相区别，通过为直接提供志愿服务的组织及其成员提供政策制度、人力资源和物资、资金等方面支持和保障，从而促进志愿服务事业发展的志愿服务组织。志愿服务支持型组织最显著的特征是其服务对象的定位，即服务于志愿服务组织、志愿服务项目和志愿服务人员，而不是志愿服务活动的

---

① Sanyal Paromitaf, "Capacity Building Through Partnership: Intermediary Nongovernmental Organizations as Local and Global Actors", *Nonprofit and Voluntary Sector Quarterly*, Vol. 35, No. 1 (March 2006.), pp. 66-82.

② Carolyn Stremlau, "NGO coordinating bodies in Africa, Asia, and Latin America", *World Development*, Vol. 15, Supplement 1 (Autumn 1987), pp. 213-225.

③ Brown, L. David, "Bridging Organizations and Sustainable Development", *Human Relations* Vol. 44, No. 8 (August 1991), pp. 807-831.

直接服务对象。志愿服务支持型组织通过提供支持，在培育草根组织、提升组织能力、深化组织服务、加强行业自律等方面发挥着重要作用。

（二）支持型组织发展模式的界定

志愿服务支持型组织的发展模式，指支持型组织在发展过程中形成的相对稳定的结构体系。发展模式根植于志愿服务实践，所有的发展模式都是基于实践通过相互比较和借鉴而形成的相对稳定的组织发展形态。发展模式具有典型性和可复制性，是对丰富实践中的基本规律和根本特质的抽象和凝练，具有内在的一致性和高度的代表性，是实践发展的经验与升华，亦能用于扩展、复制和共享。发展模式相对稳定、不断变化，稳定性是相对的，与时俱进才能永葆"青春"，发展模式始终处于不断完善和发展的动态过程之中。

鉴于发展模式的以上基本特征，结合支持型组织的突出特点，研究选取支持型组织的产生背景、组织形式、支持功能、资金来源、组织运行等核心要素及其内在逻辑和相互关系为主要研究对象和分析框架，同时也将其作为划分模式类型的判断标准和影响因子，进行不同模式的实证分析。具体而言，包括以下三种发展模式：政府主导型、民间（公益）创业型和其他社会力量推进型。

第二节　新时代志愿服务支持型组织实践探索

一、支持型组织的三种基本发展模式的实证分析——特点、功能与困境

志愿服务支持型组织的产生和发展与我国志愿服务事业的整体水平息息

相关。为了描述我国现阶段志愿服务支持型组织的整体情况，笔者曾赴北京、广州、深圳、贵州、福建、云南等地进行实地调研，整体来看，支持型组织存在政府主导型、民间（公益）创业型和其他社会力量推进型三种不同的发展模式。这三类模式在产生背景、组织形式、支持功能、资金来源、组织运行等方面有着鲜明特色，也面临着不同的困境。

（一）政府主导型

从产生背景来看，政府主导型模式的出现是党和国家引领、积极扶持政策的必然结果。近年来，党和国家非常重视社会组织管理创新，全国各地都在如火如荼地进行社会组织管理创新改革，积极推进社会组织在社会治理中的协同作用。鉴于志愿服务支持型组织在培育草根组织、提升组织能力、深化组织服务、加强行业自律等方面具有的强大功能，对于承接政府的培育工作、减轻政府的压力起着关键作用，党和国家将志愿服务支持型组织作为以社治社、推进社会组织管理创新的有利抓手，视为发挥社会组织在社会治理中协同作用的中坚力量。在这样积极促进的大政策下，这类志愿服务支持型组织得到了蓬勃的发展。

政府主导型的支持型组织具有以下特点：首先，在组织形式的选择上，多为社会团体或民办非企业组织（社会服务机构），通过民政登记合法取得非营利法人的民事法律地位。在资金来源方面，主要是政府投入。政府投入的基本方式有政府专项财政投入，比如北京市财政每年向北京志愿服务基金会注资 1000 万，也有政府购买社会服务，还有政府通过开放社会职能由组织承接相应项目的资金投入等。在强大的政府主导和支持下，相对而言，这类志愿服务支持型组织在注册登记、资金来源方面，没有较大的困难或压力，比较顺畅。

根据支持功能的不同，又可将政府主导型的支持型组织细分为两类或者说两个层次：协调机制下提供整体支持的行业组织（如各地省、市、区县级的志愿服务联合会）和具有官方背景提供全面支持的组织。

协调机制下提供整体支持的行业组织，支持功能是全局性的，非常强大。具体包括：首要核心功能是全面协调。任何国家志愿服务事业的发展，都离不开政府的政策制度、人力资源、物资资金等方方面面的支持和投入。不过，志愿服务涉及社会生活的方方面面，很难由某一个行政部门来全面负责这项工作。比如，目前虽由民政系统挑了大梁，承担了大部分的志愿服务推进工作，但是，除了慈善、社区等之外，志愿服务还涵盖了应急、赛会、环保、旅游等领域，民政管理部门难免捉襟见肘。此外，志愿服务还涉及文明委（文明办）、人民团体、群众团体和国际组织。可见，志愿服务的广泛性和综合性要求有行业性的支持型组织，能够协调汇集党群团、政府等多方力量，为志愿服务的整体发展争取政策、物资资金和人力等支持。这便是提供整体支持的行业组织的首要功能。第二，志愿服务整体规划与引领。第三，志愿服务指导与规范。第四，志愿服务组织、项目、志愿者的全方位支持。比如，北京市海淀区志愿服务联合会通过定期评选明星志愿者来鼓励、表彰本区的优秀志愿者，通过咨询、培训、物资、资金等方式对优秀团队和志愿项目予以支持等。

值得一提的是，提供整体支持的行业组织，与其他所有支持型组织之间也存在着支持与被支持的关系，甚至可以这样说，提供整体支持的行业组织是其他支持型组织的支持组织。

具有官方背景提供全面支持的组织，在志愿服务组织能力建设、职业平台服务、志愿服务运行保障、理论研究与实践创新等方面都发挥着全覆盖的支持作用。第一，孵化培育。为初创期的组织提供孵化培育支持，帮助其完成从 0 到 1 的成长过程。第二，教育培训。为基层的组织及其成员开展志愿服务理念与理论、组织与团队建设、项目管理等方面的教育和培训。第三，专业咨询。为基层组织提供战略与管理咨询、项目督导与评估、市场营销与品牌传播等方面的咨询支持。第四，平台辐射和影响。开展地区、行业志愿服务组织发展调查，搭建地区、行业间组织沟通平台，整合资金、空间、专家人力支持等资源，表达、转达志愿服务组织的诉求，进而争取该地区、行业志愿服务组织发展的利好政策和环境。比如，北京市大兴区社会组织服务中心等支持型组织便属于这一模式。

政府主导型的志愿服务支持型组织在发挥支持功能和自我发展的过程中面临着以下问题：首当其冲的就是处理好自主发展与政府治理的关系。应该说，政府主导型组织得到了政府的大力支持，但是，另一方面也受到了相应的牵制和制约。第一，协调功能的发挥受政府牵制较大。作为支持型组织，要协调各个党委、政府部门、团委、社会等各方力量，难度不低，在基层尤其困难。比如，调研中有受访组织提到，《志愿服务记录办法》第二十五条规定："鼓励博物馆、公共图书馆、体育场馆等公共文化体育设施和公园、旅游景点等场所，对有良好志愿服务记录的志愿者免费或者优惠开放。"但是，支持型组织在协调落实这一规定时，就遇到了"推而不动"的困境。第二，过多的行政干预埋下支持型组织"失灵"的隐忧。调研中发现，政府通过行政命令的方式来直接干预支持型组织的活动和发展的现象时有发生，在一定程度上影响和挫伤了组织的自主性和积极性。第三，资金主要依赖政府支持，既担心不具有可持续性，又往往出现经费管理与实际需求之间不匹配，换句话说，需要资金的地方不能使用资金，能够使用的地方却不存在支持需求。此外，专业人才匮乏也是这类组织普遍面临的难题。

（二）民间（公益）创业型

民间（公益）创业型组织的出现，是志愿服务组织自治式的社会化运作结果，是社会力量参与志愿服务自主选择的发展路径。随着近年来志愿服务事业的发展，志愿服务组织数量呈井喷式增长。以北京为例，1993 年为 20 余家，2005 年为 90 余家，2008 年奥运会结束后达 246 家，2009 年有 345 家[1]，2010 年有 7035 家，发展到 2016 年则共有 55687 家。[2] 其中，新生基层各类志愿服务组织在项目管理、组织能力、人员发展等方面存在明显短板，提供服务的专业化程度较低，无法满足各方日渐增多的服务需求，迫切需要提升组织的专业能力。与此同时，志愿服务的服务领域不断地拓展，服务范围不断扩大，服务内容更加专业，对志愿服务组织的能力建设、服务与管理就提出了更高的要求。面对社会的现实需要，社会力量作出了理性的判断与选择，民间（公益）创业型组织应运而生。

民间（公益）创业型的志愿服务支持型组织的特点有：首先，就组织形式的选择而言，多为民办非企业组织（社会服务机构）和社会企业，有的通过民政登记合法取得非营利法人的民事法律地位，也有的通过工商登记取得从事公益事业的企业法人的民事法律地位。这类组织发展目标明确，往

---

[1]　张晓红、张海涛：《后奥运时期北京志愿者组织发展研究》，《中国农业大学学报》（社会科学版）2009 年第 3 期。

[2]　该数据由北京市民政局、北京市志愿服务联合会通过"志愿北京"官网截至 2016 年 9 月的统计得出。

往从成立之日起，就将自身定位为支持型组织。在资金来源上，主要是民间注资，包括创始人投入，基金会的资助，社会捐赠、赞助等。此外，这类支持型组织往往会向支持对象收取一定的成本费用，比如和众泽益志愿服务中心会对接受咨询支持的组织收取一定的费用。当然，也有一些组织在积极探索通过商业模式来进行自我造血，获取资金。比如贵州同心思源助残促进会专为残障人士就业进行项目支持、培训支持，通过商业运营模式，开设侗医无声头疗店面，让聋人为消费者提供头疗服务，从而向消费者收取费用，获得资金，实现发展的可持续。当然，这类组织也会通过承接项目、提供服务等方式从政府获得少量的资金支持。民间（公益）创业型的志愿服务支持型组织在支持功能上，呈现出目标明确、支持专业的特点，提供的支持往往是单项的。比如，北京鸿芷咖啡专注环保主题，主要提供空间支持。

民间（公益）创业型的志愿服务支持型组织在发挥支持功能及自我完善和发展的过程中面临着以下的问题：第一，资金不足，开源节流都已成为这类组织的紧迫任务。第二，难以发掘潜在支持的服务对象。对这类组织而言，服务对象亦即客户。由于种种原因，尽管基层各类组织的发展在项目管理、人员培训等方面有迫切的需求，但较少有组织会积极主动地寻求支持。第三，专业志愿者招募人数不足。支持型组织提供的支持服务也大都由志愿者完成，而且是既懂志愿服务，又具有相关专业背景和从业经验的志愿者，包括人力资源管理、项目管理、法务财务、文化传媒等。

（三）其他社会力量推进型

一般而言，这类组织的产生背景往往经由"直接服务型"组织发展而来。直接提供志愿服务的组织发展到一定阶段后，为了将志愿服务发展到更大的空间、更加深入地触及社会的末梢神经，自发自觉以支持、培育、扶助其他新生的志愿服务组织为己任和使命。比如，调研中发现，贵州师范大学"阳光使者"青年志愿者联合会经过十多年的服务经验积累，逐渐意识到培育、支持新生志愿服务组织的重要意义，从而将组织的工作重心从直接提供志愿服务转向支持各青分会开展志愿服务活动。

目前从整体来看，这类组织数量较少，起步较晚，发展相对滞后。这类组织的出现，大多是为了支持设立单位内部的志愿服务，并不面向社会，其支持功能较为封闭，有局限性。比如，中国农业大学志愿者工作部，主要负责指导农业大学的志愿服务和志愿者选拔、培训、志愿工作的监督管理以及志愿者认证等。在组织形式上，一般为其他组织，这类支持型组织主观上没有意愿，客观上也难以取得法人登记的民事法律地位。在资金来源上，作为单位的内部组织，其办公场所、办公条件、工作人员等基本运行条件的配备和资金需求都由所在单位予以解决。

这类组织在发挥支持功能及自我完善和发展的过程中面临的最关键的问题是功能定位不清。受单位志愿服务的实际发展水平所限，再加之成立时往往缺乏全盘的考虑，在实际运行中，这类支持型组织经常与直接开展志愿服务活动的单位内部组织发生功能交叉甚至相互对立的问题。比如，刚刚成立的中国农业大学志愿者工作部与该校成立时间最长、志愿服务活动开展最好、社会影响力最大的志愿服务总队之间就存在着这样的矛盾。

二、志愿服务支持型组织发展模式的思考

通过实证分析不难发现，无论是政府主导型、民间（公益）创业型还

是其他社会力量推进型支持组织都发挥了不可替代的"支持"作用，是志愿服务事业的中坚力量。与此同时，各种模式的支持型组织在发展过程中也面临着各种瓶颈问题，如何妥善解决好这些问题，是关乎促进支持型组织发展、构建与经济社会发展相适应的布局合理、管理规范、服务完善、充满活力的志愿服务组织体系的重要课题。

（一）政府创新管理的关键

第一，创新的管理方式要一贯到底、落地生根。我国的社会组织管理创新已经有了非常良好的开端，比如，在社会组织注册登记上广东省逐渐推进取消业务主管单位前置审批，北京建构枢纽型社会组织工作体系，上海加大政府向社会组织购买公共服务的力度，等等。但是，如何将这些举措扎扎实实地在管理过程中细化、落实，乃至发展与完善，仍然存在困难。以志愿服务支持型组织的注册登记为例，北京也在尝试社会组织统一直接登记（大兴区志愿服务联合会迟迟未能取得合法登记），而受访对象中能够办理登记的数量仍然较为有限。

第二，继续、持续加大资金投入，完善经费管理制度。调查中发现，有的组织已经面临资金不足的问题，有的组织担心未来面临资金不足的问题。这一阶段的资金保障对支持型组织的可持续发展至关重要。另外，目前政府对支持型组织虽从资金方面提供了支持，但是这种资金支持的同时伴随着传统行政命令式的管控，使得接受资金的组织又爱又恨，实践中甚至出现过将支持资金完璧归赵的极端个案。换句话说，即便是投入了资金，如果后续没有合理的监管制度，其发挥的作用必定大打折扣。因此，正如科研经费管理制度在朝着灵活、自主、激励的方向不断的改革①，政府向社会组织投入经费的管理制度也应当进行适当的改革。

第三，大力培养、培训志愿服务专业管理人员。只有为支持型组织发展提供专业的人力资源，才能真正地提高组织的建设能力，有效地利用组织的物资等各种资源。志愿服务是自愿的，但是志愿服务专业知识的学习则可以强制性地嵌入学校教育的课程内容之中，比如现有的思想品德课程等。其次，重视、鼓励对志愿服务的理论研究，为实践提供源源不断的智力支持，为支持型组织输送最前沿的精神食粮，实现与时俱进的自主发展。

第四，积极创造条件，促进供需对接。政府应积极向志愿服务支持型组织开放更多公共资源，推进支持型组织在更多行业和领域内培育直接提供志愿服务的组织。另外，搭建各种平台，并充分发挥平台的功能，尤其是互联网的统一信息平台，吸引、聚集有关支持服务的供需，从而促进供需对接。

（二）支持型组织自主发展的基本路径

第一，突破人才瓶颈。首先，要有意识地建立志愿服务专家库，通过多种合作方式，吸引各行各业专家的加入，为支持型组织的发展提供全方位、整体性的决策服务。其次，积极探索"招得来、留得住"的用人机制。受访的支持型组织普遍反映，由于待遇较低、职业发展空间受限等原因导致专业人才队伍缺乏，因此，支持型组织要从组织内部尽量为专业人才的成长创造更好的条件。另外，要储备、充实专业志愿者队伍。支持型组织提供的支持服务大都由志愿者完成，而且是有专业知识背景的志愿者，比如，熟悉人

---

① 李燕萍等：《改革开放以来我国科研经费管理政策的变迁、评介与走向——基于政策文本的内容分析》，《科学研究》2009 年第 10 期。

力资源管理、项目管理、法务财务等。因此，支持型组织可通过与高校创建共同培养模式、完善奖励激励制度等从特定专业大学生和工作人员中招募和培育志愿者。

第二，增强社会公信力。首先，要规范和完善组织内部运行管理制度。具体而言，包括组织决策、执行、监督制度和内部议事规则，建立健全人、财、物管理制度和内部信息披露制度，实现组织治理的合法化、民主化和科学化。其次，要提升"支持"能力，形成特色的发展方向。支持型组织的首要任务是提供支持，其影响力和凝聚力不是靠行政力量换来的，而是在提供优质周到的"支持"服务中逐渐形成的。因此，支持型组织自主发展过程中的核心任务就是提升自身支持服务的能力和质量，开创特色的支持服务，形成品牌效应，使得"客户"认可、满意，愿意主动寻求支持。

第三，加强与其他支持型组织之间的横向联系，实现资源共享和内部治理，形成整体合力。支持型组织之间在独立、平等的基础之上，开展多种形式的交流、互动和合作，既可取长补短、相互促进，又不失为扩大自身社会影响力的一种有效途径。另外，通过组织间的交流，可就某些发展中的共同问题达成共识，进而逐渐地建立起一套支持型组织内部运行管理制度，真正实现自主性的自治发展，推动整个行业的内部治理和自律体系的建立健全。

| 第六章 | **新时代志愿服务社会
治理项目研究**

第一节　志愿服务社会治理项目大有可为①

　　志愿服务是公民社会的重要组成部分，是培育公民社会的良好形式，
也是实现公民参与的主要渠道。② 志愿服务也是促进参与行政、合作行
政、行政民主的重要方式。行政机关在行使国家权力，从事国家事务和
社会公共事务管理的过程中，广泛吸收公众参与行政过程，充分尊重公
众的自主性、自立性和创造性，承认公众在社会管理过程中的主体性，
支持公众作为社会志愿者，明确公众参与行政的权利及行政机关的责任
和义务，共同创造互动、协调、协商、对话、合作的新型行政法律制
度，形成政民合作、政企合作、政社合作的行政机制，从而实现行政
民主。

---

　　①　公益志愿服务，重点强调区别于以"自助、互助"为目的的志愿服务。
　　②　陆士桢、张晓红、郭新保：《北京志愿服务模式研究》，北京出版社 2009 年版，第
32 页。

志愿的意义在于公民通过个体的社会责任实现社会公益。① 志愿服务作为一种社会活动和精神理念在中国有着深厚的传统。现代意义上的志愿服务在 20 世纪 80 年代引入我国，到目前不过三十多年时间。② 在这三十多年的时间里，志愿服务通过参与者与他人及社会的互助，挖掘、动员、整合了群众中蕴藏的建设美好和谐家园的巨大能量，激发了社会活力，改善了社会救助及公共服务，推动了社会的综合治理与建设。③ 开展志愿服务是创新社会治理的有效途径，对于形成党委领导、政府负责、社会协同、公众参与的社会治理格局具有重要作用。

公益志愿服务作为创新社会治理的有效途径，一方面，有利于提升社会治理效能，弥补政府公共服务的不足，促进公共服务的效益充分惠及广大人民群众，进一步解放和增强社会发展活力；另一方面，有利于提升公民道德素质，凸显推进国家治理体系和治理能力现代化的精神价值追求。④ 特别是自党的十八届三中全会以来，我国的公益志愿服务在破解社会治理难题方面进行了尝试和探索，既积累了一定的经验，也出现了一些问题。因此，下文将以案例的方式来呈现公益志愿服务的作为（主要是积极作为，也不排除个别值得商榷且具有普遍性和代表性的做法），以期发挥公益志愿服务在破解社会治理难题中的更大作用和功能。

---

① 莫于川：《中国志愿服务立法的新探索》，法律出版社 2009 年版，第 16 页。

② 参见张萍、杨祖婵：《中国志愿服务事业的发展历程》，《当代中国史研究》2013 年第 3 期。

③ 陆士桢、张晓红、郭新保：《北京志愿服务模式研究》，北京出版社 2009 年版，第 4 页。

④ 陈麟辉、管晓玲：《以志愿服务创新社会治理》，《解放日报》2014 年 12 月 18 日。

第二节　志愿服务社会治理项目典型案例

一、精神病志愿服务典型案例——"阳光照进心灵"精神病人居家与社区康复服务项目

（一）项目支持

"阳光照进心灵"精神病人居家与社区康复服务项目是北京市大兴区2017 年志愿服务品牌项目支持计划入围项目。该支持计划自 2016 年开始，每年面向社会公开征集落地在大兴区的志愿服务项目，经过专家团队、大兴区志愿服务联合会和第三方（大兴区社会组织发展服务中心）共同进行资格审查、立项评审等环节，确定当年入围的 100 个支持项目。该计划对入围项目提供的支持主要包括：一定的经费支持；项目负责人专题培训（团队建设、项目管理、财务管理、活动策划等方面）；项目实施全程指导（专家督导、第三方项目检测和咨询辅导）等。

（二）项目基本情况

1. 项目发起人

项目发起人是北京市大兴区精心康复托养中心，一家公益性民办非企业单位。精心康复托养中心成立于 2014 年 10 月，在区民政局注册，隶属于大兴区残联管理，主要承担精神疾病患者的收养、康复及托管工作。该项目的志愿服务团队主要由大兴区精心康复托养中心的专业精神科医师、心理治疗师、康复师、护士等专业技术人才和托养中心通过自媒体招募的医务助理志

愿者组成，当然，康复期病人和家属以及社会志愿团体也会定期来进行志愿帮扶。

2. 项目背景

根据第二次全国残疾人抽样调查显示，大兴区共有精神残疾人 3769 人，重性精神障碍 3041 人，占全区总人口的 10.5‰。而大兴区的精神残疾人仅有少数入住专业机构接受康复训练，绝大部分都没有机会得到规范合理的康复指导和训练。这部分精神残疾人自我封闭，很少参与社会生活，即使在精神症状消失的情况下也很难恢复到病前水平。残疾人家庭也背负着照料残疾人的重担，承受着低收入的煎熬。精神残疾人反复发作、因病致残、因病致贫现象普遍，不仅给这些精神残疾人及其家庭带来了极大的困难，也严重影响到了社区甚至社会的安定和谐。而通过常规的精神科药物治疗，半开放式的系统康复训练，包括心理治疗、特殊工娱治疗、行为矫正治疗、社会功能康复训练等多种形式，对于精神残疾人的病情控制和康复发挥着重要作用，也为社会的安定和谐设置了一道保护屏障。鉴于精神残疾人及其家属迫切需要在精神疾病管理和精神残疾康复方面得到切实有效的服务，北京市大兴区精心康复托养中心发起了"阳光照进心灵"精神病人居家与社区康复服务项目。

3. 项目内容

项目以中重度残疾人为主要服务对象，根据残疾人数量和地域分布特点，遴选出 20 名病情稳定、自愿接受康复志愿服务的精神残疾人和家庭为首批服务对象，每个精神残疾病人将接受不少于 12 次的专业康复训练师的上门指导。

服务内容包括：（1）对精神残疾人功能状态进行评估，根据评估结果制订有针对性的康复计划，指导并督促残疾人和家属一起执行计划，进行家庭康复。（2）对精神残疾人及亲属进行精神疾病知识培训，增强患者与家庭成员的沟通能力。开展家庭危机干预指导，使得患者及其家属能够掌握基本的精神症状表现、发病判断，学习如何进行药物自我管理。（3）通过组织社区活动，帮助精神残疾人开展生活自理、社会交往、职业康复、认知矫正等方面的训练，从而提高精神残疾人参与社会生活的能力，改善其交往、处理问题、寻求帮助的能力。

项目的服务方式包括入户评估指导、集中授课培训、生活康复训练、社会技能康复训练、体能康复训练、家庭作业等。服务地点根据实际情况，可在精神残疾人家庭、所生活的村委会及社区、大兴区精心康复托养中心等地进行康复训练指导。

（三）项目意义和启示

重症精神病患者，尤其是游离在社会保障体制之外、社会风险控制体系之外的重症精神病患者，其自身既是社会的弱势群体、特殊群体，也为社会的安定和谐带来了极大的不稳定性，近些年来屡见报端的精神病人危害社会安全的事件报道就是最好的例证。而在国家社会福利、社会保障体系覆盖不够完善的地区，尤其是农村地区，志愿服务作为一种有益、有效的社会保障的补充，对于缓解这一社会安全问题将会起到积极的进步作用。

恤病和助残是《关于支持和发展志愿服务组织的意见》中提到的重点支持的志愿服务领域之一。目前，各地各有关部门和符合条件的事业单位、群团组织，无论是通过制度安排、经费、人力、物力或是专家智力的支持等方式，积极培育、扶持、鼓励开展针对重度精神残疾人的志愿服务项目或是团队，都显得非常迫切。

二、禁毒志愿服务典型案例——湖州市禁毒志愿服务

（一）湖州市禁毒志愿服务的背景

近年来，吸毒人员的发展、蔓延趋势不断扩大，并趋于年轻化，禁毒工作刻不容缓。根据国家禁毒办、团中央、全国总工会、全国妇联《关于推动禁毒志愿者行动的通知》的精神，遵循"面向全民、突出重点、常抓不懈、注重实效"的方针，大力动员全社会力量，积极参与禁毒志愿服务，开展禁毒志愿者行动，切实把人民群众参与禁毒斗争的积极性引导好、发挥好，形成"人人抵制毒品，人人参与禁毒"的良好氛围是当前禁毒工作的最终目标。从 2010 年开始，国家禁毒办和共青团中央把全国禁毒志愿服务工作试点放在了湖州。湖州市禁毒办和团委面向社会广泛招募志愿者，搭建整体的工作机制，推动禁毒志愿服务项目化、社会化、常态化和专业化。湖州市承办的禁毒志愿服务试点项目被列为"全国深化全民禁毒宣传教育示范单位"，并受到了国家禁毒办的通报表彰。湖州市禁毒志愿服务取得的成绩有以下的经验值得借鉴：

（二）禁毒志愿服务的基本做法和取得的成效

1. 健全禁毒志愿服务组织网络体系

遵循地域分布的均衡性和属地实际的可行性原则，湖州市建立了市、县（区）、乡镇（街道）和社区四级禁毒志愿服务组织网络，为禁毒志愿服务的全面覆盖和常态化提供了基础保障。以湖州市美沙酮维持治疗点（社区戒毒帮教志愿服务站）的建设为例，服务站实行专人负责管理、专业志愿

者定期服务、专业团队配套服务工作机制，广泛开展社区戒毒人员个案状况普查和帮教、社区禁毒宣传等活动，真正构建起让社区戒毒人员"有苦可以诉，有难可以帮"的支持系统。

2. 分层分类分级的志愿者管理制度

湖州禁毒志愿者有企业家、公司白领、公务员、教师、医生、法律工作者，还有大学生和社区工作者等。与一般的关爱类、奉献爱心的服务相比，禁毒志愿服务具有一定的专业性。因此，对于禁毒志愿者，分三类进行管理。第一类是一级禁毒志愿者，都是专业人士，可能是心理咨询师、律师，甚至医师，还有一些是公安战线上的专业人士，能为涉毒的人员和家庭提供专业化的相关服务。第二类是二级志愿者，就是社区干部，还有禁毒委各个成员单位的干部。他们为一级志愿者提供相关帮助，比如家庭的工作、活动的组织工作。第三类就是经常能看到的广大的工作志愿者，不跟毒品、涉毒人员接触。他们主要通过普及性的宣传，让社会的各个层面了解毒品的危害，进行相关的宣传活动教育。大部分禁毒志愿者还是以宣传为主要目的。通过分类，能够更好地管理、建设禁毒志愿服务队伍。

3. 注重项目运作，有序推进禁毒志愿服务系列活动

以"3·5"志愿者日、国际禁毒日等重要节点为契机，组织禁毒志愿者广泛开展禁毒宣传、自护教育、关爱服务等活动，切实增强市民禁毒意识，提高社会识毒防毒拒毒能力。一是开展禁毒宣传进社区活动。通过咨询服务、图片巡展等形式，广泛开展禁毒宣传活动，先后举办"禁毒讲座进社区"等咨询服务。二是举办全市禁毒公益作品大赛活动。向全市公开征集公益宣传作品，评选出一批优秀公益作品，并汇编成册。组织开展获奖作品走进学校、走进社区等公益宣传。在征集过程中，有不少禁毒志愿者走进

学校，通过做图片讲座，告诉青少年毒品危害。三是开展"青春红丝带关爱农民工"专项活动。以农民工为重点服务对象，以远离毒品、预防艾滋、生殖健康为主要内容，组织志愿者深入企业、工地提供针对性服务。①

4. 对涉毒人员提供全方位、专业化的帮扶

一是实施困难救助。结合"希望工程圆梦行动"专项行动，对家庭贫困的青少年社区戒毒对象开展结对帮扶，提供针对性的帮助。二是实施心理疏导。针对社区吸毒人员开展"1+1"心理结对帮教，定期开展面对面交流，实施跟踪教育转化，从生理和心理上帮助戒毒人员彻底戒断毒瘾，提高毒品抵抗能力。联合媒体开通心理咨询QQ群，定期为未成年社区戒毒对象提供心理咨询服务。志愿者们晓之以理，动之以情，引导戒毒人员正确对待挫折和烦恼，增强他们的戒毒意志。三是实施职业帮扶。针对有就业愿望的社区戒毒对象开展职业技能培训，为其顺利就业创造条件。推行"公益劳动基地"模式，组织戒毒对象定期参加公益劳动和志愿服务，切实增强他们的劳动热情和责任意识。四是实施亲情关爱。禁毒日期间，组织禁毒志愿者走进湖州市强制隔离戒毒所开展戒毒人员及家属座谈，了解戒毒人员和家长需求，探讨戒毒志愿服务工作存在的问题与困难。亲情关爱活动建立禁毒志愿者、戒毒对象及其家人三者之间的信息互通、困难互助机制，有效加快了戒毒对象的转化教育进度，帮助他们尽快融入家庭生活，取得较好的帮教效果。

（三）湖州禁毒志愿服务的启示

湖州市注重打造一支数量多、专业性强的禁毒志愿服务队伍，加强禁毒

---

① http://zjnews.zjol.com.cn/system/2015/06/05/020685548.shtml。

志愿服务制度化建设，建立了禁毒志愿服务网络平台，解决禁毒志愿服务专业化、职能化工作的重点、难点问题，形成禁毒志愿服务工作经常化和规范化发展思路，切实发挥禁毒志愿服务工作在禁毒宣传教育和戒毒社会服务中的积极作用。通过引入民间专业志愿服务力量，充分发挥医生、心理师、法律工作者等专业志愿者的专业特长和技术专长，来积极开展对吸毒人员的帮教和矫治；吸纳广大市民参与禁毒宣传等志愿活动，对于提高全民防毒禁毒意识、遏制毒品蔓延具有重要意义。可见，推进禁毒工作的顺利开展，既需要司法行政系统到戒毒场所去开展这项工作，也需要热心公益事业的社会各界人士共同参与，志愿服务大有可为。

三、文化执法志愿服务典型案例——"护苗"志愿服务项目

（一）项目简介

"护苗 2017"专项行动计划是在北京团市委的组织协调下，在北京市"扫黄打非"办公室的指导下，依托北京青年政治学院成立的专项志愿服务活动。护苗行动是北京市"绿书签"系列宣传活动中首次引入了志愿服务的元素，从而更好地达到"绿书签"宣传活动的效果，促进"绿书签"系列活动倡导公众尊重创意、支持正版，在全社会掀起营造繁荣、健康、有序的文化市场环境热潮等宗旨和目标的实现。

（二）项目基本情况

1. 项目发起人

"护苗 2017"专项行动计划是由北京市"扫黄打非"办公室（是在全

国"扫黄打非"工作小组办公室领导下的地方工作领导小组，是北京市文化市场行政执法总队的下属机构。北京市文化市场行政执法总队是负责本市文化市场综合行政执法工作的市政府直属行政执法机构）、共青团北京市委员会、北京青年政治学院主办，北京青年政治学院、北京市文化市场执法总队青联承办，由北京青年政治学院一千多名学生担任志愿者组成的志愿队伍。"扫黄打非"办公室组织资深执法管理人员为大学生志愿者提供专业的法律知识培训，团市委提供全市 500 余家社区青年汇、海淀寄读学校等活动落地的平台和渠道，与大学生志愿者一起，共同推进"远离有害出版物、多读书读好书"这一宣传目标的实现。

2. 项目背景

习近平总书记在全国宣传思想工作会议上强调，要把网上舆论工作作为宣传工作的重中之重来抓，要积极关注参与互联网这一"扫黄打非"主战场，深入开展"净网"行动，实现文明上网、绿色上网。2017 年 3 月，全国"扫黄打非"办公室做出部署，要求各地"扫黄打非"部门从 3 月至 11 月，认真组织开展"净网 2017"、"护苗 2017"和"秋风 2017"等专项行动，针对重点领域存在的淫秽色情信息、非法有害少儿出版物及"三假"等突出问题，进行集中整治，严厉打击不法行为，持续净化文化市场环境。正是在这样的社会大背景下，为了深入推进文化知识产权保护工程，营造未成年人健康成长的社会文化环境，北京市团市委与市"扫黄打非"办、市文化执法总队、北京青年政治学院联合开展了"护苗"志愿服务项目。

3. 活动内容

（1）普法宣传活动：主要由"护苗"志愿者分队负责开展。北京青年政治学院文秘与法律系学生作为北京青年政治学院'护苗行动'的专业先锋队担任起小教员的职责，走进社区、走进学校，积极向广大青少年宣传版权保护的有关知识，学法懂法，正确认识盗版制品和不健康出版物的危害，自觉拒绝盗版，远离文化垃圾。2017 年暑期，护苗志愿者小分队计划走进北京市朝阳区高家园社区进行有针对性的普法宣传活动。

（2）提供执法线索：主要由"净网"志愿者分队负责。净网志愿者队伍协助有关部门（北京市文化执法总队、北京市"扫黄打非"办公室）清理妨害青少年健康成长的出版物及网络有害信息，引导广大青少年绿色阅读、文明上网。

（3）宣传"绿色阅读"：由"护苗"志愿者分队和"净网"志愿者分队负责，主要在校园内联合各部门宣传倡导"多读书，读好书"、"文明阅读，绿色上网"的阅读理念。

（三）项目意义和启示

2017 "护苗"志愿服务项目依托高校成立护苗志愿者队伍，将宣传活动深入高校，积极发挥大学生志愿者引领示范作用。项目一方面通过志愿服务提高大学生自身对"扫黄打非"法律法规的学习和认识，增强保护知识产权的意识和能力，另一方面可以深入推进文化知识产权保护工程，为未成年人营造健康成长的社会文化环境。应该说，这是文化执法领域在引入社会力量实现行政执法、社会治理目标的一次有益尝试。

在这项志愿服务项目中，时时体现出创新"社会综合治理"的理念和思维，而正是因为引入了志愿服务的元素，才能有效地将各种力量进行整合，从而实现"1+1>2"的社会效果。

四、治安志愿服务典型案例——首都治安志愿服务

（一）首都治安志愿服务协会

首都政法综治工作向来有着专群结合、群防群治的优良传统和政治优势。近年来，围绕深入推进平安建设和社会治理，北京市注重将传统的政治动员与现代志愿服务理念紧密结合，于 2010 年 6 月率先在全国成立了首都治安志愿者协会。首都治安志愿者协会是全市范围内热爱社会公益事业，志愿参加基层社会治安巡逻防范工作的各界人士共同组成的全市性社会团体。协会的宗旨是，组织全体会员即治安巡逻志愿者在社区（村）党组织和基层公安派出所的领导下，在社区、行政村内参加治安巡逻防范，维护社区（村）、内部单位治安秩序，为维护首都的安全稳定作出贡献。2015 年首都治安志愿者协会设立专项基金管理委员会。专项基金主要是通过政府拨款或资助、社会各界捐赠等形式设立，按照协会宗旨，专门用于平安志愿服务项目研发、志愿公益活动推广、特殊困难志愿者帮扶救助、优秀志愿者组织和个人慰问奖励、志愿服务研究培训、对外交流等，以促进首都平安志愿服务事业健康持续发展。

作为群防群治力量自我管理、自我服务的平台，首都治安志愿服务协会自成立以来，通过志愿引领、政府扶持、精神激励等多种形式，充分调动了广大人民群众参与平安建设的积极性和主动性，协助公安等专门机关圆满完成了北京奥运会、党的十八大、北京 APEC 会议、纪念抗战胜利 70 周年等一系列重大活动的安全保卫工作。截至目前，全市实名注册的治安志愿者已超过 85 万人，各类群防群治力量动员总量近 140 万人。

（二）基本做法和取得的成效

1. 积极探索现代志愿服务与传统群防群治的融合模式

群防群治是治安管理和平安建设的工作基础，是党的群众路线在治安领域的集中体现，是实现社会长治久安的重要保证。随着社会结构的深刻调整和人们思想观念的深刻变化，传统的政治动员方式面临着一些挑战。现代意义的志愿服务是全人类的共同需要，是一种世界现象。志愿服务作为连接个体和社会的重要途径，是全人类共同的思想宝藏。经过"奥运周期"洗礼后的北京志愿服务，志愿精神得到了广泛普及，志愿服务理念逐渐深入人心。首都综治办正是敏锐地抓住这一时代背景和契机，将志愿服务理念引入群防群治工作，积极探索用志愿机制对传统群防群治工作进行提升和整合，用志愿理念来凝聚力量、发动群众，为群防群治注入新的生机与活力。具体而言，有以下做法：

一是大力弘扬志愿服务理念。深入挖掘志愿服务精神内涵，充分利用各种传媒手段进行广泛的宣传。二是培育建设治安志愿服务文化。通过聘请知名人士担任治安志愿者宣传大使，制作治安志愿者之歌、志愿者协会会徽，统一服装和标识等治安志愿文化建设，增强治安志愿的凝聚力。三是建立完善的组织网络。在市治安志愿者协会的基础上，区、重点行业建立分会，在街道（乡镇）、社区（村）建立志愿者工作站，搭建起四级平安志愿服务体系和网络。四是提高志愿服务制度化管理水平。具体包括：注册、记录、记录证明制度，星级评定制度，保险保障制度等。比如，为所有治安志愿者购买了人身伤害意外保险，凡在治安执勤期间导致意外身故或残疾的志愿者，均能得到保险保障。

2. 积极拓展现代治安志愿服务含义，丰富治安志愿服务内容

成立伊始，协会名称为"首都治安巡逻志愿者协会"，而后更名为"首

都治安志愿者协会"。这名称的更改既是对北京治安志愿服务含义拓展的直接外在表现，也是其最为直接的见证。面对首都新形势下平安建设的需要，首都治安志愿服务从单纯治安巡逻发展到广泛参与平安建设，为新时期创新和加强首都社会治理工作发挥了重要作用。其服务范围和内容主要包括：

一是提供安全稳定信息。志愿者们在街头巷尾、楼门院落及时了解收集社情民意，并在第一时间排查发现，上报各类涉及反恐防暴和安全稳定的行动性和苗头性信息，为专业部门及时应对突发事件提供有效信息。二是开展社会治安巡逻。在公安机关的指导下，组织开展治安巡逻、邻里守望，及时发现、报告和消除各类治安问题和安全隐患，宣传引导群众出行，争取市民理解支持。三是调解矛盾纠纷。骨干志愿者们通过入户走访、民意恳谈、社区议事等形式，广泛了解民情、全面收集民意，协助开展矛盾纠纷排查化解工作。四是服务特殊人群。对各类特殊人群，协助专业部门开展政策宣传、服务登记、社区矫正、安置帮教、教育转化和探访护理，分门别类地开展一系列志愿服务活动。五是开展城市秩序劝导。志愿者们对摆摊设点、占道经营、违章停车等影响地区治安环境和城市秩序的各类违法经营行为等进行劝导和调解，协助做好城市运行状况的监测和维护。

3. 积极建设品牌，打造群防群治的靓丽名片

一个优质的志愿服务品牌，以其渗透心灵的品质，散发着无与伦比的影响力。有了响亮的品牌，就能够获得更多人的支持，吸引更多的人参与，最终帮助更多的人。所以说，有"品牌"才能够照亮志愿服务未来之路。正是意识到品牌的力量，首都治安志愿服务积极建设品牌项目，努力打造群防

群治的靓丽名片。近年来，涌现出了"朝阳群众"、"西城大妈"、"海淀网友"、"丰台劝导队"等一大批群众参与的时代品牌。下面以"朝阳群众"为例，进行简单的介绍：

朝阳是北京市城区中面积最大的一个区，人员比较复杂。在 20 世纪 70 年代，"朝阳群众"配合公安部门抓获了 6 名苏联间谍，《人民日报》当时曾刊发长篇通讯，宣传"朝阳群众"。可见，"朝阳群众"对首都稳定和家园平安的警觉似乎由来已久。

在拥有良好群众基础和传统特色下，朝阳区因势利导，提出要按照不少于常住人口 3% 的比例发展社会治安志愿者。在提出目标的同时，也进行了积极培训、促进、保障和激励等。积极开展培训。为提高"朝阳群众"识辨"坏人"能力，朝阳区定期组织开展培训，总结了发现精神萎靡、形影消瘦的陌生人要报告，夜间常有男子进入衣着暴露女子出租房的要报告等"八发现八报告"经验，并在 APEC 会议等大型活动期间组织志愿者到一线巡逻实战。提供财政支持、补助、保险保障等。区财政每月按 300—500 元标准，对治安志愿积极分子给予补贴；尤其在安保执勤工作期间因遭遇突发暴力恐怖事件导致身故或残疾的志愿者，可以获得保险保障和区治安志愿基金的补助。实施激励回馈。规定凡参加了一定时限的治安志愿活动者，可作为本人及子女就业创业就学、入党入团、职称评定等方面的重要参考。

既有民间力量的推动，又有政府的主导，使得"朝阳群众"队伍壮大，成果显著，品牌响亮。一是队伍壮大。朝阳区大多数沿街门店，特别是从事特种行业经营的店主，大都是注册治安志愿者，保安、文明乘车引导员、环卫工人等接触人流较多的从业者，虽然他们没有戴"红袖章"，但普遍纳入了治安志愿者管理名册。朝阳区治安志愿者总数突破十万之众，形成了覆盖城乡、渗透各行各业的群防群治网。二是成果显著。比如说，仅 2015 年一年，"朝阳群众"就向公安机关提供情报信息线索 21 万余条，从中破案 483 起，其中涉及吸毒贩毒线索 851 条。三是品牌响亮。自 2013 年以来，随着多名网络大 V、明星艺人因嫖娼、吸毒而被"朝阳群众"举报，最后落入警方之手，"朝阳群众"被戏称为"世界第五大王牌情报组织"。

（三）首都治安志愿服务的启示

近年来，随着经济、科技的发展和改革开放的进一步深入，我国社会治安形势出现了许多新的严峻情况和问题，公安机关面临的工作任务更加繁重、复杂和艰巨。面对严峻的治安形势和现有警力、财力严重不足的情况，只有坚持"社会治安社会管"的指导思想，有效实现防范工作社会化，把群众组织起来，建立维护社会治安工作的有效机制，织成人民群众防范、打击的天罗地网，为社会主义现代化建设和改革开放创造良好的社会治安环境。

首都治安志愿服务积极适应新形势下平安建设的需要，积极探索新思路，对传统的群防群治工作加以改革和拓展，把志愿服务与平安建设有机融合，科学创设和积极发展平安志愿服务事业，探索形成了行之有效的组织模式、管理机制和工作方法，将平安志愿服务工作覆盖和延伸到各区域和重点行业系统。传统与现代的结合，治安与志愿的结合，使得平安北京志愿服务具有强大的生命力。

五、信访志愿服务典型案例——河南省开封市信访志愿者专项服务行动

（一）行动背景

为认真贯彻河南省开封市委常委会和全市信访稳定工作会议精神，全面落实"要建立群众信访志愿者制度，推动信访志愿者工作扎实开展"的有关要求，2013 年开封市启动了信访志愿者专项服务行动。开封市信访志愿者专项服务行动是政法综治信访基层基础建设的"创新"举措，在河南省尚属首次。

（二）行动内容

1. 关爱帮扶行动

信访志愿者关爱帮扶行动，旨在采取"一助一"、"多助一"结对等形式，针对信访人家庭经济困难问题，积极开展捐款款物和节日慰问；针对就业创业问题，及时提供技能培训和就业岗位；针对看病就医问题，积极开展医疗义诊和送医送药；针对老人赡养问题，积极提供生活照料和日常服务；针对子女教育问题，积极提供希望工程助学金和家庭辅导，从而促使信访人早日息诉停访。比如，2013 年端午节期间，三十余名信访志愿者深入信访户家中，为信访户送去了电磁炉、粽子、粮油等慰问品，并为他们的子女赠送了书包、文具等学习用品。

2. 信访矛盾排查化解工作

按照"厘清脉络、区别对待、重点突破、整体推进"的工作方针，对

信访人利益诉求合理、上访渠道正常的，认真分析研判症结所在，主动联系、协调、督促信访诉求处理职能单位推动问题解决。

3. 深入基层调查走访

深入基层一线，信访志愿者深入信访人家中开展走访活动，了解信访人家庭情况和思想动态，了解生产生活中存在的实际困难。比如，2013 年 106 名信访志愿者走进信访农户家中，了解农户情况，帮助解决"三夏"生产中遇到的困难和问题，拉近了关系，取得了谅解，促进了和谐。

（三）行动的评价

1. 积极意义

第一，领导高度重视。鉴于信访工作的特殊功能和地位，市委市政府十分重视，成立了领导小组，动员发动各部门各单位积极组建队伍，开展服务。第二，注重专业性，积极开展专业培训。开封市信访志愿者专项服务行动对信访志愿者进行不少于 30 小时的专业培训，内容涉及信访工作法律法规、信访工作处理办法、接谈技巧、刑法、民法、心理学、社会学等基本知识。第三，凸显"服务"。志愿者把信访群众当家人，把群众来信当家书，把群众之事当家事，把群众工作当家业，以情感人、以诚待人、以实助人，有效化解疏导信访人情绪。比如，某些基层还具体提出了"一声问候、关心群众；一张笑脸、贴近群众；一杯热茶、尊重群众；一片热心、帮助群众；一份记录、沟通群众；一句祝福、温暖群众"的服务要求。

2. 值得特别注意的问题

信访志愿服务依然是"志愿"，因此"被志愿"、"义务要求"等要素应当尽量避免。比如，该市信访志愿者专项服务行动要求"各县区、各高校分别组建 1 支不少于 100 人的信访志愿者专业队伍。市志愿服务工作协调指导委员会各成员单位、有信访问题处理任务的市直有关单位分别组建 1 支不少于 30 人的信访志愿者专业队伍"。行动还要求"每个信访志愿者工作小组联系一个信访对象，督察一件信访案件，解决一个信访问题。工作中牢固树立把信访群众当家人，把群众来信当家书，把群众之事当家事，把群众工作当家业的工作理念。每个月开展信访志愿服务不少于 5 天，全年开展结对帮扶不少于 5 次，解决信访人实际困难不少于 5 个，回访信访群众不少于 5 名"。行动在某些基层甚至要求建立"信访志愿者"实绩档案，对该项工作进展情况进行考评，并严格落实效能问责制度。或许队伍很快就建立起来了，工作也都进行了，但是，志愿的特性却被弱化，长此以往，造成对"志愿服务"的误解和曲解，最终损害的不仅是志愿服务事业，也会对和谐社会的建设带来不良影响。可见，在信访领域开展志愿服务还需要更多的摸索。

六、青少年犯罪矫正和预防典型案例——青雁青少年权益保护志愿服务项目

（一）项目的发起

早在 2003 年，关注青少年权益保护问题的南京理工大学公务学院社工系主任张曙老师就发现，学院社工专业学生参与社会实践和实习的机会不多。而此时检察院非常需要社工对犯罪青少年进行矫正工作。正是这个契机，促成了鼓楼区人民检察院与南京理工大学公共事务学院联合发起了"青雁青少年权益保护志愿服务项目"。项目旨在通过社工的志愿服务，对

犯罪青少年进行矫正，让其良好回归社会，同时在中小学开展青少年犯罪预防。

（二）项目的运作

项目运行中，鼓楼区人民检察院充分发挥牵头作用，目前合作单位扩展到秦淮区检察院、浦口区检察院、南京理工大学附属实验小学、孝陵卫中学等中小学。项目志愿者共有 400 余名，主要由具有较强的社会责任心和较高的社会工作技能和素质的社工专业学生组成，一些经过矫正的犯罪青少年也会自愿担任志愿者。项目还聘请了 26 名指导老师对志愿者以及项目的运行进行督导。此外，项目还从关心、关爱、关护角度出发，以本院、社区、学校为主阵地，设立了心理谈话室、干预治疗室、小组活动室、筑爱社区小屋等志愿者服务站点，积极拓展了志愿服务的终端。

项目开展各项青少年犯罪矫正和预防活动。具体包括：开展未成年人犯罪矫正活动 10 余次，受益 50 余人，实现零再犯，全部重返校园或稳定就业；开展犯罪预防社工宣讲 20 余次，受益 1500 余人，开展行为偏差重点预防达 35 人；现已与南京多所中小学校开展青少年犯罪预防工作，效果显著，获得多方好评。这些活动的开展形式多样，比如，法制特色宣讲。检察官和司法社工以电台脱口秀、新闻播报、话剧展演等方式加入互动、游戏的环节，使普通青少年在轻松活泼的氛围中学习到实用法制知识；再比如，"守护青春"专业成长小组，通过生命教育、安全教育、预防犯罪教育、自我保护知识教育等一系列活动的开展，在活泼有趣的游戏中，让高危行为青少年学习到生命的意义，避免其走上犯罪道路。

（三）项目的成效及经验

1. 项目的成效

一是项目实现从常态化到机构化的转型升级。十多年前，这只是一个合作项目；十多年后，项目注册成立"青雁青少年权益保护中心"民办非企业单位，并在鼓楼区检察院的帮助下建立中心办公室。二是项目不断完善，取得各种成绩。2014 年，项目获得了共青团中央举办的首届"创青春"全国大学生创业大赛公益创业赛铜奖。在 2015 年南京柯菲平公益基金会微 C 支持计划评比中荣获优秀团队奖，2015 年度被评为"江苏省十佳志愿服务项目"。三是项目脚踏实地服务青少年，为维护青少年合法权益作出了积极贡献。项目总计介入青少年犯罪案件 300 余件，矫正的青少年共计 450 余人，年平均开展中小学犯罪预防以及教育活动百余次，受益中小学生上千名。

2. 项目的经验

一是引入专业社会力量开展青少年犯罪矫正和预防志愿服务。检察院与高校社工专业师生合作，运用社会工作专业的服务手法，为项目的专业化打下基础。二是提供全方位的服务。尽管项目的直接服务对象是青少年，但是项目的服务范围则是全方位，包括犯罪青少年的家人和相关社会关系，帮助青少年重新融入社会。比如说，在一次志愿服务过程中，志愿者发现，犯盗窃罪的青年小王其实是非常善良的男孩子，他多次实施盗窃是由于家庭经济状况十分糟糕。他父亲患有糖尿病，母亲务农，家中还有一个妹妹，家庭收入无法支付父亲的医疗费用。就这样，小王没有正确对待困境转向了盗窃。了解到这个情况之后，志愿者们从其家庭着手，联系了民政、妇联等机构去帮助小王的家庭。家庭经济情况的好转，也带来了小王的转变，经过矫正教育，小王开始学习烹饪手艺，打算自立自强，开一家包子店，绝不再回到违法犯罪的老路上。三是针对青少年的身心特点，用平等的心态真切地帮助青少年。青少年所处的特殊生理和心理时期，与成年人在许多方面存在很大的差异。因此提供服务时，切忌不要表现出是去献爱心和表达同情心的，不能用另类的眼光来看待他们，要平等对待，要注重重塑犯罪青少年的自信心。

第三节　志愿服务社会治理项目需要特别注意的问题

通过上述案例不难发现，全国各地各领域都意识到现代志愿服务这一全人类思想宝藏、全人类共同财富的巨大魅力，既有民间力量自下而上的探索，更多的还有各级各地的行政主管部门在创新性地将志愿服务融入自身的主管工作之中。这些尝试和探索，有的刚刚起步，有的初见成效，也有的需要反思和及时调整。整体而言，公益志愿服务破解社会治理难题的初衷是美好的，基本的尝试是可行的。但是，为了其更好地发展，需要特别注意以下几个问题：

第一，坚持"志愿"的原则。无论是什么样的志愿服务，也无论对志愿服务寄予何种期待，志愿服务的基本特性不能不坚持，否则，就不是志愿服务。其中，最为重要的特点之一就是"自愿"。"志"，是心之所往；"愿"，是情之所愿、自己愿意。因此，"志愿"从字面意思来看就是"有志向心的自愿行为"。强调个体的自由意志和个人选择，而非受第三人或外界的强制，这样才能使志愿服务与职务行为区分开来。志愿服务不能作为一种义务而强加于任何社会成员。志愿活动可以由政府或社会组织发动，但志愿者都是作为个人自愿参与其中的，在参与过程中始终保有选择是否参与的权利。

第二，坚持"法治"原则。在破解社会治理难题的公益志愿服务中，许多服务都与行政主管机关的职权和职责有着千丝万缕的联系。在推进志愿服务的进程中，坚持法治原则、坚持依法志愿显得格外重要。按照合法性原则的要求，行政机关的职权既不能"授权"，也不能"委托"合法行政主体之外的任何团体和个人来实施。换言之，志愿者在公益志愿中，没有任何的"权力"，也没有相应的"职责"，来代替行政主体行使和履行其职权职责。

第三，处理好政府与志愿服务的关系。志愿服务的理论研究和实践经验都表明，认为志愿服务应当免予政府干预的观点是站不住脚的。对于志愿服务事业的发展，政府肩负着义不容辞的责任。但政府绝不能仅仅将志愿服务作为实现行政目标的主力军从而放弃本应属于自身法定的职责。联合国志愿服务人员组织在《2011 年世界志愿服务状况报告》中指出，"政府应当恰到好处地为促进所有类型的志愿服务的发展创造好的条件和环境……挑战在于如何将政府和其他利益相关方的行动与民间的志愿行为进行融合，来互助加强行动效能，强调合作和互补。"因此，一方面要强调政府更多更好地发挥鼓励、保障、促进等作用，不要在不经意间扼杀了民间志愿服务的动力；另一方面要强调二者之间的合作与互补，提高政府行为的效能和效率，提升民间对自身影响社会福祉能力的信心。

| 第七章 | **新时代国际志愿**
服务的新思考

第一节　国际志愿服务概述

"国际志愿服务"一词，往往在两个层面上来使用，一个是指除本国以外的其他国家和地区在其境内开展的志愿服务，在这个意义上即"外国志愿服务"；另一个是指国际组织及各个国家和地区向全球或其境外开展的志愿服务，在这个意义上也使用"海外志愿服务"、"对外输出志愿服务"的称谓。需要指出的是，志愿服务一词为舶来品，理论和实务界一直十分关注国际志愿服务，但对其含义似乎并未有意识地进行区分，提及"国际志愿服务"更多的是指外国志愿服务。比如，在《国际志愿服务及其对中国社会建设的启示》等研究中，更多的谈及外国志愿服务等。随着"一带一路"倡议的提出，"社会组织走出去"成为一个重要的议题，国际志愿服务的"海外服务"的含义开始受到理论和实务界的重视。这里主要关注后者，即志愿的"国际"服务。

一、国际志愿服务的含义特征

（一）基本含义

国际志愿服务，也称"海外志愿服务"、"对外输出志愿服务"。顾名思义，是指在海外（境外）提供的志愿服务。我国专门界定"国际志愿服务"的学理性概念较少。比如《中国志愿服务大辞典》从对国际志愿者的视角对其有一定的界定，"国际志愿者是因参加某个国际志愿服务项目（volunteering abroad program）而在本国之外的其他国家或地区自愿提供无偿服务的人或人群。广义上的国际志愿者，还包括因工作、旅游等原因旅居国外并在居住地自愿提供无偿服务的人或人群。""本国之外"成为最核心的要素之一。此外，也对国际志愿服务从发起主体的角度进行了分类，包括由政府部门及其委托机构策划组织的官方国际志愿服务，和由非官方的商业机构与非营利机构组织的非官方国际志愿服务。

从我国实务角度来看，在立法文件中也曾有过一定的介绍，比如《援外志愿者生活待遇内部暂行办法》第二条规定，"援外志愿服务是指利用我国对外援助资金，由专门机构选派志愿人员到发展中国家从事语言培训、技术培训、文化传播、医疗卫生等公益性的服务。"[1] 在此基础上，商务部部门规章《援外青年志愿者选派和管理暂行办法》进一步对"援外青年志愿者"进行了规定，"援外青年志愿者是指利用国家对外援助资金，由专门机构选派到发展中国家，直接为发展中国家当地人民服务的青年志愿人员。援

---

[1] 《商规法》2004 年 399 号。

外青年志愿者主要被派往对中国友好的发展中国家从事教育、医疗卫生和其他有益于发展中国家公益事业发展的服务。援外青年志愿者是国家援外人员的组成部分，以志愿人员身份到发展中国家工作。"共青团中央办公厅关于印发《援外青年志愿者招募、培训（暂行）办法》的通知（中青办发〔2006〕26号）中进一步明确，"援外青年志愿者工作是团中央、商务部为更好地服务党政外交大局和对外援助工作，增进中外友好，丰富对外援助方式，促进青年志愿服务事业的国际交流与合作，通过公开招募、自愿报名、集中选拔、培训和派遣的方式，选派青年志愿者到国外开展为期半年至2年（一般为1年）的汉语教学、体育教学、医疗卫生、信息技术、农业技术、土木工程、工业技术、经济管理、综合培训、社会发展等方面的志愿服务工作。援外青年志愿者是国家援外人员的组成部分。"

从这些法律政策文件来看，国际志愿服务主要提及"援外志愿服务"，国际志愿者主要提及"援外青年志愿者"。这二者的核心要素包括：一是国际志愿服务的定位——对外援助。"利用我国对外援助基金"、"丰富对外援助方式"、"国家援外人员的组成部分"等字眼多次在概念界定中出现。可见，我国已经将国际志愿服务作为对外援助的重要方式。二是国际志愿服务的服务地点——发展中国家。"选派到发展中国家"、"发展中国家工作"、"直接为发展中国家当地人民服务"、"主要被派往对中国友好的发展中国家"等反复出现。可见，我国的国际志愿服务较为重视"南南合作"，服务地点多选择为发展中国家。三是国际志愿服务的服务领域——公益事业。"语言培训、技术培训、文化传播、医疗卫生"，"汉语教学、体育教学、医疗卫生、信息技术、农业技术、土木工程、工业技术、经济管理、综合培训、社会发展等"。与此同时，根据近期的实际情况来看，应急救援、灾后重建等也成为援外青年志愿者的重要服务领域。

通过对我国理论、法律政策中对"国际志愿服务"的相关界定，认为国际志愿服务是国际志愿者、志愿服务组织和其他组织在本国之外提供的自愿、无偿的公益服务。从主体来看，开展国际志愿服务的主体十分广泛，既包括国际志愿服务组织（或者称国际志愿人员组织），比如成立于1934年的国际公民服务团（SCI）、联合国志愿人员组织（UNV）等；也包括各国的政府主导的志愿服务组织和志愿者，比如说我国的援外青年志愿者、美国的和平队、英国的海外志愿服务社（VSO）、澳大利亚的国际志愿者组织（AVI）、日本的国际协力机构（JICA）和韩国的国际合作机构（KOICA）等；还包括跨国非营利组织（NGO）和其他组织（跨国企业）等。从服务地点来看，一定是在本国以外的国家和地区。

另外，需要特别指出的是，国际志愿服务涉及境外接受服务国家和地区，因各国政治制度、经济发展、语言文化风俗等差异，在组织性、安全性、保障性等方面有着较高的要求，对志愿者、志愿服务组织乃至派遣国等都有着更高的要求。这些特殊之处使得国际志愿服务在运行上具有独特的特征。

（二）政府主导型国际志愿服务组织的运行特征

尽管大规模、有组织的国际志愿服务经过近百年的发展，非营利组织、私营部门等成为国际志愿服务的重要力量，但是官方、政府主导的国际志愿服务组织依然占据着重要的地位。比如，在国际志愿者合作组织会议（IVCO）的主要国际志愿者组织中，绝大部分成员依然是政府主导型。另外，考虑到非营利组织、私营部门较为分散的特点，下面将主要以政府主导型国际志愿服务组织为例，简单介绍国际志愿服务的运行特征。

目前，政府主导型国际志愿服务组织依照其不同的功能定位也分为不同的类型。一类是支持型组织，也称为"伞形组织"，比如，瑞士的 Unitē。该组织通过向政府申请项目资助对境内从事国际志愿服务的组织或项目进行支持，同时负责制定国际志愿服务行业标准，进行相关培训并实施行业管理等。另一类是既对国内从事国际志愿服务的组织或项目进行支持，也直接派出国际志愿者开展国际志愿服务项目。比如法国的 La Guilde，该组织与法国政府部门合作，获得项目经费支持，一方面支持国内的小微国际志愿服务项目，另一方面在世界三分之一的国家设立组织分部，与当地志愿服务组织合作，共同完成志愿服务项目。还有一类是直接提供国际志愿服务的组织，比如，新西兰的 Volunteer Service Abroad，在世界各国设立分部，派出志愿者与当地志愿服务组织对接。

不管是哪种类型的国际志愿者组织，在运行上都有一些共性：第一，在政府层面，都有外交部或其他相关政府机关与接受志愿服务国家的政府机关建立良好的合作关系，为国际志愿服务的开展奠定政治基础。第二，都非常重视与当地志愿服务组织的合作。绝大部分国际志愿者组织都会与接受国当地志愿服务组织合作，没有当地组织的协助，国际志愿服务似乎难以完成和实现。第三，较大的国际志愿者组织都坦诚组织经费的百分之九十直接来源于政府。换句话说，各国政府对国际志愿者组织扶持力度非常大。第四，各国的国际志愿者组织都非常重视建设一支能够在接受服务国发挥作用、打开局面的分部管理人才队伍，往往一个地方也就两名左右工作人员，负责沟通和对接组织在国内的总部提供资源与接受国（分布所在地）的志愿服务需求，起到关键性的桥梁作用。多国总部负责人都说，没有他们，工作难以开展。

二、国际志愿服务的历史和发展

（一）整体概况

最早的大规模的国际志愿服务始于第一次世界大战之后。面对战争造成的损害和破坏，一方面生产等待恢复，家园需要重建，另一方面人们需要团结和平的氛围，需要理解和沟通。此时，工作营运动和早期传教士服务应运而生，成为大规模国际志愿服务的最早表现形式。其中，发端最早、最具有代表性的国际志愿服务组织即为国际公民服务团。1920 年，瑞士工程师皮埃尔以工作营的方式开展的和平和人道主义运动，也是第一个国际志愿服务项目。该项目选择的服务地点为第一次世界大战战场法国凡尔登的一个小村庄。三名德国志愿者和项目团队的其他志愿人员一起，为人们搭建临时住所和清理农场和土地，对被战争毁坏的一个村庄开展重建工作，并以此作为法德两国和解的象征。[①] 而这就成为目前国际公民服务团（SCI）的前身。该组织目前共有 42 家分支机构，为不同背景、不同年龄的人们提供服务，从而进行和平文化的传播和教育。

第二次世界大战后，随着非殖民化运动兴起，国际志愿服务开始更多关注为新独立的国家提供紧急援助和经济救助，通过派遣志愿者来满足新独立国家的技术技能和"中级人力"需求。各国和跨国社会组织纷纷派遣志愿人员，帮助前殖民地国家发展经济。这一阶段，大部分的国际志愿

---

① http://www.sci.ngo/who-we-are/history.

服务组织获得的绝大多数资金都来自各国政府，旗帜鲜明地使志愿成为一项政治运动。①

20 世纪 70 年代末期，随着反战和平运动在全球的开展，越来越多的民众参与其中，从而增强了社会公众包括青年人希望参与国际志愿服在内的积极参与全球事务的意识。正是在这样的国际背景下，小规模的私营国际志愿服务组织（而非政府主导）数量开始激增。这些组织的资金来源主要依靠私人资金，志愿人员往往自费支付一大部分的费用②，通常提供更加灵活的志愿服务。比如，成立于 1971 年法国巴黎的无国界医生组织（MSF），该组织由各国专业医学人员组成，是全球最大的独立人道医疗救援组织。该组织的资金主要由私人捐助。再比如成立于 1976 年美国人类家园国际组织（Habitat for Humanity），该组织致力于在全球范围内消除危房和无家可归的现象。

自 20 世纪 80 年代以来，在经济全球化、全球一体化的世界大环境下，由于国际交往与国际合作的日趋频繁，人权、生态、移民、毒品、走私、传染病等地方性问题迅速扩大为国际性、全球性问题，气候变化、粮食危机、能源资源安全、流行性疾病等全球性问题使得全球发展环境依然十分严峻。增强全球治理能力成为保障世界每一个角落的民众生存与发展的问题。③ 国际志愿服务组织作为全球治理的重要力量，积极参与慈善救助、自然资源和

---

① Benjamin J. Lough, "The Evolution of International Volunteering", presented at the International Volunteer Service Exchange Conference, 2015.

② Benjamin J. Lough, "The Evolution of International Volunteering", presented at the International Volunteer Service Exchange Conference, 2015.

③ 滕素芬：《西方海外志愿服务成功经验对我国的启示》，《中国青年研究》2011 年第 5 期。

环境保护事业。国际志愿服务的地域分布更为广泛、服务项目更加创新、服务领域从经济发展和现代化建设拓展到社会发展和能力建设、国际志愿服务组织之间加强协作与合作、政府支持力度加大。总之，国际志愿服务行业在不断地发展与壮大之中。

（二）我国国际志愿服务的发展

改革开放后现代意义的志愿服务在我国得以蓬勃发展，国际志愿服务的发端源于 1963 年的援非医疗队（亦称"中国医疗队"）。1962 年 7 月 3 日，阿尔及利亚人民经过长期的反法武装斗争赢得独立，随即面临法籍医生几乎全部撤走、国民缺医少药的困难境地。阿尔及利亚遂向世界求救。1963 年 1 月，我国政府向阿尔及利亚派出三支医疗队，开创了共和国援外医疗队的历史。截至 2016 年年底，医疗队已向亚洲、非洲、拉丁美洲、欧洲和大洋洲在内的 66 个发展中国家共计派遣 25000 名医疗志愿者从事医疗救助和合作。① 这是我国最早、历史最长由政府主导的国际志愿服务项目，尽管当时甚至现在，并未自觉地、主动地将其纳入国际志愿服务之列。

我国政府主导型国际志愿服务目前主要有两大项目："对外援助"的中国青年志愿者海外服务计划和"文化输出"的孔子学院语言志愿者项目。在 2002 年，团中央、商务部通过对外援助平台，依托中国青年志愿者协会启动了"中国青年志愿者海外服务计划"。截至 2017 年，共有 600 余名中国青年志愿者通过该项计划走出国门、走向世界。为推动汉语加快走向世界，提升中国语言文化影响力，国家汉办探索在海外设立以教授汉语和传播中国

---

① 参见黄立志：《被遮掩的中国名片（中国青年志愿者在海外）》，北京时代华文书局 2017 年版，第 133 页。

文化为宗旨的非营利性教育机构"孔子学院",开创了孔子学院的文化"走出去"模式,2004 年在韩国首尔正式设立全球首家孔子学院。目前孔子学院遍及全球主要文化区域。

此外,北京市志愿服务联合会(BVF)与联合国开发计划署、联合国志愿人员组织、商务部国际经济技术交流中心等开展合作,在 2007 年依托北京奥运会契机启动了"通过 2008 年北京奥运会促进中国志愿服务发展"项目;在 2012 年启动二期项目"通过公民参与、地区及国际合作加强北京志愿服务发展";在 2016 年启动三期项目"通过南南合作与一带一路倡议促进中国参与国际志愿服务发展项目",选派优秀的中国青年成为联合国志愿者在"一带一路"沿线国家开展志愿服务。

特别值得一提的是,党的十八大以来,中央重视"加强民间团体的对外交流,夯实国家关系发展社会基础",志愿服务对外交流已经成为新时期民间外交的重要领域。① 习近平同志给南京青奥会志愿者的回信中说,"希望志愿者们弘扬奥林匹克精神和志愿服务精神,热情参与、真情奉献,提供细致周到的服务,积极传播中华文化、讲好中国故事,用青春的激情打造最美的'中国名片',促进中国梦和各国人民的梦相通相融,共同为人类和平与发展的崇高事业作出贡献。"② 在这样的大背景下,中国社会组织走出去(非官方、民间国际志愿服务)也开始出现。我国社会组织谋求与发展中国家民间组织和中资海外企业合作,积极参与人道主义援助和

---

① 陈光:《首都志愿服务应主动走出去》,《北京日报》2016 年 2 月 3 日,http://www. xinhuanet. com/local/2016-02/03/c_ 128696282. htm。

② 《习近平给"南京青奥会志愿者"回信:勉励青年志愿者用青春激情打造中国"最美名片"》,2014 年 7 月 17 日,人民网,见 http://politics. people. com. cn/n/2014/0717/c1024-25290919. html。

国际事务。① 当然，我国的非官方国际志愿服务才刚刚起步，还需进一步发展和完善。

三、国际志愿服务的意义

（一）重要意义

从上文对国际志愿服务历史与发展的简单回顾中可以发现，国际志愿服务受到政府间国际组织、非政府间国际组织、各国政府以及跨国和各国非营利组织的青睐。为什么国际志愿服务有如此的魅力呢？联合国志愿人员组织2011年发布的《世界志愿服务状况报告》或许能给出一点启示，"随着南北的划分和区别越来越小，志愿行动已成为全球性的可再生资源，对应对当今世界面临的许多最严峻的挑战和改变现状有着巨大的潜力。"② 那么，国际志愿服务的意义何在呢？

国际志愿服务为维护世界和平和促进世界发展发挥了积极作用。从战后、灾后重建，到经济社会发展，到处都有国际志愿者的身影。这些志愿者们前往战争发生地、灾害发生地，为无家可归、无法独立生活、需要帮助的人们提供善意的帮助，使他们能够恢复正常的生活；他们向发展中国家特别是贫困国家的人们传播先进技术和知识，提高受援国家和地区人民的才能，改善和提高了他们的生活水平。在这一过程中，一方面国际志愿者们自身对

---

① 黄浩明：《社会组织国际化战略与路径研究》，博士学位论文，天津大学管理与经济学部，2014年，第97页。

② 联合国志愿人员组织：《世界志愿服务状况报告》，宋嘉等译，联合国志愿人员组织（中国办事处）发布，2011年，第77页。

和平的理解、对发展的渴望会进一步加深，回国后也会进一步传播和平发展的理念和文化；受援国家和地区的人们也会因为志愿者的努力而改变对当地民众的敌对情绪，消除隔阂和战争的隐患。不仅如此，志愿者还会将受援国和地区的文化带回本国，受援国通过志愿者直接了解和接触到了派遣国的文化，从而增进了彼此的感情和文化融合，为和平发展提供了良好的、长久的社会文化背景和根基。

国际志愿服务是实现国家利益和提升国家软实力的重要途径。对于各国政府而言，国际志愿服从来都是实现本国经济援助、政治和社会渗透和文化扩张的对外国家战略的重要方式之一。通过大规模的派遣海外志愿者，使得本国的文化传统、政治理念等通过润物细无声的方式传播到了受援国和地区，也使得本国政府和社会民众的关切得到受援国和地区的重视，扩大了双方的利益共识。此外，国际志愿服务是通过人与人之间的交流，心与心的沟通，来加强彼此的了解和融合、实现民心相通，对提升国家软实力意义重大。①

国际志愿服务为志愿精神的传播、志愿服务的发展起到了积极的促进作用。国际志愿者将志愿精神传播至所到之处。比如 1938 年诺尔曼·白求恩大夫不远万里来到中国，为我国的抗日战争提供最急需的医疗援助；在 2005 年，二百多名复旦大学医学研究生庄严宣誓：志愿加入复旦大学研究生医疗援助预备队，时刻准备奔赴海啸地区救死扶伤，争做新时代的白求恩。此外国际志愿服务活动的开展促进了各个国家、各个组织在志愿服务行业的交流与合作，为各国、各个组织提升志愿服务能力，丰富志愿工作的方

---

① 陈光：《首都志愿服务应主动走出去》，《北京日报》2016 年 2 月 3 日，见 http://www. xinhuanet. com/local/2016-02/03/c_ 128696282. htm。

式方法提供了难得的契机。

（二）国际志愿服务意义的理论研究

尽管国际志愿服务有着上述积极作用和进步意义，但与此同时，也一直饱受争议和批评，比如传播意识形态、扩散新自由主义、文化中心论等。①换句话说，对国际志愿服务行业本身，存在着一定的质疑。那么，怎样才能为国际志愿服务的存在意义和实际价值提供客观、科学的依据呢？国际志愿服务的理论研究挑起了这副重担。

国际志愿服务的理论研究十分重要。从实际情况来看，国际志愿服务组织、论坛等都高度重视理论研究和国际研讨。学术研究与政府、第三部门之间关系密切，国际志愿服务研究队伍的理论研究发挥着纽带作用，对于构建国际志愿服务的话语体系、倡导和传播国际志愿理念、扩大话语权和提升影响力等方面都发挥着积极作用。

为了回应上述问题，近年来"国际志愿服务测量"不仅成为整个国际志愿服务行业的重要议题之一，牵动着包括联合国志愿人员组织在内的世界主要官方志愿服务组织的神经，也是理论研究重点关注的课题。比如，在国际志愿者合作组织会议（IVCO）近几年的议题中，国际志愿服务的测量始终榜上有名；在联合国志愿人员组织在北京召开的国际志愿服务交流大会上，测量依然是大会的重要议题。

通过测量，可以为国际志愿服务的存在意义和实际价值提供客观、科学的依据。比如，"共同未来"国际志愿服务项目发起人曾坦言，在国内推进

---

① 北京志愿服务发展研究会：《中国志愿服务大辞典》，中国大百科全书出版社 2014年版，第 5 页。

国际志愿服务面临的困境之一就是很多人不能理解他们的初衷和愿景。① 而通过测量，则可以很好地解决这一问题。不仅仅是在我国，即使是在一些国际志愿服务历史更为长远的"老牌"国家和地区也会面临同样的问题。比如，联合国志愿人员组织迫切期待能够将 SGDS 作为志愿服务测量的指标，因为这将直接关系到该组织在联合国的地位，在联合国的发展。再比如，国际志愿者合作组织会议（IVCO）主要的国际志愿者组织成员也迫切期待从国民行业发展的角度对国际志愿服务进行测量，以便从国内政府、其他私人部门等获得政策、资金等方面的支持，换句话说，测量的结果也是关乎其生存发展的关键。可见，测量对于所有国际志愿者组织来说，其重大意义不言而喻。那么，应该如何测量？怎么能够测量呢？

关于测量，不同的组织有不同的维度、不同的考虑，也处在不同的理论研究和实践发展阶段。比如，联合国志愿人员组织，十分关注 SDGS 指标；而国际志愿者合作组织会议（IVCO）的主要国际志愿者组织，则并不强求运用 SDGS 指标。从实际的研究与实践来看，联合国志愿人员组织具有相对前瞻性，已经有了一定的框架和体系，但是，在如何运用这一指标进行测量、如何建构测量体系、寻找测量证据等具体问题上，仍然存在着争议和可探讨的空间；而国际志愿者合作组织会议（IVCO）的主要国际志愿者组织，在国际志愿者的人数、服务小时数等基本数据方面都存在欠缺，可以说正处于测量的起始阶段。总之，对于测量的必要性国际志愿服务"行业"已经

---

① "共同未来"是一项跨越国界、民族、宗教的国际性志愿服务项目，成立于 2016 年 9 月，在中国儿童少年基金会和国际法促进中心的指导下开展工作。目前项目聚焦在支持中国青年赴土耳其对叙利亚难民（特别是其中的青少年和儿童）开展国际志愿服务，搭建以创新思维与行动力承担国际责任的青年领袖社区。

达成一致，但是对于可行性、具体方式方法等则是一个处在开放、值得深入研究的阶段。

第二节　国际志愿服务的典型案例分析

国际志愿服务发展至今，有许多鲜活的案例。这里，将选取政府间国际志愿人员组织（以联合国志愿人员组织为代表）、政府主导的各国国际志愿服务组织（以美国和平队为代表），以及我国国际志愿服务组织（以中国扶贫基金会为代表）来进行介绍。

一、联合国志愿人员组织

（一）组织概况

联合国志愿人员组织（UNV）是推动世界范围内的志愿服务促进和平与发展的联合国机构。联合国志愿人员组织从属于联合国开发计划署（UNDP），在 1970 年经联合国大会通过决议组建。UNV 总部原设在瑞士日内瓦，后于 1996 年 7 月移往德国波恩。联合国志愿人员组织每年约派出 7000 名志愿者，活跃在全球 130 个国家。联合国志愿人员项目旨在通过全球的志愿服务来促进和平与发展。它呼吁对志愿者的认可，与合作伙伴共同努力，将志愿者精神融入发展规划中，并在世界范围内动员起越来越多的志愿者，包括有经验的志愿者。联合国志愿人员组织是联合国以志愿者精神为基础建立的为和平与发展事业作贡献的世界性志愿者组织。

（二）组织架构

联合国志愿人员组织总部在德国波恩，共有 150 名工作人员。总部有两大机构：一个是志愿者动员和项目合作，另一个是志愿服务管理；此外还有执行协调办公室下辖的志愿者知识和创新部门。

联合国志愿人员组织在美国还有一个纽约办公室，职责在于促进与众多纽约的合作伙伴合作，共同推进志愿服务和志愿精神。纽约办公室关注联合国的发展政策和战略，同时组织举办一些关于志愿精神对和平与可持续发展重大作用的讨论和研讨等。

四个地区办公室分布在曼谷（亚太地区）、达喀尔（非洲西部与中部）、奈洛比（非洲东部和南部）和巴拿马城（拉美和加勒比地区）。这些地区办公室在联合国志愿人员组织的国际伞形项目下开发项目，推进当地的和平与发展。地区办公室动员、协调联合国志愿者来支持联合国体系下的国家层面的活动。随着自身能力的提升和与当地伙伴更多的合作，地区组织将志愿精神作为公众参与的一种方式，扩大了地区层面的活动空间。地区办公室为联合国志愿人员组织的实地工作小组提供技术支持。

在国家层面，联合国志愿人员组织的实地工作小组与联合国成员国通力合作，将志愿精神融入成员国履行和完成联合国框架下的义务之中。在这个过程中，联合国志愿人员组织与成员国一起努力来共同探讨志愿者能够为实现和平与发展作出的独特贡献和价值。

联合国志愿人员组织与受援国政府、联合国专门机构、国际开发银行及国际民间组织和社区组织进行伙伴式合作。联合国志愿人员提供服务的项目通常由受援国政府管理，并经常得到联合国系统相关组织的援助和监督。联合国志愿人员组织也应一些受援国政府的要求作为项目的执行机构。

（三）资金来源

联合国志愿人员项目的部分资金来源于联合国开发计划署（NUDP）。其他实质性的资金来源于联合国机构的日常项目预算、驻在国政府的捐助、捐助国政府的特殊用途捐款，以及联合国志愿人员的特殊志愿基金。联合国志愿人员每年接受的捐助和志愿基金约为一千六百万美元。志愿人员的活动资金主要来自联合国开发署、政府自愿捐款、信托基金、专门机构的正常预算和发展信贷等。

（四）志愿服务领域及项目

联合国志愿人员在技术、经济和社会发展领域服务，他们的主要工作内容包括：与需要技术帮助和支持的政府进行技术合作；在社区和基层工作，帮助所在地区的人民达到自力更生的目标；从事人道主义的援助工作，帮助受援国人民重建家园；从事和平建设事业等。联合国志愿人员项目涉及的领域非常广泛，联合国志愿人员组织的人才库包含了 110 多个专业领域，如农业、卫生、教育、社区发展、职业技术培训、工业技术、交通、能源、环保和人口研究等。联合国志愿人员是在政治平等的基础上工作的专业人员，他们提供教学和培训，鼓励、支持和促进他们的服务对象。在工作的同时，志愿人员还共同交流思想、技术和经验。

近期，联合国志愿人员组织为了重建在以下 5 个领域的快速反应能力，这 5 个领域成为最需要志愿者的项目领域：保护（难民保护、儿童保护、人权保护）；信息管理；后勤；水、健康和卫生；监测与评估。其他长期项目领域包括：发展和项目管理；法律；政治科学；公共信息、大众传媒等；技术和工程；行政管理和金融等；健康等。

（五）志愿者

联合国志愿人员组织建立了具备相关领域经历的人才库，并覆盖了一百多个专业领域，包括规划、项目发展、行政、传播、社区发展、复员及安置、灾害防治、人道主义及民政事务、工程、环境、艾滋病、医疗卫生、人权、后勤及选举支持等。

联合国志愿人员组织制定了《国际志愿者指南》，一共133页，全面介绍了作为一个志愿者需要掌握的应知应会，可以说是国际志愿者的"小宪法"。该《指南》具体包括概述、行为指南、一般条款、选拔任命、补贴、完成服务、补贴扣除、休假、医疗社保、安保、报告、脱离服务、完全脱离服务、延长服务、服务证明、适当行为与纪律处理程序、暂停服务、追索程序及争端解决、追索时限、配偶、特殊项目行动、年轻志愿者和大学生志愿者以及附录等23个部分的规定。其中关于志愿者的权利、义务与责任都进行详尽、明确的规定。

根据该《指南》，联合国志愿人员组织的国际志愿者享有一些最为基本的保障。具体包括：补贴。提供补贴的目标在于让志愿者能够维持当地的温饱生活水平。包括：每月的生活补贴（满足基本生活所需）；往返服务地交通费；在服务开始时支付的安置费；生活、健康和永久伤残保险；年假；服务结束时支付的安置费等。服务期限。通常为6到12个月，有时会延长至一到两年。合作伙伴往往提出短期的服务需求，比如三个月甚至更短时间。当然，特殊情况下，未达联合国规定的退休年龄时，最长可服务四年。另外，自第一次服务期满十年后，可重新继续服务四年。超过联合国规定的退休年龄和退休的联合国工作人员不受上述最长服务期限限制。

当然，对联合国志愿人员组织的国际志愿者也有相应的责任机制。纪律处分建议委员会（APDM）每年都会提交年度报告，就志愿者的纪律问题向执行协调人提出建议。其主要功能在于就针对志愿者提出的行为失当指控进行客观和独立的调查，并向执行协调人提出对指控行为的适当的纪律处分措施或者豁免志愿者责任。同时，也会应执行协调人和资深管理人员的要求就潜在的纪律理论和实践问题作进一步的内部建议。就实际情况来看，APDM 每年立案调查并最终受到处罚的志愿者少之又少。详细数据见下表：

年份	受处罚案件数	豁免处罚案件数	占当年志愿者总人数百分比
2009	7	6	0.09
2010	10	4	0.12
2011	10	1	0.14
2012	10	5	0.15
2013	7	3	0.11
2014	15	3	0.24
2014	41	1	0.6

（六）联合国志愿人员组织中国办公室

1. 组织概况

为了支持联合国系统的运作，联合国志愿人员组织于 1981 年在华成立，并在联合国开发计划署的管理下，持续地为发展事业作贡献。迄今为止，已经有超过 250 位中国和联合国国际志愿者为联合国在华运作服务，并有近 200 名中国志愿者为 35 个国家的减贫、微观经济、环境保护、文化遗产保护、艾滋病防治、移民及非政府组织发展作出贡献。

联合国志愿人员组织中国办公室利用微博等社交媒体平台提高公众对于志愿者在和平、社会发展领域贡献的认可，同时，实时发布联合国本国志愿者职位、联合国志愿人员组织中国办公室开展的项目合作与活动情况，激励志愿服务行动。

2. 志愿服务活动及项目合作

2015 年 10 月 12 日至 13 日，由联合国志愿人员组织、北京市志愿服务联合会共同主办的国际志愿服务交流大会在北京国家会议中心成功举行，来自世界五大洲 27 个国家和地区的 95 名代表出席了大会。这是中国首次举办中等收入国家志愿服务领域的多边国际会议。大会是对中国国际战略角色和对外援助的积极探索，对国际志愿服务和中国志愿服务事业的发展，都具有重要意义。

在中国，联合国志愿人员组织（由联合国开发计划署管理）是致力于通过志愿行动解决发展问题的重要机构。作为联合国驻华系统青年问题小组成员，联合国志愿人员组织与其他联合国机构一起共同推进中国青年的发展。2008 年北京奥运会举办期间，联合国志愿人员组织中国办公室与北京市政府合作，为 150 万名致力于通过体育运动促进发展的赛事管理志愿者进行了培训。

联合国志愿人员组织中国办公室、联合国开发计划署驻华代表处也与北京市、上海市政府展开合作，完成了两项志愿者管理能力建设项目。作为"通过中国志愿服务促进发展，加强公民参与和社会创新的伞形项目"的组成部分，通过公民参与、地区及国际合作加强北京志愿服务发展项目由商务部国际经济技术交流中心、共青团北京市委员会、北京市志愿服务联合会、联合国开发计划署和联合国志愿人员组织共同合作。

　　项目总体目标为完善北京地区志愿服务管理体系，提升志愿者管理能力，促进中国首都北京志愿服务的发展，推动伞形方案目标的实现，即推动志愿服务以完善社会管理机制，从而实现联合国可持续发展目标和小康社会。

　　3. 志愿者

　　志愿者一共分为四大类：联合国国际志愿者、联合国本国志愿者、联合国青年大学生志愿者、联合国在线志愿者。

　　联合国国际志愿者。国际志愿者，指那些在除本国之外的国家提供志愿服务的志愿者。他们为发展规划提供了专业的意见，并越来越多地在维和、人道主义援助及受联合国支持的选举领域发挥作用。国际志愿者享有的保障有：在任期开始时，按照工作时间长短支付安家费用；按月发放志愿者生活补助（VLA）；若工作地点与常住地点不一致，则支付其到任和离任的交通费用；人身、医疗和意外伤残保险；年假；在任期结束后，按照任期长短支付离职后的安家费用。招募要求有：大学本科学位或者高等技校学历；多年相关工作经验；25 岁以上（无最大年龄限制）；精通至少一种联合国工作语言：英语、法语或西班牙语；对志愿者精神的强烈认同；能够在多文化环境下工作；能适应恶劣的生存环境；良好的人际和组织能力；有发展中国家的志愿者或工作经历者优先。

　　联合国本国志愿者。本国志愿者指那些在中国大陆提供志愿服务的中国公民（包括香港和澳门特别行政区永久居民）。他们为联合国及其中国政府机构合作伙伴在中国的发展规划提供专业的意见。联合国志愿人员组织从有本国相关领域工作经验的申请者中进行选拔。主要的工作领域包括规划/项目发展、行政、传播、社区发展、教育、环保、灾害防治、公共卫生、艾滋病及减贫等。本国志愿者与国际志愿者享有相同的保障，只是在招募条件上只要求 2 年以上工作经验，并将最低年龄标准降低为 22 岁。

联合国青年大学生志愿者。联合国青年大学生志愿者计划是旨在促进大学生参与志愿服务，为世界和平和发展作出贡献，提高青年对国际发展事务的参与度以及充分激发自身社会、经济、人文潜力的一项新计划。联合国青年大学生志愿者为联合国事务作出积极的贡献，在粮食安全、维和、女性权利、气候变化以及其他国际问题领域支持联合国总部和区域办公室的工作。自 2004 年起，共有 67 名日本学生志愿者和 277 名西班牙学生志愿者参加了该计划。自 2015 年以来，已有 23 名来自香港特别行政区的学生志愿者在东南亚地区进行了为期 6 个月的志愿服务。

联合国在线志愿者。联合国志愿人员组织的在线志愿者服务通过互联网将开发组织和志愿者联系起来，并为他们的在线合作提供支持。它为开发组织提供了一个涵盖更加丰富的知识和资源的人才库，从而强化开发组织的能力。此外，它还为全世界的志愿者提供了更多的为发展和实现千年发展、可持续发展目标服务的机会。在线志愿者服务帮助超过 1000 个非盈利发展组织（包括公民社会组织、政府机构、学术机构和联合国机构）获得来自 182 个国家的 1.2 万名志愿者的帮助（截至 2007 年，60% 为女性，40% 来自发展中国家）。在线志愿者提供专业知识（例如：为废弃物处理、合同撰写等提供建议）、支持项目和资源管理（例如：项目规划、志愿者管理）、为知识内容管理作贡献（例如：新闻信制作及翻译、管理在线讨论组）等。目前，联合国开发计划署正在与约 10 个在线志愿者合作，为其在华开发项目提供支持。

二、美国和平队（Peace Corps）国际志愿服务情况

（一）组织概况

美国和平队最初由约翰·肯尼迪总统在 1961 年 3 月 1 日通过总统行政命令的方式建立，1961 年 9 月 22 日国会颁布《和平队法案》，和平队正式获得国会授权。1981 年，国会通过立法使和平队成为一个完全独立的联邦机构（相当于一个行政机关）。该组织自成立以来，22 万志愿者在全世界的 140 多个国家提供了志愿服务。组织的三大目标为：提供技术支持、帮助美国境外的人了解美国文化、帮助美国人了解其他国家的文化。

（二）体制机制

和平队是美国行政分支下的独立联邦机关。两院的议员们都曾经当过和平队的志愿者。参议院外交委员会和众议院外交事务委员会负责对和平队的活动和项目进行一般监督。和平队向国会拨款委员会和其他有关议员就有关和平队的活动进行咨询，包括设立、结束或扩大某个和平队项目。和平队中设有国会关系办公室（The Office of Congressional Relations at the Peace Corps），负责协调与所有立法问题和利益有关的活动，是和平队主任与国会议员和国会工作人员之间的官方联络渠道。

美国总统指定或提名和平队主任和副主任，总统的提名必须得到美国参议院的确认同意。和平队主任直接向美国总统报告。和平队资深工作人员是由行政部门任命的。和平队中还有一名被任命的白宫联络官，他是和平队中的第一个政治任命官员，与总统人事办公室和其他白宫办公室密切合作，推

进和平队的日程。

和平队与国务院的关系是最初由和平队法所规定的。1961 年以后历届政府的国务卿都会通过给美国驻外使团首长的电报来规定和平队与国务院的关系。和平队的国别主任构成美国驻外使团的一部分，他们能够通达使团首长和使馆工作人员。

（三）资金来源

和平队的年度预算由议会按照预算和拨款程序进行决定。和平队的资金来源包括联邦政府、海外行动和相关项目拨款法案等。总体而言，和平队的预算约是海外行动预算的 1%。比如，2011 年曾达 6000 多万美元。当然，资金的多少会受到各届总统对志愿服务认知的影响。

（四）志愿服务领域及项目

和平队在拟定自己项目时具有独立性，但是它遵循一个原则：和平队会积极去做既对东道国有利也对美国国家利益和战略目标有利的事情，这两个条件都不可或缺。它通过从白宫、国务院和国会了解有关美国国家利益的重要信息，来决定其项目重点。

和平队的项目划分为六大领域：农业、社区和经济发展、教育、环境、健康和青年发展。项目的主要内容如下：

农业。和平队农业项目的目标是帮助当地农民种植适合于环境的农作物。和平队志愿者与环境部门的志愿者一起工作，通过教育他们保护和改善土壤、管理水源，显示如何用自然方法控制虫害，来帮助他们提高农业生产力，同时帮助东道国减轻全球食品安全危机带来的负面影响。

社区和经济发展。社区和经济发展领域又分为四个子领域：社区、大城市、商业和组织发展。受过各种商业教育和具有职业经验的志愿者被委派给一些项目，这些项目集中在地方政府办公室、非营利机构和营利商业组织的商业、组织、联络技巧方面。最近，这一领域的重点更多地从商业咨询转向了社区经济发展，强调增加收入。由于全球经济增长的需要，商业志愿者数量在持续上升。

教育。教育仍然是和平队最大的项目领域。教育项目包括算数、科学、卫生、环境以及英语和文学方面以公民教育和技巧为基础的课程。最大的教育项目是英语作为第二语言的培训。根据东道国的需要，志愿者支持弱势的、被边缘化的或其他有特殊需要的儿童的项目。他们为儿童开创了放学后项目、俱乐部和营地以促进艾滋病预防和提高生活技能。教育志愿者也培训教师通过信息和通讯技术来扩大学习机会。志愿者也努力通过扩大对妇女的教育机会来对女童的教育和性别觉醒作出贡献。

环境。环境项目的目标是帮助加强社区可持续地使用自然资源的能力。志愿者主要在草根层次工作，集中在人类需要和可持续发展。例如，环境志愿者识别并培训地方领导人，通过他们传授给其他农民如何以与自然和谐的方式来改进其土地生产力，并以可持续的方式来种植。志愿者也举办环境俱乐部和环境夏令营。在一些地方，学校和社区结为伙伴，使家长和青年一起合作来制定共同项目，如玻璃瓶回收和社区清洁日。

健康。健康项目的志愿者促进预防疾病的教育和实践，强调全面的健康。他们的项目包括保健和卫生；水系统的建立和发展；营养和食品安全；身体健康和儿童健康；生育健康；传染病、慢性病；健康的生活方式等。一些志愿者把注意力专门放在艾滋病的预防和照顾上，或者把其作为全面社区医疗项目的一部分。志愿者越来越多地被分配到与艾滋病相关的非政府组织，对这些组织的技术、管理和行政能力提升提供越来越大的支持。例如在2006年和平队志愿者的调查中，55%的志愿者报告说，他们曾参与了与艾滋病有关的活动，这是其和平队工作的一部分，而这一比例与2004年相比有明显增长，2004年为25%。许多志愿者为降低疟疾在一些国家造成的破坏性影响，尤其是对儿童的影响而工作。志愿者通过讲授有关疟疾传播的知识来帮助控制疟疾。在水源、卫生和保健方面，志愿者帮助当地人民建立、管理和维持他们的水供应系统与卫生基础设施。志愿者也敦促改变卫生习惯，如用肥皂洗手，以减少腹泻和肺囊虫性肺炎的感染机会。

青年发展：志愿者在青年发展工作方面有三个指导原则：促进积极的青年发展；促进更多的青年参与；促进社区发展。青年发展项目也旨在建立青年服务组织的能力，以及与青年人一起工作的东道国专业人员的能力。

（五）志愿者

和平队的志愿者为美国公民。和平队为每位志愿者提供住宿和维持服务当地的社区居民一般生活水平的补助。两年服务期满后，和平队为每位志愿者提供不少于8000美元的补助，用于帮助志愿者顺利回归正常的国内生活。某些公共学生贷款可以合法地获得延展，甚至会减免某些贷款。志愿者每服务一个月会获得两天带薪假期。

志愿者在培训、服务和度假期间的所有医疗包括牙科护理费用由和平队承担。倘若服务国不能对志愿者的疾病进行有效治疗，志愿者可以回国进行治疗。志愿者服务期间受到伤害按照工伤处理，尽管负责这一事务的是美国劳工部，不是和平队。

和平队为志愿者提供服务前、服务中以及服务后的全过程培训，使得志愿者能够更好地提供志愿服务，同时在结束服务之后能够融入美国社会，寻求更好的职业发展机会。

特别值得一提的是，和平队一直将志愿者的健康、安全和安保作为发展的重中之重。此外，和平队积极与国内的大学合作，将处于各个学习阶段的学生志愿者的志愿服务与大学课程的学分学习相结合。

（六）近期和平队改革

和平队持续致力于提高项目和行动质量，为每一个志愿者提供健康、安全和丰富的经历与经验。近几年来，和平队进行了历史上最为广泛的改革。具体包括：招募创新和服务拓展，志愿者的健康、安全和安保改革以及信息数据驱动组织发展。

1. 招募创新和服务拓展

在 2014 年 7 月，和平队宣布进行历史性改革，通过改革招募、申请、选拔流程，来保持竞争力和紧跟世界快速发展步伐。和平队志愿者的申请人可依据自己的意愿选择具体项目和国家，挑选最适合的个人和职业发展路径。改革后，通过网络申请耗时一小时左右（以前为 8 小时），申请时间的减少大大提高了完成申请的比例。此前，仅有低于 30% 的个人能够完成申请，现在有超过 90% 的个人能够完成申请。这样，就为和平队提供了充足的志愿者候选人的人力资源库。应该说，这一前瞻性改革取得了显著成功。在完成了新的申请程序的当年，就有超过 2.3 万名美国人进行了申请，创下了近 40 年来年度申请人数最高的纪录；在第二年，则有 2.5 万名美国人进行了申请，创下了近 41 年来年度申请人数最高的纪录。

致力于多样性的招募努力。和平队的目标是招募反映美国文化多样性特点的志愿者力量。为了实现这一目标，和平队制定了提高多样性的招募策略，来加强对代表名额不足或不活跃群体招募。和平队与大学、民权组织、服务俱乐部，当地和地区少数人员服务机构和服务期满的志愿者群体一起合作，来支持多样化社区和潜在申请者的参与。自 2009 年以来，认为自己来自于代表名额不足的群体的志愿者占全部和平队志愿者的比例不断增加，在 2015 年时达到 28%，比 2009 年提高了 10 个百分点。同时和平队也致力于推进 "2011 年关于推进同性恋等人群人权" 的国际行动备忘录，支持此类人群进入和平队。

进一步扩大与私营部门和美国政府其他组织的合作伙伴关系，和平队使得公司合作伙伴和国内政府合作为提升志愿服务影响力和提高对志愿者工作的技术支持力度发挥了积极作用。这包括与其他联邦组织的持续合作，比如为救济艾滋病的总统紧急计划、养育下一代计划、总统疟疾计划、终结可预防性的母婴死亡计划等。也包括一些创新的、新建的伙伴关系，比如国家卫生服务合作伙伴等。和平队同时还是国家服务雇佣者计划的积极领导者，即美国政府促进雇佣和平队服务期满后回国的志愿者等其他人员。

通过合作，和平队开发了一系列的新行动。让女孩上学行动。和平队积极加入了奥巴马总统和米歇尔第一夫人发起的全新美国政府行动——让女孩上学行动，即致力于打破青春期少女或年轻妇女接受教育的各种障碍。教育女孩对健康和充满活力的社区至关重要，但是，全球 6200 万女孩失学，尤其是青春期少女上学的障碍最多。在一些国家，不到 10% 的少女能够上完中学。在奥巴马政府结束执政时，大约有 4800 名在 40 个国家的和平队志愿者额外参加了成为所在服务社区改变女孩接受教育的代表的培训。自从让女孩上学行动开展以来，全球的和平队志愿者积极响应行动号召，在社区服务中作出了很大的贡献。

总统疟疾行动。和平队的消除非洲疟疾项目与总统疟疾行动紧密配合。志愿者在 18 个国家的社区层面致力于消除疟疾，开展疟疾防治、诊断和治疗教育活动。

全球食品安全和养育下一代项目。与美国国际发展机构合作，和平队志愿者支持总统的养育下一代行动，主要的活动包括：通过提高农业生产力、经济机会、健康和营养来促进当地民众获取方法来确保食物安全。

总统艾滋病救助紧急计划。通过总统艾滋病救助紧急计划，和平队志愿者通过按照预设目标不断扩大预防和治疗，持续推进无艾滋病一代的计划蓝图，对高危人群进行有依据的干预，促进可持续性，实现高效性和扩大影响力，加强当地医疗支持系统，靠科技来推进结果。

和平队成立新的内部机构。2012 年和平队成立了第三目标和期满后志愿者服务办公室，旨在借助服务期满回国的志愿者帮助美国人更好地了解外面的世界以及为这些志愿者提供职业转变支持等。2015 年和平队成立了雇员学习和发展办公室，目的在于将和平队建设成为学习型组织，通过为雇员提供职业发展投入，延长雇员留任期（目前机构雇员实行 5 年任职规定）等。

2. 志愿者的健康、安全和安保改革

和平队在奥巴马执政期间，进行了深入的文化转移：将志愿者作为机构的中心，重新关注对志愿者支持的质量提高。目前，和平队高度重视志愿者的健康、安全和安保问题，有了更多的工具来分析和管理风险。不仅如此，在医疗和精神健康以及性骚扰等问题的风险防控及应对上，能为志愿者提供更高质量的支持。

开发并实施了降低和应对性骚扰风险的项目。通过该项目，降低了风险和保障了志愿者获得情感、及时以及全面的支持。计划具体包括 30 项政策，成立了受害志愿者支持办公室，对志愿者和员工进行大量的培训，制定了界定清晰的降低风险和应对性骚扰突发事件的处理流程和程序。和平队不仅完全执行了 2011 年 Kate Puzey 和平队志愿者保护案中的规定，而且提供了超越法律最低要求的更高质量的支持。机构通过严格保密制度、志愿者驱动程序等鼓励志愿者积极上报事件和寻求支持。

强化健康服务。和平队致力于为所有志愿者提供一流的医疗服务，采取的具体措施包括：第一，提高服务中的医疗服务水平，严格执行对每一个工作站的和平队医疗官员的监督、雇佣、资格审查和管理。第二，关注医疗质量提高和服务期满后志愿者，服务期间及期满后回国志愿者可通过电子邮件等方式直接联系到和平队总部的专业医护人员。第三，创建医疗卫生质量保障委员会，负责监督、监控和汇报和平队的医疗服务水平。第四，建立电子医疗记录系统。该系统为和平队的医疗官员提供了更好地了解志愿者医疗档案的途径，使得实施监控成为可能，从而提高了医疗质量。第五，应对和重视服务期满后的志愿者医疗问题。经过对服务后的志愿者的医疗健康问题进行大量分析，和平队与美国劳工部合作，为这些志愿者在依据联邦劳动者赔偿法案提出请求时，提供解决方案。第六，提高精神医疗服务。医疗服务办公室在各个地区的医疗中心配备了精神医护人员，实施行之有效的医疗方法，改进华盛顿的医疗疏散项目。第七，规范了志愿者的健康标准。和平队开发了志愿者健康和提高健康的客观指数，通过利用健康公民 2020 和美国卫生部国家防御战略中规定的客观指标。

3. 信息数据驱动组织发展

2010 年 1 月，一个为期六个月的机构全面评估程序成为推动和平队改革的基础。从此，和平队开始了新的战略计划。始于这次评估，和平队坚定地致力于成为数据驱动型操作机构，关注使用数据来推进决策制定，并对所有项目进行有机监督和测评。

开发焕然一新的品牌平台。在 2016 年 6 月 1 日，和平队焕然一新的品牌公之于众，该品牌强调和平队对于年轻下一代的关心。通过数字交流方式，使得公众更加便捷地了解和平队。为了完成和平队的使命，新平台有升级版的 LOGO，现代化的形象和崭新的网页等，这些提高了平台使用的交互性和移动性。

年度国家组合评审程序。每年和平队都会进行客观的、以数据为基础的分析，来指引战略决策，比如哪些国家是新的潜在的受援国，志愿者和其他资源应当如何分配等。评审结果帮助和平队关注真正需求，保证高效利用财政资金。

提高信息共享。总部和国际工作站，在很多方面都进行了重大的投资和提高，具体包括：全球网络使用和可信度、移动和远程访问技术、可升级的信息技术基础设施，等等。这些技术手段的升级，使得雇佣更多的返回志愿者成为可能，提高了跟踪、报道和应对志愿者遭遇的犯罪和安全事故的手段，提供了更强大的志愿者影响分析工具。

改革技术培训和项目支持来提升志愿者影响力。和平队通过与当地政府、高校和非政府组织以及捐赠者成为合作伙伴，确保志愿者关注当地社区需要的项目，同时也被证明是实现发展目标最为有效的方法。通过办公室内部的监测评估特别小组的推荐，使得这一战略进一步加强。在对志愿服务项目进行广泛分析后，和平队全面改革技术培训和支持制度。具体包括的做法有：建立部门标准化的逻辑框架与有机监督和检测计划。在项目实施和培训领域，和平队为每一个部门建立了标准学习目标，修订了培训学习包和培训课程，为志愿者提供经实践证明、为了最好地完成社区志愿服务所需的技能和工具。

三、中国扶贫基金会国际志愿服务情况

（一）组织概况

中国扶贫基金会成立于 1989 年，是在民政部注册、由国务院扶贫办主管的全国性扶贫公益组织，是中国扶贫公益领域规模最大、最具影响力的公益组织之一。在社会各界的支持下，截至 2016 年年底，累计筹措扶贫资金和物资 248.67 亿元，受益贫困人口和灾区民众 2908.72 万人次。中国扶贫基金会以播善减贫、成就他人、让善更有力量为使命，以不断发现并促进解决社会问题为己任，视捐赠人、志愿者和一切爱心人士为解决社会问题的伙伴，不断改革创新，以期构建最值得信任、最值得期待、最值得尊敬的国际公益平台这一机构愿景。

（二）组织机构

基金会的决策机构是理事会。理事会每年召开两次会议。理事会行使下列职权：（一）制定、修改章程；（二）选举、罢免理事长、副理事长、秘书长；（三）决定重大业务活动计划，包括资金的募集、管理和使用计划；（四）年度收支预算及决算审定；（五）制定内部管理制度；（六）决定设

立办事机构、分支机构、代表机构；（七）决定由秘书长提名的副秘书长和各机构主要负责人的聘任；（八）听取、审议秘书长的工作报告，检查秘书长的工作；（九）决定基金会的分立、合并或终止；（十）决定其他重大事项。基金会由不少于 5 名、不多于 25 名理事组成理事会。基金会理事每届任期为 4 年，任期届满，连选可以连任。基金会的理事长、副理事长、秘书长每届任期 4 年，连任不超过两届。基金会理事长为基金会法定代表人。

基金会设监事 2 人至 5 人。监事任期与理事任期相同，期满可以连任。监事依照章程规定的程序检查基金会财务和会计资料，监督理事会遵守法律和章程的情况。监事列席理事会会议，有权向理事会提出质询和建议，并应当向登记管理机关、业务主管单位以及税务、会计主管部门反映情况。监事应当遵守有关法律法规和基金会章程，忠实履行职责。

（三）资金来源

基金会的原始基金数额为人民币壹仟万元，来源于有关组织与企业捐赠。基金会面向中华人民共和国境内、境外公众募捐，接受海内外热心支持中国扶贫事业的政府、组织、团体、企业和个人提供的资金、物资捐赠及技术援助。基金会的收入来源于：组织募捐的收入；自然人、法人或其他组织自愿捐赠；投资收益和其他合法收入等。

特别值得一提的是，中国扶贫基金会建立了较为完备的信息公开制度，包括组织机构信息公开（公开机构的各种报告，比如审计报告、年检报告、财务报告、年度报告等）、项目信息公开（按照教育公平、卫生健康、社区与生计发展、人道救援和公众倡导的领域分别进行公开）。这一做法符合国际 NGO 组织的潮流，对于提高其公信力有着非常重要的作用。

(四)内部管理制度

中国扶贫基金会通过制定人力制度、项目制度、筹资制度和财务制度公开等,来规范和完善组织内部治理。

为了规范本会人员招聘管理,及时有效地为各部门提供适合的人才,中国扶贫基金会制定了工作人员招聘管理流程,确立了年度计划、空岗补员、扩编新增和用人部门提供详细的岗位描述的原则。从招聘信息发布、招聘对象的筛选、招聘安排与流程、履职调查、体检证明、录用通知、报到、签署合同、培训及其他等方面进行了详细规范。

中国扶贫基金会制定了项目管理条例。该条例共有七章三十七条,重点从项目管理理念与目标、项目管理的梯度、项目立项(项目立项通常须经过以下管理流程:项目立项动议——项目立项预审批——项目立项调研——项目设计——项目立项评估——批准项目立项)与实施、项目风险管控(包括项目检查和项目监测)、核心项目中止和终期评估及项目档案管理与信息披露六个方面进行了详细规范。

为了加强和规范中国扶贫基金会的筹资管理工作,更加有效地动员社会资源捐赠,中国扶贫基金会制定了筹资管理办法。该办法规范了扶贫基金会接受捐赠的类别包括:现金、支票、汇票、证券、基金;股票、产权契约;物资(含服务)、技术援助;房产、遗产及其他财产。强调筹资过程中保证捐赠自愿和无偿的原则,不得强行摊派或变相摊派。规范筹资对象、筹资方式等,并且规定资金用途应在筹资过程中公示或与捐赠人达成一致约定,使用成果按项目至少一年公布一次等。

为了建立、健全中国扶贫基金会的财务管理制度,规范财务工作,加强财务管理,提高基金会的资金使用效益和财务管理水平,保证基金会扶贫事业健康发展，为基金会决策提供真实、准确、及时、完整的财务会计资料，中国扶贫基金会专门制定了《财务管理条例》。《条例》共十二章，具体包括总则、机构设置及职能、全面预算管理、货币资金管理、实物资产管理、资产保值增值、收入管理、费用管理、财务核算与分析、内部会计控制与财务监督、财务信息披露和附则。

（五）国际志愿服务项目

针对贫困的主要成因，中国扶贫基金会致力于健康扶贫、教育扶贫、生计扶贫、救灾扶贫四大业务领域，建立了完整、系统、科学的项目管理制度。为积极响应国家鼓励社会组织走出去的政策号召，中国扶贫基金会继续在欠发达国家和地区开展扶贫公益项目，将中国扶贫公益模式、项目推广到更多贫困地区。

1. 国际发展项目

联合国千年发展目标确定，2015 年全球饥饿人口比例应降至 10%。而在非洲，饥饿人口比例仍高达 16%，有些地区甚至高达 30%。在发展中国家，有 6600 万小学学龄儿童饿着肚子去上课，仅在非洲就有 2300 万。习近平主席在 2013 年 3 月发表的《永远做可靠朋友和真诚伙伴》的重要演讲中，提出"中国梦要与非洲梦联合起来一起实现"。

比尔特瓦苏慈善组织（英文名称 AL Birr & AL-Tawasul Organization，简称 BTO）——是一家非营利组织，成立于 2000 年，于 2004 年正式注册。该组织的目标是通过满足苏丹妇女儿童服务需求，改善苏丹妇女儿童的生活条件。自 2009 年 10 月，中国扶贫基金会自访问苏丹比尔特瓦苏慈善组织以来，双方已经在医疗物资捐赠、NGO 能力建设培训、阿布欧舍医院援建和公益非洲论坛等方面开展了良好的合作，其中阿布欧舍医院更是被评为中国外交部 2011 年公共外交典范工程。

2014 年 5 月，苏丹前副总统夫人、比尔特瓦苏慈善组织会长法蒂玛女士应邀出席了中国扶贫基金会和中国灵山公益慈善促进会在江苏无锡灵山联合举办的"民间帮助民间——公益非洲论坛"，随后，法蒂玛女士一行对中国扶贫基金会访问，中国扶贫基金会决定捐赠 270 万元用于支持苏丹饥饿儿童项目，每年 90 万元，分三年执行。

2015 年 1 月 29 日—2 月 2 日，中国扶贫基金会国际发展部伍鹏主任、邹志强与文致远在苏丹实施苏丹微笑儿童可行性调研。期间与合作伙伴 BTO 一起拜访了喀土穆教育局和恩图曼 Karari 地区教育局，走访了 ISKAN102、HARA65、HARA81 三个学校，了解了当地学制安排和学生饥饿现状，明确了项目内容与执行流程，并与合作伙伴 BTO 达成执行项目的细节。

2016 年，苏丹微笑儿童苏丹项目在华夏西部公司、腾讯爱心网友、蚂蚁金服、纳泓财富有限公司及爱心人士李玫等公众捐赠者的支持，基金会投入了 150 万元，受益学校从 3 所增加到 7 所，受益儿童从 2030 人增加到 3630 人。

2016 年 11 月，基金会对项目进行了监测。监测发现，项目目标群体定位准确，项目对食物原料采购和厨房操作要求严格，学校供餐组织有序，供餐效果得到校长老师的一致好评。供餐后，学生的出勤率上升，课堂表现也更活跃。不仅学习成绩有所提高，以前经常发生的学生之间偷抢食物的纠纷、打架等不良行为也大大减少，老师处理学习以外的事件大大减少，教学质量有大幅度提升。

微笑儿童项目旨在为苏丹公立小学受饥饿儿童提供免费早餐，帮助苏丹贫困家庭儿童健康成长，同时加强中国与苏丹的民间交往，加深两国人民的友谊，在苏丹民众面前树立中国正面形象，打造民间帮助民间新模式。

2. 国际人道救援项目

因灾致贫和因灾返贫是致贫主要成因之一。中国扶贫基金会于 2003 年开始实施紧急救援项目，减轻贫困灾区民众的疾苦与不安，提升灾害响应的及时性和针对性；倡导和推动政府与民间组织、民间组织之间在灾害救援领域的合作，搭建人道救援网络，成立中扶人道救援队，开展减灾防灾培训，加强相关方的能力建设和网络建设，以人为本地开展灾后重建。

截至 2016 年年底，中国扶贫基金会陆续在亚洲、非洲、美洲的印尼、菲律宾、缅甸、智利、厄瓜多尔、海地等 11 个国家开展了人道救援工作，累计投入 4861.07 万元。

| 结 语 | **走向新时代的志愿服务**

一、新时代提出了志愿服务发展的新要求、新目标

继十七大志愿服务见诸中国共产党全国代表大会报告以来，志愿服务逐渐纳入国家发展战略。① 以习近平同志为核心的党中央高度重视志愿服务工作、关心志愿服务事业发展。早在 2008 年 5 月 4 日在北京奥运会、残奥会志愿者誓师大会上习近平就深刻指出："中国青年志愿者事业，是我们党领导的共青团在新的历史条件下创新工作领域、服务社会需求的一大创举。"习近平总书记还多次给志愿者群体回信、寄语。

党的十九大开启了中华民族伟大复兴的崭新征程，吹响了中国特色社会主义进入新时代的号角，也为志愿服务发展提出了新要求、新目标。在"提高人民思想觉悟、道德水准、文明素养，提高全社会文明程度"的大框架之下，明确提出"推进诚信建设和志愿服务制度化，强化社会责任意识、

---

① 《胡锦涛：高举中国特色社会主义伟大旗帜 为夺取全面建设小康社会新胜利而奋斗——在中国共产党第十七次全国代表大会上的报告》中指出，"深入开展群众性精神文明创建活动，完善社会志愿服务体系，形成男女平等、尊老爱幼、互爱互助、见义勇为的社会风尚。"这是志愿服务首次被写入中国共产党全国代表大会。

规则意识、奉献意识"①。新时代，新起点，新征程，志愿服务肩负着重要的历史使命，志愿服务的发展依旧任重而道远。

新时代志愿服务发展的重要任务——推进志愿服务制度化。法定性是制度化的最高形式。② 2017 年 12 月 1 日，我国首部全国性志愿服务法律规定《志愿服务条例》实施，这是推进志愿服务制度化的重大成果，是将社会主义核心价值观融入我国法制建设的重大成果，为新时代志愿服务的发展保驾护航。新时代进一步推进志愿服务制度化，既面临将国务院条例升级为全国人大法律的法制化任务，也需要全国各党政机关、群团组织，各地方，各志愿服务组织、其他组织等在各自的志愿服务工作中建章立制，从而贯彻落实国家法律法规，也为国家法律法规的发展完善提供鲜活的制度创新经验。志愿服务制度化、法制化、规范化永远在路上。

新时代志愿服务的重大目标——提高全社会文明程度。志愿服务是培育和践行社会主义核心价值观的重要载体，对于推动社会主义核心价值观更加深入人心，形成向上向善、诚信互助的社会风尚具有重要的促进作用，极大地促进了社会文明进步。然而，提升社会文明程度是一个长期的过程，需要全社会的积极参与和多方面的共同努力。每个人都应既是社会文明的享有者，也是社会文明的建设者。目前，在定位和目标上，较多将志愿服务界定为崇高、高尚的事业，过分强调了"奉献"意识，而对"社会责任意识"、"规则意识"的倡导略显不足。因此，在强化奉献意识的同时，强化社会责

---

①　《习近平：决胜全面建成小康社会　夺取新时代中国特色社会主义伟大胜利——在中国共产党第十九次全国代表大会上的报告》，http://cpc.people.com.cn/n1/2017/1028/c64094-29613660.html。

②　应松年：《行政法与行政诉讼法》，高等教育出版社 2017 年版，第 300 页。

任意识、规则意识，使得志愿服务更好地实现提高全社会文明程度的重大目标。

二、新思想奠定了志愿服务全新发展的理论基础

一个新的时代必有一个时代的新思想。新思想既是新时代的产物，又是引领新时代的旗帜和标志。① "新时代中国特色社会主义思想和基本方略，不是从天上掉下来的，不是主观臆想出来的，而是党的十八大以来，在新中国成立特别是改革开放以来我们党推进理论创新和实践创新的基础上，全党全国各族人民进行艰辛理论探索的成果，是全党全国各族人民创新创造的智慧结晶。"② 习近平新时代中国特色社会主义思想是马克思主义理论创新与新时代中国特色社会主义实践创新深度互动的理论产物，蕴藏着主体性与客体性的统一、权威性与治理性的统一、中国性与天下性的统一以及党性与人民性的统一四个统一，增进了人们对共产党执政规律、社会主义建设规律、人类社会发展规律的认识，使中国朝着实现人类解放与人民自由全面发展的道路上又前进了一步，实现了马克思主义中国化的新发展。③

新思想为志愿服务的全新发展奠定了理论基础，提供了精神动力和智力支持。我国志愿服务以中国传统文化为支撑，在融合和发展学雷锋活动的基

---

① 祝福恩、石银：《新思想引领开创中国特色社会主义新时代》，《学习论坛》2018年第5期。

② 《习近平在党的十九届一中全会上的讲话》，《中国纪检监察报》2018年1月1日。

③ 王仕国、付高生：《习近平新时代中国特色社会主义思想与马克思主义的中国化》，《求实》2018年第4期。

础之上形成了具有民族特色和品牌的理论体系。① 然而，相较于西方等现代志愿服务发端早、发展成熟的国家而言，我国志愿服务的理论基础较为薄弱，仍需进一步发展和充实。新时代中国特色社会主义新思想使中国共产党人和人民群众真正树立了马克思主义的立场、观点和方法，以为人民服务为理论内核和思想精髓，必将对志愿服务的理论创新产生巨大的思想指导作用和精神指引作用。

志愿服务基本内涵与新思想有着内在契合性。志愿服务服务大众、促进社会发展的基本内涵与新思想以坚持以人民为中心、建设社会主义现代化强国和实现中华民族伟大复兴的中国梦等主题具有内在契合性。"不忘初心，方得始终。中国共产党人的初心和使命，就是为中国人民谋幸福，为中华民族谋复兴。"② 这一主题思想为志愿服务基本内涵的发展提供源源不断的精神滋养，有利于实现自身理论的升华。"奉献、友爱、互助、进步"的志愿精神与"中国精神"高度契合。党的十八大以来，习近平多次指出，"实现中国梦必须弘扬中国精神。这就是以爱国主义为核心的民族精神，以改革创新为核心的时代精神。这种精神是凝心聚力的兴国之魂、强国之魂。"以奉献、友爱、互助、进步为主要内容的志愿精神体现了中华民族传统美德，反映了社会发展进步的时代要求，是志愿服务活动的核心。③ 志愿精神是中国精神的集中反映，在一定程度上滋养着中国精神，让中国精神发扬光大，"走出"国门、拥抱世界、共筑人类美

---

① 陆士桢：中国特色志愿服务概论，新华出版社 2017 年版，第 1 页。

② 《习近平：决胜全面建成小康社会　夺取新时代中国特色社会主义伟大胜利——在中国共产党第十九次全国代表大会上的报告》，http://cpc.people.com.cn/n1/2017/1028/c64094-29613660.html。

③ 陆士桢：《中国特色志愿服务概论》，新华出版社 2017 年版，第 272 页。

好未来。

三、新思想引领新时代志愿服务的发展实践

伟大的时代产生伟大的思想，伟大的思想指导伟大的实践。① 新思想不仅为志愿服务全新发展奠定了理论基础，指明了前进的方向，也引领着志愿服务的全新发展实践。

（一）社会主要矛盾的转变为志愿服务的发展创造了新的机遇

"中国特色社会主义进入新时代，我国社会主要矛盾已经转化为人民日益增长的美好生活需要和不平衡不充分的发展之间的矛盾。"② 从"物质文化需要"到"美好生活需要"，从"落后的社会生产"到"不平衡不充分的发展"，新时代社会主要矛盾的新定位，为新时代志愿服务的全面新发展提供了新的机遇。③

"美好生活需要"不仅包括既有的"日益增长的物质文化需要"的"硬需求"，更包括在此基础上衍生出来的获得感、幸福感、安全感以及尊严、权利、当家作主等更具主观色彩的"软需求"。而后者更大程度对应的是

---

① 黄建国、秦滔：《毛泽东思想：雷锋精神的思想理论基础》，《湖南第一师范学院学报》2018年第3期。

② 《习近平：决胜全面建成小康社会 夺取新时代中国特色社会主义伟大胜利——在中国共产党第十九次全国代表大会上的报告》，http：//cpc. people. com. cn/n1/2017/1028/c64094-29613660. html。

③ 张国祚：《习近平新时代中国特色社会主义思想之新》，《中国教育报》2017年11月17日，第6版。

"马斯洛需求层次"上的社会需求、尊重需求和自我实现等更高层次的精神需求。志愿服务是满足"软需求"的重要途径。志愿服务不追求物质回报，以促进社会公益为目的。通过志愿服务，志愿者能够体验自尊、正义、意义、掌控、关爱他人等，从一定程度上获得了自我实现的精神需求满足。在需求满足、自我实现的过程中，经历欣喜感、完美感及幸福感等顶峰体验。① 换句话说，志愿服务为志愿者的自我实现提供了一种途径，志愿者通过志愿服务活动实现自我，提升个人获得感和幸福感，满足美好生活等主观需求。正是在这个意义上，可以说对美好生活的"软需求"即是对志愿服务的需要。

发展不平衡主要体现为领域不平衡、区域不平衡、群体不平衡。具体而言，领域不平衡是指经济领域与政治社会文化领域、生态文明建设领域不平衡，区域不平衡主要是指东中西不平衡、城市与农村不平衡、发达地区与欠发达地区不平衡，群体不平衡主要是指不同社会群体在共享发展成果方面存在差距。发展不充分主要是指整个社会的发展总量尚不丰富、发展程度尚不够高、发展态势尚不够稳固。② 实现更平衡、更充分的发展，突出特征是强调"以人为本"的社会发展理念，这既为志愿服务发挥促进全面发展和社会公平的功能提供广阔的空间，也为志愿服务有效调动凝聚社会积极力量、激发社会活力提供了持续的动力支持。

---

① 北京志愿服务发展研究会：《中国志愿服务大辞典》，中国大百科全书出版社 2014 年版，第 62 页。

② 吴秋余：《新时代看新发展：新时代呼唤更平衡更充分的发展》，《人民日报》2017 年 10 月 30 日。

（二）社会主义现代化建设的战略规划为志愿服务的发展带来新的趋势

党的十九大报告对我国社会主义现代化建设做出了整体的规划：从2020年到2035年"在全面建成小康社会的基础上，再奋斗十五年，基本实现社会主义现代化"；从2035年到本世纪中叶"在基本实现现代化的基础上，再奋斗十五年，把我国建成富强民主文明和谐美丽的社会主义现代化强国"。新时代中国特色社会主义志愿服务的发展既要适应"基本实现社会主义现代化"的需要，还要兼顾对建设"社会主义现代化强国"支撑与引领。"现代化"与"强国"的规划，为志愿服务的发展带来以下新的趋势：

一是志愿服务的体制机制将更加完善。首先，党的领导进一步加强。中国特色社会主义最本质的特征是中国共产党领导，中国特色社会主义制度的最大优势是中国共产党的领导。党的十九大深刻地指出，党是领导一切的。志愿服务的发展必须在党的领导下进行，绝不能虚化、弱化，更不能离开党的领导。党的领导和社会主义制度是志愿服务发展的重要保障和突出优势。从《志愿服务条例》到《社会组织登记管理条例（草案征求意见稿）》等法律文件，再到各级各地志愿服务组织党组织的建立与运行，党组织必将成为志愿服务的主心骨。其次，党政联合、部门群团联动、全社会共同参与的机制将进一步加强。目前我国志愿服务基本形成了文明委统一领导、文明办牵头协调、有关部门各负其责、全社会共同参与的机制。志愿服务涉及社会的方方面面，包括党政机关、共青团、工会、妇女联合会，甚至军队等组织与部门，因此，理顺各方关系，协调各方力量，形成合力将是未来发展的重要方向。最后，志愿服务的基础制度进一步完善健全。无论是新时代的重要任务，还是志愿服务自身发展的客观规律，很多基础制度需要重新规划和建设，比如，志愿服务记录及证明制度、志愿服务的激励回馈制度等。

二是志愿服务的理念更加优化、文化更加繁荣、志愿精神更加深入人心。自愿、公益的理念进一步深化。志愿服务是心之所向、志之所愿，是为了社会公益。志愿服务不仅是奉献，也是社会责任的意识要加强。志愿服务是奉献爱心，同时也是社会主义现代化国家、社会主义强国每一位公民的一种社会责任，只有先"我为人人"，才能"人人为我"。志愿服务的规则意识要进一步巩固。志愿服务的组织与管理都应遵循相应的法律及道德准则，减少甚至杜绝好心办坏事的情况发生。在优化志愿理念的基础之上，我国志愿服务文化扎根于传统，汲取新时代中国特色社会主义文化养分，吸纳世界成熟志愿服务文化，未来必将更加繁荣。先进理念的引领、志愿文化的繁荣，志愿精神的更加普及与深入人心指日可待。

三是志愿服务的方式方法将更加科学、多样。志愿服务要善于运用多种方式方法，其中现代科技为志愿服务方式方法的创新提供了工具和手段。将互联网、物联网、人工智能、云计算、大数据技术等现代信息技术融入志愿服务，是未来发展志愿服务的重要趋势。比如，京东公益发起的"守梦天使寻找之旅"项目在全国率先应用区块链技术进行物资公益捐赠流程追溯的尝试，不到五小时就完成了物资募集目标。志愿服务的专业化和精细化进一步发展。"用专业的人做专业的事。"志愿服务也不例外。经过近些年的发展，志愿服务不只是"扫大街、看老人、做表演、理头发"，而是要满足美好生活多样化的需求。因此，更多运用专业人士、专业方法来准确地把握人们的具体需求，更好地服务他人和社会将是未来发展的必然趋势。

最后，志愿服务的功能更具时代性，作用得到更好的发挥。党的十九大报告对我国社会主义现代化建设作了一系列的规划部署：推动社会主义文化大发展大繁荣、国家治理体系和治理能力现代化、生态文明建设、祖国统一、"一带一路"和民间外交、从严治党等。志愿服务提升公民思想道德水平、参与社会治理促进社会和谐、保护生态环境、实现民心相通、加强党员队伍素质建设等功能在这些规划中都将大有可为、大有作为。未来这些领域将成为志愿服务的重心，我国志愿服务具有的广泛的群众性和基层性、强大的号召力和影响力、突出的行动力和执行力，以及明显的低成本性和高效性等优势将在这些重点领域得以更好地体现和运用。①

---

① 李南文、李茂平：《共享发展背景下志愿服务的行为优势探析》，《怀化学院学报》2017 年第 8 期。

主要参考文献

［1］陆士桢、张晓红、郭新宝：《北京志愿服务模式研究》，北京出版社 2009 年版。

［2］陆士桢：《中国特色志愿服务概论》，新华出版社 2016 年版。

［3］丁元竹、江迅清、谭建光：《我国志愿服务研究》，北京大学出版社 2007 年版。

［4］丁元竹、江汛情：《志愿活动研究：类型、评价与管理》，天津人民出版社 2001 年版。

［5］魏娜：《北京奥运会志愿者读本》，中国人民大学出版社 2006 年版。

［6］谭建光：《中国广东志愿服务发展报告》，广东人民出版社 2005 年版。

［7］北京志愿服务发展研究会：《中国志愿服务大辞典》，中国大百科全书出版社 2014 年版。

［8］莫于川：《中国志愿服务立法的新探索》，法律出版社 2009 年版。

［9］丁元竹：《建设健康和谐社会》，中国经济出版社 2005 年版。

［10］王名、刘培峰：《民间组织通论》，时事出版社 2004 年版。

［11］金锦萍：《中国非营利组织法前沿问题》，社会科学文献出版社2014年版。

［12］［美］贝希·布查尔特·艾德勒：《通行规则：美国慈善法指南》，金锦萍等译，中国社会出版社2007年版。

［13］阚珂：《中华人民共和国慈善法释义》，法律出版社2016年版。

［14］刘太刚：《非营利组织及其法律规制》，中国法制出版社2009年版。

［15］黄立志：《被遮掩的中国名片（中国青年志愿者在海外)》，时代华文书局2017年版。

［16］胡鞍钢：《第二次转型国家制度建设》，清华大学出版社2003年版。

［17］［美］苏珊·J.埃利斯：《自上而下成功的志愿服务活动与高层管理者的角色》，王佩译，中国文联出版社2016年版。

［18］江汛清：《与世界同行——全球化下的志愿服务》，浙江人民出版社2005年版。

［19］北京市旅游发展委员会：《北京旅游志愿服务》，旅游教育出版社2016年版。

［20］冯英、张惠秋、白亮：《外国的志愿者》，中国社会出版社2007年版。

［21］魏定仁：《中国非营利组织法律模式论文集》，中国方正出版社2005年版。

［21］［美］丽莎·乔丹、［荷兰］彼得·范·图埃尔：《非政府组织问责：政治、原则与创新》，康晓光译，中国人民大学出版社2008年版。

［22］沈杰：《中国社会的探索与践行：志愿行动》，人民出版社 2009 年版。

［23］邱服兵等：《中国志愿服务典型项目研究》，人民出版社 2015 年版。

［24］沈杰：《中国改革开放以来青年发展状况研究》，人民出版社 2015 年版。

［25］陶倩：《当代中国志愿精神的培养研究》，上海人民出版社 2013 年版。

［26］董玲、郑辉：《志愿服务与其法律相关性》，中国社会科学出版社 2015 年版。

［27］梁绿琦：《"80 后"青年志愿服务与公民意识》，社会科学文献出版社 2013 年版。

［28］孙婷：《志愿失灵及其矫正中的政府责任》，知识产权出版社 2011 年版。

［29］王义明、谭建光：《青年公益创业与志愿服务研究》，人民出版社 2015 年版。

［30］毛立红：《中国志愿服务法制化研究》，中国人民大学出版社 2012 年版。

［31］张晓红：《论志愿服务教育》，人民出版社 2017 年版。

［32］黄冠：《试论我国专业志愿服务模式及其发展道路》，邹文开主编：《社会服务研究（第三辑）》，社会科学文献出版社 2016 年版。

［33］何辉：《面向社会组织的专业志愿服务：一种初步的分析》，黄晓勇：《中国社会组织报告（2016～2017）》，社会科学文献出版社 2017 年版。

［34］［哥］弗雷德里克·弗莱舍尔：《自我技术、权力技术：在中国广州，志愿服务是一种邂逅》，董艳春译，《青年探索》2015 年第 6 期。

［35］时昱、沈德赛：《当代中国青年社会参与现状、问题与路径分析》，《中国青年研究》2018 年第 5 期。

［36］许莲丽、曹仕涛：《志愿服务支持型组织发展模式的实证研究》，《北京青年研究》2018 年第 4 期。

［37］邓国胜：《中国志愿服务发展的模式》，《社会科学研究》2002 年第 2 期。

［38］胡德平：《志愿失灵：组织理论视角的分析与治理》，《理论与现代化》2007 年第 2 期。

［39］邓大胜：《关于建立我国科技志愿服务体系的思考》，《中国科技论坛》2011 年第 4 期。

［40］张萍、杨祖婵：《中国志愿服务事业的发展历程》，《当代中国史研究》2013 年第 3 期。

［41］吴津、毛力雄：《公益组织培育新机制——公益组织孵化器研究》，《兰州学刊》2011 年第 6 期。

［42］Carolyn Stremlau, "NGO coordinating bodies in Africa, Asia, and Latin America", *World Development*, Vol. 15, Supplement 1 (Autumn 1987), pp. 213-225.

［43］Brown, L. David, "Bridging Organizations and Sustainable Development", *Human Relations*, Vol. 44, No. 8 (August 1991), pp. 807-831.

［44］葛亮、朱力：《非制度性依赖：中国支持型社会组织与政府关系探索》，《学习与实践》2012 年第 12 期。

［45］周秀平、刘求实：《以社管社：创新社会组织管理制度》，《中国非营利评论》2011年第2期。

［34］Sanyal Paromitaf，"Capacity Building Through Partnership: Intermediary Nongovernmental Organizations as Local and Global Actors"，*Nonprofit and Voluntary Sector Quarterly*，Vol. 35，No. 1（March 2006），pp. 66–82.

［46］张晓红、张海涛：《后奥运时期北京志愿者组织发展研究》，《中国农业大学学报》（社会科学版）2009年第3期。

［47］滕素芬：《西方海外志愿服务成功经验对我国的启示》，《中国青年研究》2011年第5期。

［48］张敏杰：《欧美志愿服务工作考察》，《青年研究》1997年第5期。

［49］邓国胜、辛华：《美国志愿服务的制度设计及启示》，《社会科学辑刊》2017年第1期。

［50］王世强：《日本非营利组织的法律框架及公益认定》，《学会》2012年第10期。

［51］胡伯项、刘雨青：《日本志愿服务的工作机制及其借鉴》，《国家行政学院学报》2015年第5期。

［52］黄玮：《台湾海峡两岸志愿服务的比较及启示》，《当代青年研究》2012年第2期。

［53］王民忠、狄涛：《基于需要理论的大学生志愿服务动机研究》，《思想教育研究》2013年第10期。

［54］黄浩明：《社会组织国际化战略与路径研究》，博士学位论文，天津大学管理与经济学部，2014年。

［55］余昌颖：《新时期福建省社会组织发展研究》，博士学位论文，华侨大学公共管理学院，2015 年。

［56］联合国志愿人员组织 2011 年发布：《世界志愿服务状况报告》，宋嘉等译，联合国志愿人员组织（中国办事处）。

［57］许莲丽：《完善制度防范志愿服务 "李鬼"》，《法制日报》2017 年 4 月 26 日。

［58］金锦萍：《慈善法开启民间与政府共同为社会筑底的时代》，《人民日报》2016 年 3 月 21 日。

［59］陈麟辉、管晓玲：《以志愿服务创新社会治理》，《解放日报》2014 年 12 月 18 日。

［60］王振耀：《让志愿服务文化根植厚土》，《中国红十字报》2017 年 4 月 11 日。

后　记

　　新书付梓，心绪难平。我不是一个多产的作者，这既与水平相关，也与勤怠相关。心心念念的只有两个小小的领域：政府信息公开和志愿服务。前者觉得言干语尽；与后者磕磕绊绊已有十年之久，几乎没有任何痕迹。因此，觉得应该要写点什么。

　　在 2007 年，为了筹备好 2008 年奥运会的志愿服务工作，北京市人大制定《北京市志愿服务促进条例》。非常有幸的是，当时在人民大学法学院就读博士的我，参与和见证了这部法规的诞生、贯彻和实施，从此便与志愿服务结下不解之缘。

　　经过十多年的发展，志愿早已不仅仅只是赛会服务，而是将触角延伸到了社会生活的各个领域。无论是志愿者、志愿服务组织、志愿服务项目都得到了前所未有的量的增长和质的提升。然而，与如火如荼的实践大发展相比，我们的理论研究，我们志愿服务研究的学术共同体的发展则相形逊色。作为一个喜欢志愿、热爱志愿的法律教育工作者，我惆怅过，迷茫过，痛苦过，挣扎过。全国没有一本志愿服务的专门学术期刊，志愿服务研究者的学科背景大都为马克思主义哲学、社会学、公共管理学等，法学似乎与之相去甚远。记得一次研讨会上，有实务界的朋友听说我的专业背景，直言不讳地问，"学法学的来做什么呢？"

是啊，我为什么来？我来了做什么？我想说，我因一部地方性法规而来，我来是关注志愿服务的法律政策框架。"推进诚信建设和志愿服务制度化，强化社会责任意识、规则意识、奉献意识。"党的十九大报告对志愿服务的新要求似乎也在勉励我说，不忘初心哦，继续在制度化的路径上前行吧。

志愿服务是一个简单又复杂的符号，特色又国际的话语，为此我曾享受过纯粹的快乐，也曾遭遇过莫名的凄凉。此书便是对我这十多年来与志愿的故事的一个小结，对自己十多年偷偷自诩为"志愿人"的一个总结吧。

在此非常感谢现有志愿服务学术共同体的宽容和提携，感谢北京青年政治学院周永源院长的大力支持，感谢人民出版社汪逸女士的辛劳，使得这本书最终能得以问世。

责任编辑:汪　逸

封面设计:周方亚

责任校对:张红霞

图书在版编目(CIP)数据

新时代中国志愿服务理论与实践的新探索/许莲丽 著. —北京:人民出版社,
　2018.8(2021.12 重印)

ISBN 978 - 7 - 01 - 019689 - 3

Ⅰ.①新…　Ⅱ.①许…　Ⅲ.①志愿者-社会服务-研究-中国
　Ⅳ.①D669.3

中国版本图书馆 CIP 数据核字(2018)第 190290 号

新时代中国志愿服务理论与实践的新探索
XIN SHIDAI ZHONGGUO ZHIYUAN FUWU LILUN YU SHIJIAN DE XIN TANSUO

许莲丽　著

人民出版社 出版发行

(100706　北京市东城区隆福寺街 99 号)

天津文林印务有限公司印刷　新华书店经销

2018 年 8 月第 1 版　2021 年 12 月北京第 3 次印刷
开本:710 毫米×1000 毫米 1/16　印张:17.5
字数:223 千字

ISBN 978 - 7 - 01 - 019689 - 3　定价:59.00 元

邮购地址 100706　北京市东城区隆福寺街 99 号
人民东方图书销售中心　电话 (010)65250042　65289539